이야기 종교학

이야기 종교학

이길용

종문화사

이 책을 존경하는 나의 지도교수 라이너 플라쉐 교수에게 기쁜 마음으로 헌정합니다. 선생과 나눈 우정 깊은 대화가 없었다면 이 책은 결코 세상에 나오지 못했을 것입니다.

Meinem verehrten Doktorvater, Herrn Prof. Dr. Rainer Flasche herzlich gewidmet. Dieses Buch hätte niemals ohne freundliche Auseinandersetzung mit ihm entstehen können.

Verfasser

Prof. Dr. Rainer Flasche (1942~2009)

머리글

  여기에 묶인 여러 글은 '종교학'을 소개한다. 종교학은 세상에 나온 지 한 세기가 넘어서지만 여전히 한국에서는 낯설고 생소한 분과학문이다. 어떤 사람은 한국을 종교 백화점이라 부른다. 그만큼 다양하고 많은 종교전통들이 이 땅에 공존하고 있다. 하지만 이들의 소통과 상호 이해를 도와줄 수 있는 전문 분야가 여전히 활발하지 않다는 것은 큰 아쉬움이다. 글쓴이의 바람이 있다면, 여기에 묶인 글들이 그러한 소통을 열어주는데 요긴하게 쓰이는 것이다.

  애초 이 글들은 한 잡지에 1년간 연재된 것들이다. 나는 종교를 '신앙'하기보다는 '이해'하려는 이들에게 도움이 될 만한 안내서가 될 수 있도록 이 글들에 많은 공을 들였다. 가급적 쉬운 말로, 때론 경험에서 직접 끌어낸 혹은 글쓴이의 분명한 생각 아래 억지스럽지 않게 구성한 여러 대화로 종교를 이해하는 방법과 시각을 설명하려고 애썼다.

  전반부에는 종교를 연구의 대상으로 삼는 여러 학문들(신학, 철학, 사회학, 인류학 등)과 종교학이 무엇이 비슷하고 어떤 것이 다른가를 설명했다. 그리고 후반부에는 종교학이라는 학문의 역사에서 큰 그림자를 남긴 학자들을 선별하여, 그들의 삶과 생각을 통해 종교학이라는 학문이 가지는 무게와 의미를 독자들이 느낄 수 있도록 했다. 이런 글쓴이의 생각과 뜻이 성공했는가는 이제 독자의 것이 되었다.

 처음으로 글이 실렸던 곳이 특정 종교전통에 속한 잡지였기에 글의 흐름과 사용된 용어들이 중립적이지 못한 구석도 없지 않다. 하지만 그것은 방편적인 것이며 또한 부차적인 결과물일 뿐이라고 글쓴이 스스로 안심해 본다. 적어도 나는 원고를 쓰는 내내 특정 종교의 포교보다는 여러 종교를 균형 있게 읽을 수 있는 '객관적 시선'을 독자들에게 보여주고자 노력했다. 다만 글이 어느 정도 방향성을 지니게 된 것은 이 글을 처음 접하는 독자에 대한 글쓴이의 배려와 부담 때문이었다. 이 부분만 잘 참고 읽어준다면 종교학이라는 분과학문의 대강을 살피기에 여기 묶인 글들이 그렇게 부족하지는 않을 것이다.

 이 책은 글쓴이의 독일 유학생활에 빚진 바 크다. 책 내용의 많은 부분이 지도교수와의 대화에 기대고 있고, 또 국내에 소개되지 않는 학자들에 대한 정보는 강의와 세미나 수업 때 오간 내용을 십분 활용하였다. 당시 독일 친구의 배려로 수업 내용을 제대로 필기할 수 있었는데, 그때의 수고로움이 지금의 큰 보탬이 되었다. 바로 그 노트가 이 책 구성에 적지 않은 도움이 되었음을 이 지면을 통해 밝힌다.

 이 책은 2007년 『종교학의 이해』란 제목으로 출간된 적이 있다. 이번에 원고를 손보고 내용을 보충하여 새로이 펴내면서 제목을 바꾸었다. 아무래도 이 책의 용도에 대한 글쓴이의 분명한 의지를 보여줘야 하는 게 옳다는 판단 때문이다. 이 책은 종교학이란 분과학문을 위한 정교한 개론서는 아니다. 다만 종교학에 관심이 있는 이들에게 그 학문이 어떠한가를 맛볼 수 있을 정도의 쉬운 입문서다. 따라서 대학 초년생이나 일반인이라도 쉽게 이해할 수 있도록 가급적 복잡한 이야기는 제하고 대화체를 앞세워 종교학을 선전하는데 주력하였다. 그러니 이 책의 이름이『이야기 종교학』이 되는 것은 전혀 이상하지 않을 것이다. 부담 없이 책을 읽어가며 종교학이란 학문에 흥미를 느끼게 된다면 그것으로 글쓴이의 목적은 달성되었다고 하겠다.

가볍게 쓰려했지만 그렇다고 책의 내용까지 경솔한 것은 아니다. 이번에 증보판을 내며 초판의 원고 전체를 꼼꼼히 살펴 오탈자 및 잘못된 내용을 바로 잡았다. 그리고 필요한 부분은 각주를 통해 출처를 밝혔고, 각 장마다 달려있는 읽을거리도 최근에 출간된 문헌을 찾아 보충했다. 추천하는 책은 가급적 우리말로 된 것을 선택했고, 실제로 관련된 부분을 쓰면서 참조한 것을 중심으로 목록을 만들었다.

생각보다 종교학은 '즐거운 학문'이다. 이 보잘 것 없는 책이 종교학의 즐거움을 제대로 소개하기만을 바랄 뿐이다. 그것으로 글쓴이의 수고는 충분히 보상되리라.

2018년 2월 忘羊齋에서 저자

차 례

머리글

1. 종교학과 신학 : 그 가까움과 멈

2. 우리는 종교를 어떻게 이해해야 하는가?

3. 종교를 이해하려는 여러 시도들

4. 종교연구의 탈신화화

5. 종교연구와 진리 문제

6. 종교학의 목적과 한계

1. 종교학과 신학 : 그 가까움과 멈

"신학자는 종교적 전문가이다. 반면 종교학자는 종교적인 것에 대한 전문가들이다. 이 차이는 본질적이다. 종교학자는 신학자와 같이 어디에 속해 있지 않다. 그들을 파송한 주교도 없고 누구에게 해명해야 할 의무도 없다. 그들은 스스로 자신의 연구를 해나갈 따름이다. 그들의 연구 영역은 대개 그들의 고향과는 멀리 떨어져 있고, 또한 그것은 그들의 친구나 가족에게도 중요하지가 않다."

(한스 유르겐 그레샤트, *Was ist Religionswissenschaft?* 129쪽)

대화 하나 : 종교학의 과제

난 개신교 목사이다. 그리고 종교학을 전공했다. 적어도 내게는
이 두 개의 사실관계가 큰 갈등으로 다가오지는 않았다. 하지만 박
사학위를 취득한 후 한국 땅에 발을 들여놓은 순간부터 내 전공의
정체를 전해들은 개신교인은 거의 예외 없이 "왜 목사가 종교학을
전공했느냐?"라는 물음을 반사적으로 던지곤 했다. 그런 질문이
쏟아질 때마다 짐짓 진지한 톤으로, "목사가 수학을 전공해서는
안 되나요?"라며 너스레 섞인 답변을 전해주곤 했다.

종교학과 신학 모두 '종교'라는 동일한 대상을 연구대상으로 삼
고 있지만 그것을 대하는 '입장'과 '방법'에는 상당한 정도의 거리
가 실존한다. 아마도 그러한 종교학과 신학이라는 개별학문의 상호
'독립성'을 난 수학이라는 비유를 통해 설명하고 싶었던 것 같다. 그
런 점에서 이 글 역시 종교학과 신학의 가까움과 멂을 설명하기 위
한 도구화된 장치라 보아도 큰 무리는 아니다.

학위논문 지도교수인 라이너 플라쉐(Rainer Flasche, 1942~2009) 교
수와 종종 긴 대화를 나누곤 했다. 때로는 진행 중인 학위논문이
나, 어떤 경우에는 종교와 인간에 대한 각자의 솔직한 생각이 우리
대화의 중심이 되곤 했다. 대화가 끝날 즈음이면 버릇처럼 내 지
도교수는 예의 그 담백한 웃음을 길게 보이며 이런 덕담을 건네
곤 했다.

"헤어[1] 리(Herr Lee)는 좋겠습니다. 한국에 돌아가면 종교학 전공자로서 할 일이 많을 테니까요. 사실 독일에서는 종교에 대한 관심이 많다 하더라도, 사회 자체가 특정 종교 일색인지라 살아있는 다양한 종교의 세계를 탐구하는 것이 쉽지 않습니다. 더군다나 유럽의 학자들은 비유럽권 언어에도 익숙하지 않기 때문에 아시아권 종교에 대한 원문 탐구에 한계도 있고요."

지도교수의 이야기가 길어질라 치면 나는 어김없이 작은 결례를 무릅쓰고 말허리를 자르곤 했다.

"꼭 그렇지도 않아요. 한국의 종교계는 생각보다 '내용 없는 보수'가 많아 스스로 단절적이고 폐쇄적인 모습을 보입니다. 그래서 '상호 이해'라는 '의미 있는 작업'보다는 '단절'과 '배척'이라는 지극히 '정치적인 입장'을 고수할 때가 많은 편입니다. 그래서 생각보다 종교학자의 운신의 폭이 그리 넓지는 않습니다. 아, 물론 종단이나 교파에 연루되어 있지 않는 일반 종교학자는 사정이 다르긴 합니다."

그러면 어김없이 지도교수의 희망 섞인 전망이 나지막한 음조로 흘러나온다.

"그러니까 헤어 리처럼 종교학을 전공한 종교인이 더 많아져야

---

1) 독일어권에서 성인 남성을 높여 부르는 말. 영어의 미스터(Mr.)와 비슷한 의미의 단어이다.

겠지요. 어쩔 수 없이 현대 사회는 다문화 - 다양화 - 다변화했기에 '폐쇄'보다는 '개방'과 '이해' 쪽으로 방향을 틀 수 밖에 없어요. 그리고 많은 나라에서 이미 그렇게 되어가고 있고요. 결국 그렇게 된다면 여러 문화권이 서로를 이해하려는 시도가 생기게 마련인데, 이때 서로를 위해 다리를 놓아줄 수 있는 통로로서 종교학자의 역할은 매우 중시될 겁니다. 독일을 포함한 유럽사회가 그러했던 것처럼 말이지요. 그런 점에서 종교학자는 다양한 문화의 소통을 위한 '통역가'와 같은 존재이지요. 전문적인 통역가가 많다는 것은 오히려 그 사회와 전통 그리고 해당하는 종교의 건강함을 위해서도 당연히 좋은 것이죠."

대화는 보통 이 정도에서 마무리 되곤 하였다. 이 문제를 주제로 삼은 이상 그 이상의 논의는 사실 서로에게 큰 도움이 안 되기 때문이기도 하다. 하지만 언제고 그런 식의 대화가 진행될 때마다 나는 속으로 끝없이 되뇌었다.

'제발요. 그렇게 되어야죠. 인생이란 싸우며 살기에는 너무 짧지요.'

대화 둘 : 믿는 이들과 종교학

그후 종교학으로 박사학위를 마친 개신교 목사로서 난 한국 땅을 밟았다. 그리고 나는 인내의 한계가 올 정도로 다음과 같은 질문을 쉴 새 없이 받았다.

"목사로서 종교학을 하는데 곤란함은 없나요?"

"자기 종교 알기에도 바쁜데 다른 종교에 시간 투자할 여유가 있나요?"

이 정도의 질문은 그래도 좋은 분위기 속에서 대화를 이어갈 수 있었다. 하지만 다음과 같은 질문은 서로의 감정에 적잖은 타격을 주었다.

"종교학을 전공하면 도대체 신앙을 지킬 수 있습니까? 그거 때문에 신앙이 떨어지지는 않나요?"

이쯤 되면 나의 말문도 살짝 막혀 버린다. 할 말이 없어서가 아니라, 정말 종교학을 하게 되면 신앙에 문제가 생길 수 있어서가 아니라, 저런 질문을 던지는 이들이 말하는 '신앙'이란 도대체 어떤 것일까라는 자괴감 섞인 궁금증이 내 머릿속에 뱅뱅 돌며 쉽게 떠나지 않기 때문이다. 도대체 신앙이라는 것이 어떤 것이기에, 대관절 어떤 본질을 가지고 있는 것이기에 다른 종교의 역사와 교리를 공부하게 되면 훼손되고 변질되는 것일까? 아니 그렇게 될 수 있다고 생각하는 것일까? 그리고 그렇게 해서 훼손되고 변질될 정도의 신앙이라면, 처음부터 그 '신앙'은 제대로 된 것이었을까? 그럼 신앙이나 그것이 대상으로 하는 존재에게 종종 붙이게 되는 '절대'나 '유일'이라는 형용어가 가지는 '내포'와 '가치'는 도대체 무엇이란 말인가? 이런 머릿속의 난마를 정리하며 난 편안하게 다음과 같이 대꾸하곤 하였다.

"그렇게 해서 바뀌거나 떨어질 신앙이라면 빨리 버리는 게 낫겠죠."

적어도 믿는 이가 절대자와의 조우를 통해 얻어낸 '구원체험' 혹은 '신(神)체험'이라면 그것에 대한 절대적 의존과 고백은 '그런 식'의 도전으로 쉽게 흔들려서는 안 된다. 그리고 그런 식의 자극으로 인해 변화하거나 변질될 성질의 것이라면, 그러한 구원체험이나 종교체험은 진정성이라는 측면에서 적지 않은 문제가 있을 수 있다는 지적 역시 충분한 설득력을 가지기 때문이기도 하다.

사실 종교학은 그렇게 신앙의 문제에 상처를 입히는 학문분야가 아니다. 이미 우리는 종교를 이해하는 많은 통로'들'을 가지고 있다. '신학'을 위시하여 '종교학'과 거의 동시에 세상에 소개된 '종교사회학', '종교인류학', '종교심리학' 그리고 전통적인 '종교철학' 등이 그것이다. 이런 다양한 종교연구들 가운데 종교학은 환원주의적 성향이 강한 사회과학적 연구방법들을 견제하며 인간이 가지는 종교체험에 대해 신중한 태도를 견지한다. 아울러 그런 연구를 통해 보다 심도 있는 '인간이해'를 얻기 위해 태동한 근대 학문이다. 따라서 종교학은 믿는 이의 신앙을 의미심장하게 그리고 체계적으로 이해하고 관찰하기 위한 분과학문이라 할 수 있다. 그런 점에서 종교학은 신앙을 흔들기 위한 정보를 제공해주는 분야가 아니라, 신앙하고 있는 내용과 그것의 전통을 역사적으로 '이해'하고 '기술'(記述, descriptive)하기 위해 생겨난 독립된 분과학문일 뿐이다.

종교학과 신학 : 그 가까움과 멈

19세기 독일인 막스 뮐러(Friedrich Max Müller, 1823~1900)에 의해 세상에 빛을 본 종교학[2]이라는 근대 학문은 같은 종교를 대상으로 하고 있지만 기존의 신학과는 많은 점에서 다르다. 신학은 '특정' 종교의 '특정한' 고백을 변증하고 설명하는데 많은 노력과 관심을 기울인다. 반면 종교학은 '가급적 객관적인 시각'으로 인간의 다양한 문화현상 속에서 '종교적'이라 불릴 수 있는 것을 '검증적으로 검토하고 이해'하는 것에 더 많은 열정을 쏟는다. 물론 여기서 "종교를 그렇게 간단하게 객관화시켜서 관찰할 수 있겠는가?"라는 물음이 제기되는 것은 자연스럽다. 그만큼 종교는 지극히 개인적이고 실존적이며 주관적인 인간의 문화행위이기 때문이다. 마땅히 이들 종교는 인간의 전적인 '헌신'과 '위임'이라는 실존적 투자를 요청하기 마련이다. 따라서 이와 같은 '종교적 투신 없는 종교이해가 얼마나 충분하겠는가?'라는 문제제기는 당연히 나올 수 있다. 그리고 '특정 종교의 당사자들이 갖고 있는 신앙 세계와 종교 생활에 대한 정확한 이해는 그들 공동체의 일원이 되지 않고서는 원천적으로 불가능하다'라는 다분히 '해석학적인 도발' 역시 충분히 제기될 수 있는 문제이다. 종교학자들 역시 나름대로는 그런 부분에 대한 해답

---

2) 비교언어학자인 뮐러는 인간의 사유를 연구하는 새로운 분야로 '종교과학'(the science of religion)이라는 용어를 1870년에 런던 왕립연구소에서 행한 그의 연설에서 처음 사용하였다. 종교학이라는 용어를 최초로 사용한 이가 뮐러이긴 하지만, 그를 종교학자로 칭하기는 곤란하다. 그는 꾸준히 비교언어학자로 활동했을 뿐이다. 보다 자세한 내용은 이 책 7장 뮐러 편을 참조하라.

을 제시하기 위해 진지하게 고민하고 있다. 하지만 그런 해석학적 논의에 골몰해 있기에는 종교학자의 현실인식은 보다 예민하고 또한 절실하다. 왜냐하면 이미 우리 주변에 다양한 종교들이 제각각의 인간과 세계에 대한 이해를 가지고 우리와 함께 여전히 '공존'하고 있기 때문이다. 실제로 이들을 이해하고 또 탐구하기 위한 노력이 보편적 방법론을 얻기 위한 학문적 '면벽 행위'에 매진하는 것보다 더 절실하다고 여기는 이들의 숫자도 적지 않다는 것 또한 엄연한 현실이다.

여기서 긴 사설로 신학과 종교학의 차이를 논구할 마음은 없다. 하지만 몇 가지 사례들을 제시하여 종교학과 신학이 어떻게 서로의 연구에 도움이 될 수 있는 자극을 주고받을 수 있는지 살펴보고자 한다.[3]

"신학자가 '종교적인'(religious) 전문가라면, 종교학자는 종교전통에 '대한'(about) 전문가이다."[4]

위 문장은 짧기는 하나 종교학과 신학이 종교에 대하여 취하는 입장을 극명하고 명쾌하게 드러내 준다. 신학은 '고백'을 취급한다, 그리고 그 고백의 내용을 공동체의 영역 안에서 규범으로 만들고

---

3) 이 부분에 대한 기존의 논의로는 서강대 김승혜 교수의 논문을 거론할 수 있다. 김승혜, "종교학이 신학연구에 기여하는 바는 무엇인가?" 『종교신학연구』 1집, 서강대 종교신학연구소, 1988.

4) Hans-Jürgen Greschat, *Was ist Religionswissenschaft?*(Stuttgart: Kohlhammer, 1988). p.129. 이 책에서 그레샤트 교수는 신학자를 '종교적 전문가'(religiöse Spezialisten)로, 종교학자는 '종교적인 것을 위한 전문가'(Spezialisten für Relgiöses)로 표현하고 있다.

또한 그것을 합리적으로 설명해내려 한다. 이에 반해 종교학은 신이나 구원 혹은 진리 자체에 크게 집중하지 않고, 그보다는 '종교적 인간'(homo religiosus)이 역사라는 시공 속에 표현해낸 여러 문화 중 '종교적'이라 여겨지는 '특정한 현상들'을 가급적 '검증적 위치'에서 추적하고 이해하려 한다.

근대적 의미의 종교학이 태동하기 이전의 종교연구는 주로 연구자가 속한 종교전통의 신앙내용을 신조로 만들고 또한 그것을 교의적으로 설명하는데 큰 노력을 기울였다. 이런 식의 신학적 종교연구는 생활세계 속에서 이루어지는 구체적인 종교 생활과 경험에 대한 이해보다는 각 전통에서 주장하는 교리의 이상화(idealization)에 더 집중하는 방향으로 나아갔다. 믿는 이에 대한 이해와 배려가 정작 소홀해질 때쯤, 계몽주의와 낭만주의의 영향을 골고루 흡수한 일단의 무리가 새로운 종교연구의 필요성을 주장하기 시작했다. 그래서 시작된 것이 바로 근대 종교학이다. 이후 종교학은 화석화된 종교연구에 생동감을 불러일으키게 된다. 그리고 거기에는 언어학의 '비교연구방법'을 종교연구로까지 확장한 뮐러의 공이 자리하고 있다.

비교연구가 주는 풍성하고 정밀한 해석들

종교학의 아버지라 불리는 막스 뮐러는 '종교학'이라는 용어[5]를

---

5) 종교학이라는 용어는 이후 많은 변천과정을 거친다. 한때는 비교종교학(comparative study of religions)이라는 용어가 종교학을 대표하는 용어로 사용되었고, 때로는 'the

처음 만들어 사용하기도 했다. 그는 지금으로부터 대략 130년 전에 발표한 글[6]을 통해 비교연구가 언어학의 발전에 끼친 영향을 언급하면서 종교를 연구할 때에도 그와 같은 비교적인 연구방법이 매우 유용한 도구가 될 수 있다고 주장하였다. 런던 왕립연구소에서 행한 강연에서 뮐러는 비교언어학의 도움으로 더욱 넓어진 히브리어에 대한 이해를 하나의 예로 꼽고 있다. 뮐러는 히브리어를 신이 인간에게 내려준 고귀한 언어로 확정하여 폐쇄된 성스러운 상자 안에 고이 모셔 두는 것보다 그것 역시 수많은 언어 중 하나임을 인정해야 한다고 주장한다. 그리고 뮐러는 그렇게 이해된 히브리어를 고대 중근동 지역의 언어와 비교적으로 분석하고 연구하게 되면 훨씬 다양하고 풍성한 해석학적 결과물을 얻을 수 있다고 지식인들을 설득한다.

이렇게 비교언어학적 관점에서 히브리어를 취급한다면 '히브리 성서'[7]의 많은 내용을 보다 생동감 있는 고대인의 생각과 시선에서 읽을 수 있게 된다. 즉, 비교언어학적인 연구는 고대 히브리인과 현대인의 시각 차이를 상당히 좁혀주는 역할을 하게 된다. 한 예로

---

religious study'나 'history of religions'가 쓰이기도 했다. 그러다 영미권에서는 점차 'religious studies'라는 용어로 정착되고 있다. 독일에서는 'Religionswissenschaft'라는 말이 많이 쓰이고 있으나, 최근에는 이 명칭에서 'Religion'을 단수형에서 복수형으로, 즉 'Religionen'으로 바꾸어야 한다는 주장이 자주 제기되고 있다. 그러면 종교학은 '종교들의 학', 'Religionenwissenschaft'가 된다.

6) F. M. Müller, "*Introduction to the Science of Religion*", London, 1873. 이 책은 김구산 교수에 의해 한국어로 번역되어 출판되었다. 막스 뮐러(김구산 옮김), 『종교학입문』(동문선, 1995).

7) 히브리 성서를 그리스도교에서는 구약이라 부른다. 히브리 성서는 '타나크'(TaNak)라고도 불리는데, 이는 율법서(Torah), 예언서(Neviim), 성문서(Ketuvim)를 줄여 붙인 이름이다. 노만 K. 갓월드(김상기 옮김), 『히브리 성서1: 사회·문학적 연구』(한국신학연구소, 1987), 34쪽.

밀러는 하와에게 던지는 아담의 극적인 대사를 창세기로부터 인용한다. "이는 내 뼈 중의 뼈요, 살 중의 살이라."(창 2:23) 밀러는 이 멋진 아담의 대사를 "그대는 나와 같은 사람이다"라는 현대어로 옮길 수 있다고 말한다.[8] 왜냐하면 고대 히브리인들이 사용했던 어휘 속에서 '뼈'란 단순히 인간의 몸을 잘 지탱하기 위해 이루어진 단단한 물질 덩어리만을 뜻했던 것 아니라 내부의 가장 '본질적인 것'을 지칭하는 상징어였기 때문이다. 그래서 고대 히브리인들은 '같음'을 표현할 때는 관용적으로 이 '뼈'라는 단어를 선택하였다. 밀러는 히브리 성서 외에도 다양한 종교전통의 유사한 사례를 제시하며 비교언어학을 통해 잃어버린 고대인의 상징과 종교성이 어떻게 묵은 때를 벗고 이전의 광채를 발현하게 되는지를 보여주고 있다. 그리고 계속해서 그는 비교연구를 통하여 잃게 된 것은 무엇인지를 반문하고 있다. 오히려 우리는 비교연구를 통해 명확히 이해되지 않거나 표피적 의미로 축소되었던 고대의 종교적 진술이 가진 본래의 의미를 보다 생생하게 해석하지 않았냐고 이 종교학의 개척자는 쉬지 않고 따져 묻는다. 130년 전 검증적 종교연구의 필요성을 역설한 한 선각자의 이야기였다.

윤리 속에 빠져버린 거룩함의 의미

종교학계의 의미심장했던 또 다른 목소리는 1917년 루돌프 옷

---

8) 막스 뮐러(김구산 옮김), 『종교학입문』(동문서, 1995), 51쪽.

토(Rudolf Otto, 1869~1937)의 『성스러움의 의미』(Das Heilige)[9]란 책을 통하여 세상에 알려졌다. 옷토는 이 책을 통해 당시 칸트(Immanuel Kant, 1724~1804) 식의 합리적이고 도덕적인 종교이해와는 달리, 인식 이성의 안테나에 온전히 잡힐 수 없는 '누멘적인 것'(the numinous) 이 종교의 본질을 이룬다고 주장한다.

17~18세기 이후 엄청난 속도로 발전하던 자연과학은 당시 그리스도교계에도 적잖은 변화를 가져왔다. 자연과학이 쏟아놓는 엄청난 양의 새로운 지식과 정보는 점차 그리스도교 신앙을 보편이 아닌 특수한 하나의 영역으로 묶어두었고, 거기에 과학자들은 그리스도교의 신조와 교리에 정면으로 충돌할 수 있는 과학적 발견과 결과물을 세속인에게 알리고 전파하는 것을 이전만큼 두려워하거나 주저하지 않았다. 바야흐로 갈릴레오의 재판은 흘러간 유행가가 된 셈이다. 이에 반해 교회는 자연과학의 전방위적 도전에 효과적으로 대응하기가 여의치 않았다. 왜냐하면 계몽주의가 극성의 영향력을 확보해가던 당시는 갈릴레오가 활동하던 시대와는 확연히 달랐기 때문이다. 이런 격동의 시기에 칸트는 양쪽 진영의 중재를 위한 책임 있는 해결사로서 등장하였다. 정교한 비판철학을 통해 이루어진 '본체계'(noumena)와 '현상계'(phenomena)의 구분, 그리고 도덕적 요청의 영역으로 한정시킨 종교의 세계는 당시 팽창해가는 과학적 지식과 그리스도교적 신앙의 충돌이라는 시대적 문제의 해결을 위한 좋은 방책이 되었다. '현상계'에 대한 우월권을 얻게 된 자연과학계는 이제 교회에 의한 이념적, 정치적 견제로부터 벗어나 자

---

9) 이 책은 김희성 교수에 의해 한국어로 번역되었다. 루돌프 옷토(김희성 옮김), 『성스러움의 의미』(분도출판사, 1987).

유롭게 자신의 영역을 확장할 수 있게 되었고, 그리스도교계 역시 '나름대로는' 더 의미 있는 것이라고 해석할 수 있는 '본체계'라는 마지노선을 자신의 고유한 영역으로 할당받았기 때문이다. 하지만 이러한 칸트 식의 해결은 종교를 '도덕적 이해'로 몰아버리는 또 다른 모습의 부작용을 가져오고 말았다. 이런 맥락에서 계몽주의의 세례를 받은 근세의 서구 지성인들은 종교를 더욱더 주지주의[10]적이고 도덕주의적으로 해석하게 되었다. 이는 그리스도교가 도덕과 윤리의 종교로만 고착되는 순간이었다.

이후 사람들은 '거룩함'을 '도덕적'인 것으로 이해하게 되었다. '내가 거룩하니 너희도 거룩할 지어다!'(레 11:45)라는 명령 역시 인간의 '도덕적 온전함'을 요청하는 것으로 받아들인다. 지금도 많은 그리스도인은 신의 명령대로 거룩하게 살 것을 다짐하며 세세한 윤리 덕목을 떠올린다. '거짓말 하지 말아야지, 사기 치지 말아야지, 나쁜 짓 하지 말아야지' 등등을 다짐하며 온전한 분이요 절대적 존재라고 고백되는 신을 윤리적 공리 속에 제한하는 또 다른 '불경'을 저지르고 있다. 돌이켜 생각하면 신은 그런 식의 제한으로 구속되는 존재도 아닐 테고, 그런 식의 정의로 규명되는 존재는 더더욱 아닐 것이다. 신은 분명 도덕규범 이상의 존재가 틀림없기 때문이다. 하지만 칸트가 펼친 집요한 공식대로 사람들은 여전히 도덕적인 요청 속에 신앙의 대상을 가두고, 또 한편으로는 신을 요청의 영역으로 제한했다며 칸트의 불경함을 질책하는 이중적 모습을 보이고 있다. 한 세기 전의 유럽사회도 크게 다르지는 않았다. 이런 '종교다움'을

---

10) 합리적 지성이나 이성이 인간의 의지나 감정보다 앞서 있다고 보는 철학의 사조를 말한다.

윤리적인 것으로 해석하는 유럽의 그리스도교계에 옷토의 『성스러움의 의미』는 신선한 파장을 불러일으켰다.

옷토는 종교체험에서 중요한 것은 '비합리적 요소'라고 재차 강조한다. 그는 절대자나 초월적 존재를 체험하는 것은 도덕과 윤리의 영역을 넘어서는 것이라 보았고, 더 나아가 그러한 체험이 지닌 비합리적 요소가 '거룩함' 혹은 '성스러움'을 이루는 보다 본질적인 것이라 천명한다. 그렇게 옷토는 거룩함을 도덕적 요소에만 국한시켜 해석해서는 안 되며 그 이상을 넘어서는 것으로 봐야 한다고 목에 힘을 주어 이야기한다. 옷토는 거룩함 혹은 성스러움이란 절대자를 만난 후 느끼는 체험자의 '피조물의 감정'(Kreaturgefühl)을 일컫는 것이라 보았다. 그는 이러한 감정을 '누멘의 감정'(das numinöse Gefühl)이라고도 부른다. 그는 이렇게 해서 얻어진 성스러움이란 일종의 '종교적 선험성'으로서 '자류적'(自類的, 독자적인, sui generis)인 범주에 속한다고 보았다.

물론 현대 종교학에서는 옷토가 보여준 이런 식의 작업을 더 이상 수용하지 않는다. 왜냐하면 그의 작업은 종교학의 검증적 성격을 무시하고 철저히 연역적 방법으로 성스러움 혹은 거룩함을 분석했기 때문이다. 더 심하게 비판하는 쪽에서는 옷토의 작업은 종교학을 문학으로 환원시켰다고 몰아세웠다. 일면 그런 비판은 타당하다. 하지만 옷토는 종교학자라기보다는 신학자로서 활동했다는 사실이 비판의 강도를 조금은 누그러뜨릴 수 있을 것이다. 엄밀히 말하면 옷토는 근대적 의미의 종교학자는 아니었다. 하지만 종교학적 시각을 신학에 접목한 대표적 '종교신학자'로 바라볼 수 있다.

관련된 세세한 논의는 접어두고 여기서 옷토가 발굴한 성스러움의 의미를 가지고 앞서 인용한 레위기의 이야기를 재음미해보면 우리는 보다 더 생생한 성서의 목소리를 만난다. 이제 '내가 거룩하니 너희도 거룩할 지어다!'라는 신의 명령은 도덕 완벽주의로의 전진이 아니라, 신을 온전하게 체험하라는 말로도 해석할 수 있기 때문이다. 즉, 옷토의 견해에 힘입어 이 구절을 해석하면, 이 말은 '신체험'을 독려하는 뜻으로도 읽을 수 있다. 주지주의적이고 도덕적인 교리 해석에만 매달려 있었다면 얻어낼 수 없었던 생동감 넘치는 성서이해가 옷토의 종교학적 고민을 통해 우리에게 선물로 주어진다.

종교는 명사 혹은 형용사?

종교학이 신학계에 던져준 또 하나의 화두는 바로 윌프레드 캔트웰 스미스(Wilfred Cantwell Smith, 1916~2000)로부터 나온다. 1962년 그는 의미심장한 연구서 하나를 세상에 내놓는다. 바로『종교의 의미와 목적』(The Meaning and End of Religion)[11]이다. 고전으로 평가되는 이 책에서 스미스는 종교란 단어의 용례에 대한 세밀한 분석을 시도한다. 그는 종교란 단어는 '명사'가 아니라 '형용사'로 이해해야 한다고 주장한다.[12] 본래 종교란 단어는 객체화되고 실체화된 외부의 역사적 전통 조직체를 뜻하는 것이 아니라, 개개인의 '신앙적 경건함'과 '절대자에 대한 성실한 태도'를 지칭하는 것이었다. 스미스는 종교란 단어가 '외부의 특정 신앙적 조직체'라는 뜻으로 바뀌게

---

11) 이 책은 길희성 교수에 의해 한국어로 번역되었다. 다만 아쉬운 것은 캔트웰 스미스가 공을 들여 달아놓은 꼼꼼하고 상세한 각주가 생략된 채 번역되었다는 점이다. 윌프레드 캔트웰 스미스(길희성 옮김),『종교의 의미와 목적』(왜관: 분도출판사, 1991)
12) 윌프레드 캔트웰 스미스,『종교의 의미와 목적』, 45쪽

된 것은 17~18세기 이후라고 본다. 당시 몇몇 종교집단 간의 치열한 갈등과 충돌, 그리고 계몽주의를 등에 업은 종교에 대한 주지주의적 태도의 득세, 아울러 지리상의 발견 이후 쏟아져 들어오는 유럽 이외 지역의 비(非)그리스도교적 종교전통들에 대한 정보로 인하여 '종교'란 단어는 점차 객체화되고 특정한 교리와 전통을 공유한 폐쇄적인 공동체 집단을 지칭하는 것으로 사용되었다.[13] 그후 우리는 불교, 유교, 도교, 힌두교, 이슬람교 등과 같이 독립되고 객체화된 종교개념을 가지게 되었다.

그러나 사실 이러한 종교전통에 대한 명칭은 철저히 서구 중심적이며, 실상 그러한 명칭이 지칭하는 구체화되고 실체화된 종교전통이 현존한다고 보지 않는 것이 보다 객관적이고 중립적인 설명이라 할 수 있다. '이슬람'[14]은 예외로 한다 하더라도, '힌두교'(Hinduism) 같은 명칭은 서구인들이 인도의 다양한 종교 문화전통을 지칭하기 위해 잠정적이고도 작위적으로 붙인 이름으로 받아들여진다. 이 말은 인도 문화전통 내에서 힌두교라 불릴 만한 공통적인 것은 존재하지 않았다는 것을 뜻한다. 따라서 힌두교는 특정 종교집단에 대한 명칭이라기보다는 인도의 종교전통과 역사 전체를 아우르는 포괄적 개념으로 이해해야 한다. 여하튼 스미스의 지적은 고스란히 '그리스도교'(Christianity)라는 명칭에도 효력을 발휘한다. 그의 연구에 의하면 서구사회에서조차 그리스도교라는 명칭은 18세기 이후에나 등장하고 있을 뿐, 이전에는 그리스도교라는

---

13) 위의 책, 71~74쪽.
14) 왜냐하면 이슬람교도는 스스로를 무슬림이라 부른다. 세계종교들 가운데 자신들 스스로가 이름을 붙인 몇 안 되는 경우이다.

명칭보다는 '그리스도적 경건함'(Christian piety/faith)이 종교란 단어 속에 포함되어 있었다.[15] 스미스의 지적은 물상화(物像化, reification) 된 종교란 단어 때문에 우리가 잊고 있었던 보다 본질적인 종교의 의미를 찾게 해주었다. 바로 신앙(fides)이다. 만일 그리스도교에서 스미스의 말을 충분히 수용한다면, 그리스도인은 그리스도교라고 하는 조직체의 일원이기에 앞서 '그리스도적 신앙'의 고백자가 되어야 한다. 바로 이 미묘한 차이를 느끼게 해주는 것, 그것이 종교학자로부터 얻어낼 수 있는 많은 열매 중 하나일 것이다.

이처럼 종교학적인 논의는 경우에 따라서는 전혀 다른 영역의 신학에도 꽤나 긍정적이고 적극적인 영향을 줄 수 있음을 확인한다. 이러한 종교학적인 주제와 논의가 적절히 수용된다면, 한국의 그리스도교는 보다 풍성하고 역동적인 '한국적 신학'을 가질 수 있지 않았을까?

할 일들 : 종교다원주의 혹은 다종교 사회?

논의가 이 정도 진행되면 '그럼 종교학자 당신들은 종교다원주의자가 아니냐?'란 질문이 나올 수 있을 것이다. 거기에 때론 '종교학은 종교 간의 대화를 위해 투신하는 분과학문이냐?'라는 질문도 덧붙여질 수 있을 것이다. 그러나 위의 질문들은 대부분 가치론적 판단이 전제되어 있다. 사실 종교학자는 종교다원주의자라 불릴

---

15) 윌프레드 캔트웰 스미스, 위의 책, 50쪽

필요도, 그런 대상이 된다고 보기에도 좀 애매하다. 그들은 종교를 연구할 뿐이지 신앙의 대상으로 보고 있지는 않기 때문이다. 물론 그들 역시 각자 따르고 고백하는 종교가 있을 수 있겠지만, 종교전통과 현상들에 대해 연구자로서 가지는 자세만큼은 중립적이기 위해 노력한다. 따라서 종교학자들은 종교다원주의자라는 기준으로 단정 짓기에는 전혀 다른 영역에 속한 이들이다.

'종교 간의 대화를 위한 분과학문인가'라는 질문 역시 마찬가지이다. 종교학자가 종교를 연구하는데 종교 간의 대화를 최우선 과제로 전제하지는 않는다. 이 점에서 종교학자는 종교신학자나 종교철학자와도 분명 다른 길을 걷고 있다. 종교학자는 검증적으로 검토하고 분석하고 이해한 종교를 그 전통을 믿는 이들뿐만 아니라 제3자에게까지 이해 가능한 언어로 서술하고 정리해주는 역할에 만족하기 때문이다. 오히려 대화의 과제는 해당하는 종교에 속한 당사자의 몫이다. 그리고 종교다원주의 역시 해당하는 전통의 종교신학자들이 선택할 지극히 가치판단적인 영역이다. 종교학자는 이 부분에서는 자유로운 운신을 보장받아야만 한다. 그런 이념적인 레테르로 종교학자를 구속시킬 이유는 어디에도 없기 때문이다.

종교학자는 가급적 중립의 위치에서 각각의 종교전통에 속한 이들이 필요로 하는 정보와 자료를 축적하고 정리할 뿐이다. 그리고 그 자료들에 대한 이용권은 독점적인 것이 아니라 누구에게나 보장되어 있다. 그런 점에서 한국사회에서 종교학의 필요성은 상당하다. 왜냐하면 한국사회는 말 그대로 '다종교 사회'이기 때문이다. 하지만 다종교 사회라는 구체적인 현장 속에서 한국의 문화적 토양을 읽어낼 수 있는, 배타적이고 독선적이지 않은 '또 다른'(alternative) 시각과 전문적인 길이 한국의 여러 종교에서는 상대적으로 부족하다. 이 땅에 들어와 있는 종교가 한국사회에 제대로 뿌리내리기 위해서라도 자신이 서있는 토양과 전통에 대한 정확하고 심도 있는 이해는 필수적이다. 이는 어설프게 피해갈 수 있는 영역의 것이 아니라, 보다 더 적극적으로 한국사회의 다양한 문화와 전통에 대한 전문적 정보를 축적하고 정리해줄 인재를 키우고 확보하는 것이 지금 한국의 종교들이 가져야 할 의무 중 하나이다. 이것은 '종교다원주의 신학이 옳으냐 그르냐?'와 같은 정치적 논의로 해결될 성질의 것이 아니다. 오히려 한국에서 종교학은 한국사회에 대한 분명한 현실적 진단과 미래의 과제라는 시각에서 조망해야 할 것이다. 사실 안타까운 부분이긴 하지만 한국의 종교계는 지금까지 주로 이웃종교와의 대화에 대한 '정서적 열망'에 치중했지, 이웃종교에 대한 '전문적이고 객관적인 정보 축적과 정리, 그리고 그것에 대한 철저한 분석과 기술'에는 상대적으로 소홀했다. 이는 특정 종교만의 문제가 아니라 한국의 종교 대부분이 안고 있는 문제이기도 하다. 정치(精緻)하고 엄밀한 정보에 대한 이해와 분석이 전제되어 있지 않은 다분히 정서적이고 이념적인 '대화지상주의'는 오히려 종교 간의 적절한 공존을 위해서도 유익하지 않을 수 있다. 그보다는 성실하게 서로를 이해하기 위해 노력하는 것이 지금 한국의 종교들이 해야 할 일이라 생각한다. 그런 점에서 한국의 종교계는 보다 전문적인 종교연구가를 많이 양성할 필요가 있다. 그러니까 불교나 유교를 전공한 그리스도교인, 그리스도교와 샤머니즘에 해박한 불자 연구자를 지금보다 더 많이 육성해야 할 것이다.

생각해보자. 각 종교전통 내에서 이웃종교에 대한 전문적 연구가들이 있다는 것은 한국사회에서 큰 장점으로 작용하지 않겠는가. 세속 사회에서도 다양한 문화와 언어의 소통을 위하여 전문적인 통역인을 양성하고 있다. 마찬가지로 종교계 역시 다양한 이웃 종교에 대해 준비된 통역요원이 필요하지 않을까? 전문적 통역요 원이 부족한 상황에서 이루어진 종교 대화는 지극히 제한적인 '몸 짓 대화'에 멈춰 서있을 수밖에 없지 않은가.

종교학은 이렇게 종교 간 '통역'을 위한 학문이다. 상호의 관심 이든, 아니면 어쩔 수 없는 필요에 의해서든 이웃종교에 대한 정보 축적이 필요할 때, 통역가로서 종교학자의 역할은 더욱 중시될 것 이고, 바야흐로 그런 시대에 우리는 이미 와있다.

- 읽으면 도움이 될 만한 책들 -

김승혜, 『종교학의 이해』, 분도출판사, 1983.

니니안 스마트(김윤성 옮김), 『종교와 세계관』, 이학사, 2000.

루돌프 옷토(길희성 옮김), 『성스러움의 의미』, 분도출판사, 1987.

막스 뮐러(김구산 옮김), 『종교학 입문』, 동문선, 1995.

윌프레드 캔트웰 스미스(길희성 옮김), 『종교의 의미와 목적』, 분도출판사, 1991.

정진홍, 『종교학 서설』, 전망사, 1983.

최준식, 『종교를 넘어선 종교』. 사계절, 2005.

프리드리히 슐라이어마허(최신한 옮김), 『종교론』, 대한기독교서회, 2002.

한국종교문화연구소 편, 『우리에게 종교란 무엇인가?』, 들녘, 2016.

한국종교연구회, 『종교 다시 읽기』, 청년사, 1999.

2. 우리는 종교를 어떻게 이해해야 하는가?

- 종교 정의에 대한 많은 논의들

"종교의 정의에 관해서 합의를 보지 못했다는 사실이 던져줄 수 있는 또 하나의 암시는 그러한 실패가 자료 자체의 성질로부터 기인하고 있을는지도 모른다는 사실이다."

(윌프레드 캔트웰 스미스, 『종교의 의미와 목적』, 42쪽)

'다름'에 대한 태도들

무료한 하루가 지나가고 있었다. 밀려드는 지루함을 TV로 달래고 있는데, 불현듯 재미있는 장면들이 내 눈에 밀려 들어왔다. 프로그램의 이름이나 방송사 등 구체적인 정보는 거의 남아있지 않지만, 그때 방송되던 내용만은 내 기억 속에 또렷이 살아있다.

그것은 거리에서 있었던 일이다. TV화면 속에는 한손에 마이크를, 다른 손에는 사기로 만든 요강을 든 여성 리포터 한명이 서있었다. 그 리포터는 외국인이 많이 오가는 길목에 자리 잡고 연신 요강에 대한 그들의 첫인상을 묻고 있었다. 전공이 다양한 문화권을 연구하는 종교학인지라 나는 순간 밀려오는 졸음을 애써 밀어내며 점점 방송 속으로 빠져들었다. "이 물건이 어디에 쓰이는 것이라고 생각하시나요?" 리포터의 질문에 각양각색 피부색의 '이방인'들은 색과 생김새만큼 다양한 답변을 늘어놓는다. "도자기네요", "와우! 매우 기하학적으로 만들어진 모자로군요! 멋져요", "음 … 이거 스프 담는 그릇 아니에요?", "아, 이건 비올 때 신는 신발 같은데요?" 등등 경계 없는 그들의 상상력은 요강의 쓰임새를 무궁무진 넓히고 있었다. 하지만 그때 어떤 이방인도 사기로 만든 요강의 본래 기능을 알아맞히지는 못했다. 어느 누구도! 그때 내 머리를 스치고 지나던 생각 하나.

"어쩌란 말이냐 이 엄청난 '다름의 차이'를!"

방송만 놓고 보자면 시청자에게 큰 웃음을 주기 위해 시작한 일이었겠지만, 나는 그 장면이 던지는 해석학적 의미를 그리 녹녹히

방임할 수 없었다. 그처럼 문화의 차이는 넓고 크다. 요강을 경험해 보지 못한 이는 생김새와 재질만 가지고는 그것의 정확한 쓰임새를 유추해 볼 재간이 없을 것이다. 문화란 그런 것이다. 경험해보지 않고 생활해보지 않으면, 자신과 익숙지 않은 '다른 문화'는 언제나 '다른 세계'일 뿐이다. 따라서 이질적 문화와 접촉하려면 세밀하고 주도면밀한 준비와 과정이 요청되며, 그것은 '만나려는 문화에 대한 정밀한 이해'로부터 시작한다.

다시 우리의 현실로 돌아와 보자. 종교학에서 그리스도교, 이슬람교, 불교 등과 같은 세계적 규모의 역사종교를 보통 '선교종교'라 부른다. 선교종교는 고대 종교처럼 특정 민족이나 공동체만을 대상으로 하지 않고 교리나 사상적인 면에서도 보편적인 성격을 보이며 포교의 대상도 특정 집단이 아닌 전 인류를 지향한다. 선교를 본질적 특성으로 하고 있는 종교는 어쩔 수 없이 역사의 전개과정이 선교적이고, 그것은 이웃 문화권과 끊임없는 '접촉점 찾기'로 나타난다. 그리스도교 역시 선교종교의 하나로서 끊임없이 이웃 문화권과 접촉했고 또 대화해야만 했다. 이는 그리스도교 역사를 통해서도 쉽게 확인할 수 있다. 그리스도교 신학이라고 하는 것도 따지고 보면 이웃 문화권과의 만남과 지속적인 대화를 통해 형성된 그리스도적 고백의 이성적이고 논리적인 '축적물'이라 볼 수 있기 때문이다. 이런 점에서 진보 - 보수 혹은 자유 - 근본주의 간에 그리스도교의 입장으로서는 '이웃 문화권과의 합리적인 접촉점 찾기'는 필연적으로 주어진 근본적 과제라 할 수 있다. 더군다나 이웃 문화권의 구성원을 선교의 대상으로 보고 있다면, 그들이 이해하는 문화 - 종교적 '선이해'에 대한 충분한 공부와 전문적 정보 축적은 효과적 선교전략을 세우기 위한 필수조건이라 하지 않을 수 없다.

이런 점에서 우리는 '요강'을 '국그릇'이라 평가한 외국인의 인터뷰 내용을 보다 더 유심히 그리고 진지하게 관찰해야 할 것이다. 만약 그것이 요강이 아니라 어느 특정 종교전통의 핵심적 교리를 지칭하는 것이었다면 어떤 상황이 연출되었을까? 어느 한쪽에서는 지고의 가치를 지닌 그 무엇이 때로는 국그릇, 신발, 모자로 해석되기도 할 것이다. 그런 점에서 내가 전하고자 하는 무엇인가가 그것을 듣는 다른 문화권의 사람에게 내가 이해하는 것과 동일한 내용으로 읽혀질 것이라는 환상을 먼저 버려야 할 것이다. 나는 요강을 이야기했지만 그들은 국그릇, 신발, 모자로 이해할 수도 있다. 그러니 내가 전하는 상징이 고정된 한 의미만을 상대방에게 전하고 있다는 것은 내 입장의 기대사항에 지나지 않는다. 바로 이 점이 자신의 신앙체계를 이웃 문화권에 전하고자 하는 이들이 주목해야 할 대목이다.

이런 점에서 다종교사회인 한국에서, 그것도 선교적 열정이 지구촌 어느 곳보다도 강렬하다고 자·타천 인정하고 또 받고 있는 한국의 종교계가 정작 이웃 문화권에 대한 전문적 식견을 지닌 이들을 육성하는 것에 적극적이지 않다는 것은 무언가 개운치 않다. 문화적 환경만 따지자면 한국은 서구보다 종교학이 더욱 필요한 사회이다. 그러나 정작 한국사회에 여러 문화권에 정통한 종교학 전공자가 많지 않다는 사실은 우리 사회의 종교계가 문화에 대해 갖는 애매하고 배타적인 태도를 단번에 보여주는 것이라 하겠다. 선교 대상자의 문화적 토대나 그들의 전통종교에 대한 기본적 자료와 정보마저 합리적으로 축적하지 않은 채, 요강을 국그릇이라 우기며 타인의 문화와 가치관을 곡해하는 것을 정상적이라 할 수 없다. 그만큼 지금 한국 종교계의 상호 이해는 불안정하며 과도기적이고 해결해야 할 과제가 겹겹이 쌓여있다.

혹자는 그렇게 말한다. 자신의 신앙을 전하는 데 왜 다른 종교에 대한 선이해가 필요하냐고? 그리고 이른바 진리와 그것이 가지는 완전성은 선교의 대상자를 충분히 '설득'할 수 있다고도 생각할수 있을 것이다. 그러나 선교는 설득만이 아니라 선교하고자 하는대상에 대한 진지한 '이해'에 있다는 것을 현장의 구체적 경험은 말해주고 있다. 이웃 문화권에 대한 선교는 신앙으로 그들을 정복하겠다는 제국주의적인 관점에 있는 것이 아니라 그들을 '사랑'하고 '이해'하려는 자세와 노력에서 출발한다. 그리고 바로 그들을 '이해'하기 위해 여러 종교계는 종교학의 소리에 귀를 기울일 필요가 있을 것이다. 종교학이야말로 서로 다른 문화권들이 서로 만나게 될때, 서로를 이해하기 위해 필요한 정보를 제공하는 분과학문이기 때문이다.[1]

몇 가지 이유 있는 오해들 : 종교학의 대상인 종교란?

대학에서 종교학을 가르치고 있다고 하면 사람들은 이렇게 묻곤 한다. "그럼 수업시간에 세계종교들 전부 다 가르치세요?" 혹은 이렇게 말한다. "그럼 그건 '비교종교학'이겠군요." 틀린 말들은 아니지만, 그렇다고 정확한 것이라고 볼 수도 없다. 보통 종교학 수

---

1) 그렇다고 종교학이 곧 선교를 지향한다는 말은 아니다. 이는 한국의 종교계가 보이는 종교학적 결과물에 대한 상대적으로 적은 관심의 지적이라 보면 될 것이다. 기실 개별 종교전통에 대한 검증적 연구를 주로 하는 종교학은 특정 종교의 선교와는 무관하다.

업을 통하여 학생들은 많은 종교에 '대해서' 배운다. 하지만 종교학 수업을 통해 학생들은 많은 종교에 대해서'만' 배우는 것은 아니다. 그리고 종교학은 '비교적'으로 종교들을 연구하지만 그렇다고 종교학이 꼭 비교종교학은 아니다. 사실 초창기 종교학을 비교종교학(comparative study of religion)이라 부르기도 했지만, 지금은 이렇게 종교학을 지칭하는 것에 적잖은 거부감이 있는 것 또한 사실이다. 아무래도 '비교'가 가지는 가치판단적 요소 때문일 것이다. 무엇을 위한 '비교'일까? 그 비교의 '주체'는 무엇이고, 또 '대상'은 무엇인가? 이런 고민은 종교연구가로 하여금 '비교종교학'이라는 단어 사용을 주저하게 만들었을 것이다.[2]

사실 이러한 고민은 종교학의 역사를 주제별로 구분해보면 좀 더 쉽게 이해할 수 있게 된다. 종교학의 주제를 시기별로 살펴보면 다음과 같다. 초창기에는 '기원, 진화'(origin-evolution)의 문제에, 그리고 두 번째 시기에는 '본질, 구조'(essence-structure), 세 번째 시기에는 '의미와 기능'(meaning-function), 그리고 지금은 '총체적 다원방법'(holistic, multi-method)이 종교학 방법론의 주요 주제가 되고 있다.[3] 종교학이 분과학문으로 등장했던 초기에는 진화론의 영향 아래 비교적 종교연구가 대세로 인식되기도 했다. 하지만 이후 점차 '종교 그 자체로!'[4]의 구호와 더불어 종교현상학이 득세하게 되고

---

2) 니니안 스마트의 비교종교학이란 용어에 관한 관점도 이와 유사하다. 그 역시 비교종교학이라는 용어 뒤에는 서구 종교의 우월성에 대한 가치판단이 들어있음을 지적하고 있다. 니니안 스마트, 『종교와 세계관』(서울: 이학사, 2000), 40쪽.

3) 종교학의 역사를 4개의 주제로 구분한 것은 우르술라 킹(Ursula King)의 방식을 따랐고, 이에 대해서는 다음 글을 참조하라. 윤이흠, "현대종교학 방법론의 과제", 『종교연구』 3권, 한국종교학회, 1987, 12-20쪽.

4) 이는 후설(Edmund Husserl, 1859~1938)의 "사상(事象) 그 자체로!"(zur Sache selbst)

비교종교학이라는 명칭은 종교연구 전면에서 서서히 물러서게 되었다.

종교학은 무턱대고 처음부터 인간 역사의 모든 세계종교'들'을 배운다기보다는, 종교란 문화현상을 관찰하는 이의 '자세'를 좀 더 세밀하고 진지하게 다루는 것에 집중한다. 즉, 다양한 종교나 신앙을 호교론적 신학이나 가치 지향적 철학과는 달리 '검증적 관점'에서 다뤄야 하는 종교학은 연구대상에 대한 연구자의 태도를 점검하는 것이 보다 필요한 과제이기 때문이다. 그래서 종교학 수업에는, 특히 그것이 개론이나 입문을 위한 수업이라면 세계종교'들'에 대해서, 그리고 엄밀치 못한 종교 주제를 섣불리 비교적으로 배우기보다는 우선 '종교' 혹은 '종교들'[5]에 대한 연구자들의 태도와 그 '태도의 역사'에 대해 배우게 된다. 그래서 때론 지루하고 지난한 과정이 종교학 수업에 반복된다. 대뜸 학생들은 다양한 종교들과 신화들과 호기심 진득한 대상에 대한 정보가 쏟아질 것을 기대했다가, 듣도 보도 못했던 학자들과 또한 그들이 펼친 다양한 해석학적 이론들을 만나게 되면 거의 기절에 가까운 한숨을 내쉬곤 한다. 하지만 이러한 과정은 중요하고 또 필요한 것이다. 이렇게 종교를 보는 '눈'을 제대로 점검하지 않고서는 종교학은 자신의 설 자리를 잃어버릴 수 있기 때문이다.

연구자의 자세에 대한 지루한 교훈을 지나 마주치는 종교학의

라는 철학적 현상학의 구호에서 빌려온 것이기도 하다.

5) 여기서 '종교'와 '종교들'로 구분하는 것을 스미스의 생각에 견주어 풀어보자면, 단수 '종교'는 '인격적 신앙'(personal faith)이라고 볼 수 있겠고, 복수 '종교들'은 개별 종교의 '축적된 전통'(cumulative tradition)이라 할 수 있다.

첫 번째 관문에서 학생들은 또다시 현기증을 느껴야 할 것이다. 바로 종교학이 다루는 '종교'에 대한 개념 정리 때문이다. 과연 무엇을 종교라 하는가? 이 질문을 앞에 두고 여러 사람들은 의아하게 생각할지도 모른다. 왜냐하면 이미 종교에 대해서 잘 안다고 생각하기 때문이다. 이미 특정 종교에 속해 있는 이들도 있을 텐데, 새삼스레 종교의 개념 혹은 정의라니!

왜 종교학은 이처럼 현기증 나는 일에 몰두해야만 하는가? 그것은 종교학이 바로 서구 전통에서 시작된 분과학문이기에 갖게 된 태생적 한계이기도 하다. 종교학은 서구 계몽주의 사조에 빚진 바 크다. 그리고 지리상의 발견을 통한 비(非)그리스도교적 종교전통에 대한 정보 축적에도 일정 부분 의존한다. 이러한 상황 변화에 따라 계몽주의 지식인들은 그리스도교 이외의 종교전통에 대한 합당한 해석도구를 찾길 원했고, 그것의 구체화가 바로 종교학이라는 분과학문이다. 문제는 이전까지 서구에서 인간의 종교 현상을 규정하고 지칭하는 통로는 유일하게 그리스도교뿐이었다는 사실이다. 따라서 관습적으로 그들은 그리스도교를 기준으로 그리스도교 밖의 종교들을 이해하고자 했다. 그들은 전혀 다른 모습의 종교전통을 일단 그리스도교적인 용어에 담아 이해하고자 했던 것이다. 즉, 최초의 종교연구가들은 요강이 국그릇일 수도 있다는 생각으로 외부의 종교 결과물에 접근하기 시작한 것이다. 하지만 그들의 접근은 곧 실패하고 만다. 그들이 관심의 대상이 되는 종교에 대한 정보와 지식을 보충해 갈수록 기존의 편견이 깨지기 시작한 것이다. 마치 요강을 국그릇이라 생각했었는데 그것은 전혀 다른 용도의 도구였던 것처럼 말이다. 여기서 그들은 종교연구를 위한 새로운 도구를 필요하게 된다. 즉, 종교연구를 위한 새로운 '용어(terminology)'의 구축'이다. 새 술은 새 부대를 요청하기 마련이지 않은가!

새 술은 새 부대에! : 보편적인 종교 정의의 필요성

그래서 그들은 전통적으로 사용하던 기존의 신학적 용어를 대신할 새로운 것을 찾으려 노력하였고 그것은 그리스도교적 외투를 벗는 것으로 시작되었다. 쇠데르블롬(Natan Söderblom, 1866~1931)[6]과 옷토(Rudolf Otto, 1869~1937)의 '성스러움 찾기'는 이런 고민의 연장 속에 있었다. 그들은 개방적 종교연구를 위해 특정한 종교의 가치를 두드러지게 하는 기존의 신학적 용어와는 달리 '중립적이고도 보편적인 개념'을 새로운 종교연구의 도구로 확보하길 원했다. 그리고 그들의 고민은 '성스러움'의 발견으로 결실을 보았다.

이들이 찾아낸 '성스러움'은 어떤 점에서는 기존 신학에서 말하는 '신론'을 다르게 지칭한 것이라고도 할 수 있다. 그리스도적 신앙의 본질이라 할 수 있는 신과도 같이 모든 종교에 일반적으로 적용할 수 있는 새로운 개념으로서 그들은 '성스러움'을 제시하였다. 그들은 이 '성스러움'이야말로 모든 종교를 아우를 수 있는 개념이라 생각하였다. 신적 존재가 종교적 깨달음과 완성을 위해 그리 중요치 않은 불교에서도 '성스러움'은 받아들일 수 있는 개념이라고

---

6) 스웨덴의 종교학자로서 35세 되던 해 움살라대학의 종교학 교수로 취임하였다. 그는 14년간 교수로 봉직하였고 주 전공분야는 자라투스트라 종교였다. W.C.C.창설에도 지대한 공헌을 하였고, 1930년에는 노벨 평화상을 수상하기도 하였다. "I know that God lives, I can prove it by the history of religion"이라는 그의 유언은 종교학과 신학의 조화를 꿈꿨던 그의 소망을 함축적으로 보여준다.

생각한 것이다. 이렇게 가치중립적이고 특정 종교전통에 얽매이지 않는 일반적 용어로서 '성스러움'이란 단어가 선택되었다.[7]

하지만 이들의 노력 역시 그리스도교라는 기존의 종교전통의 영향력으로부터 완전히 벗어나지는 못했다. 결국 그들이 제시한 종교의 보편적 요소로서 성스러움 역시 모든 종교를 아우르는 일반적 용어로 사용하기에는 한계가 있었기 때문이다. '성스러움'이란 개념은 셈족 계통에는 적당했지만 그 밖의 종교에는 적용하기 곤란한 사례들이 적지 않았다. 또한 성스러움과 속됨을 날카롭게 구별하는 것이 그리 쉬운 일이 아니었고, 설사 그것이 가능하더라도 종교별로 성스러움과 속됨이 바뀌는 경우가 아예 없다고 할 수도 없었기 때문이다. 따라서 그리스도교적 종교 정의를 넘어서고자 했던 최초의 계몽주의적 종교연구가들이 보여준 시도는 성공적이지 못했고, 이후 계속해서 많은 종교연구가들은 자신들의 연구대상인 종교를 '어떻게 규정할까'의 문제로 지난한 노력을 했다.

이제 작업은 원점으로 돌아간다. 다시 종교학자들은 특정 종교에 얽매이지 않는 가치중립적인 학술용어를 찾아내야만 했다. 이런 점에서 종교의 본질을 '종교경험'에 두고 이를 우선적으로 규명하려던 요아킴 바흐(Joachim Wach, 1898~1955)의 작업은 나름대로 의의가 있다. 바흐는 종교라고 하는 개념을 귀납적 연구가 아니라 '무엇이

---

7) 본문에서 이미 언급했듯이 이들의 성스러움은 신론의 다른 이름이라고도 볼 수 있다. 기존의 신론이 신앙의 대상을 지칭한 것이라면, 성스러움은 신체험을 하는 종교인에게 집중한 것이라 할 수 있다. 바로 이렇게 신앙의 대상이 아니라 신앙 당사자의 내적 상태에 대한 세밀한 관찰과 묘사를 위한 개념으로서 '성스러움'은 이후 종교학계보다는 오히려 종교심리학계와 문학비평계에서 더 큰 관심을 받았다. 종교학은 계속 검증적 학문으로서 자리매김을 해나갔고, 주관적 판단을 배제할 수 없는 '성스러움'이란 개념은 지속적 탐구 대상이 되기에는 한계가 있었다.

종교인가'라는 본질적 물음에서 출발하였다. 그러나 애초부터 바흐가 이렇게 종교경험에 대한 연역적 본질 탐구에 몰두한 것은 아니었다. 바흐의 종교학은 일반적으로 독일과 미국 시기로 구분된다. 나치의 유대인 박해가 일어나기 전 독일 라이프치히대학의 교수였던 바흐는 신학과 철학같이 이전부터 종교를 연구하던 학문으로부터 종교학의 독립을 위한 방법론 구축에 매진했던 앞길이 창창한 학자였다. 그는 신학과 철학 등 종교를 다루던 학문이 규범적인 것에 반해 새로운 종교학은 검증적 성격을 지녀야 한다고 주장하였다. 바흐는 종교경험이 종교의 본질적 요소인 것을 인정하였다. 하지만 그렇다고 종교경험 자체를 직접 연구할 수는 없다고 보았다. 바흐가 택한 방식은 종교경험 자체보다는 시공 속에 드러난 종교경험의 표현을 연구하는 것이었다. 그래서 역사적으로 종교경험의 표현들을 축적·정리하는 '종교역사학'과 그 결과물들에 대한 공시적 구조를 탐구하는 '종교체계학'(혹은 종교현상학)이라는 두 가지 연구 분야를 통해 독립된 현대 종교학을 세우고자 애썼다.

하지만 그의 노력은 미국으로 망명한 이후에는 급격하게 변화하기 시작했다. 그 배경에는 유럽과는 달리 역동성을 지니고 있었던 미국의 종교 활동과 윌리엄 제임스(William James, 1842~1910)를 위시한 미국 내 종교심리학자의 종교경험에 대한 계몽주의적 접근이 자리하고 있었다. 이런 외부 환경의 변화 가운데 바흐는 이전과는 달리 종교경험 자체로 접근해 들어가는 방식을 택했다. 이와 같은 학문적 입장의 변화 속에 바흐는 검증적 종교학자가 아니라 연역적 종교철학자 혹은 종교신학자의 길을 걷게 된다. 그래서 그는 과감하게 귀납적 방법의 결론이 아니라 규범적 가치를 지닌 종교경험의 보편적 특징을 연역적으로 도출해낸다. 이렇게 정리된 종교경험의

보편적 4요소는 다음과 같다.[8]

궁극성(Ultimacy)-전체성(Totality)-강렬함(Intensity)-행위(Action)

바흐가 제시한 종교경험을 이루는 4가지 요소는 나름대로의 타당성을 지닌다. 종교경험은 궁극적 실재를 체험한 인간의 반응이라는 것, 그리고 그것은 부분이 아니라 인간의 전체적 반응이라는 것, 그리고 인간이 할 수 있는 경험 중에서 종교경험은 가장 강렬한 것이고, 아울러 그러한 체험은 실제적인 행동으로 이어진다고 본 것이다. 그는 이 4가지 요소를 모두 포함하고 있는 것이 바로 종교경험이고, 그것이 종교의 본질적인 요소라고 보았다. 하지만 이는 검증적 연구의 결과물이 아니라 순수한 '사유의 구성물'이었을 뿐이다. 다분히 심리학적이고 종교철학적인 결과물로 도출된 종교경험에 대한 설명은 애초에 바흐가 목적했던 '독립적 검증학문으로서의 종교학'에서 더 멀어지게 되었다.

이후 많은 종교학자들은 저마다의 관점에서 종교를 정의내리기 시작했다. 지금부터는 그 단편을 간략히 살펴보도록 하겠다.

종교를 바라보는 다양한 시각들[9]

---

8) 바흐가 제시한 종교경험의 기준에 대해서는 다음을 참조하라. 요아힘 바하(김종서 옮김), 『비교종교학』(민음사, 1988), 85~93쪽. * 이 책에서는 요아킴 바흐라고 표기하나 김종서의 번역에는 요아힘 바하로 되어 있다.

9) 이하 정리된 여러 학자의 종교 정의는 필자가 독일 유학 시 참여했던 〈종교학사〉 강의의 필기 노트를 참조하여 작성하였음을 밝힌다.

우선 바덴버그(Jacques Waardenburg)[10]는 '그리스도교적 틀 속에서 다른 종교를 관찰하려는 시도는 종교의 정의를 폐쇄적으로 만든다'고 보았다. 그는 '특정한 관점에서 종교를 고정시켜 이해하기보다 '열린 개념'으로 관찰해야 한다'고 주장한다. 이런 맥락에서 그가 꺼내든 카드는 '상징체계로서의 종교'이다. 그는 종교를 기호 - 상징체계로 이해한다. 아울러 그는 신앙인의 종교적 상징체계에 대한 '해석'도 종교학의 연구대상이 될 수 있다고 보았다. 바덴버그는 언어가 소통을 위해 단어를 가지고 있듯이, 종교 역시 상징과 기호를 소통을 위한 자산으로 삼는다고 생각하였다. 종교가 상징체계이긴 하지만 그렇다고 그것이 언제나 균일하고 폐쇄적 성격의 것은 아니다. 즉, 동일한 상징체계라 하더라도 소통되는 지리 - 시대 - 문화적 상황에 따라 다양한 해석이 나올 수 있기 때문이다. 특정 종교의 엘리트들이 이해하는 것과 일반 신도들이 받아들이는 상징체계에 대한 해석이 언제나 동일할 수는 없다. 바로 그 점을 종교학자는 직시해야 한다고 바덴버그는 말한다. 그런 식으로 바덴버그는 공시적 방법뿐만 아니라 소통의 다양한 해석과정을 검토할 수 있는 통시적 연구방법의 중요성을 지적하고 있다.

독일 튀빙엔대학의 종교학 교수인 글라디고프(Burkhard Gladi-

---

10) 1930년에 네덜란드에서 태어난 종교학자이다. 그는 미국과 네덜란드의 여러 대학에서 아랍어와 이슬람 역사 그리고 종교현상학을 강의하였다. 중요한 저서로는 다음과 같은 것들이 있다. *"Classical Approaches to the Study of Religion"* (1973/4, 개정판 1999), *"Religionen und Religion"* (1986). 이슬람 관련 연구서로는 *"Islam et sciences des religions"* (1998), *"Muslim-Christian Perceptions of Dialogue Today: Experiences and Expectations"* (2000)가 있다.

gow)[11]는 종교는 기호로서 언어적 행위뿐만 아니라 그 밖의 다른 것들, 즉 시각적 기호(들), 장식(들), 그림(들), 몸짓(들), 의례적 움직임 (들), 춤(들)을 포함하고 있다고 본다. 그는 종교란 개념에 의례적인 일상적 행위도 포함해야 한다고 주장한다. 그의 말을 그대로 수용한다면, 이제 종교의 교리나 심오한 사상만이 아니라, 해당하는 종교전통의 다양한 의례와 그것이 실현되는 일상의 공간도 종교학의 연구대상이 될 수 있다. 신학적 종교연구가 이념적 – 이상적 – 문헌 비평적인 것에 머물러 있었다면, 글라디고프의 정의를 수용한 현대 종교학은 연구의 범위가 상당히 확장되었다고 하겠다. 그는 이런 식으로 이전의 '본질 중심적'인 종교에 대한 정의에서 벗어나 '문화적 맥락' 속에서 종교의 기본개념을 찾았다.

현대 언어학의 흐름에 맞추어 종교에 대한 정의를 새롭게 규정해 보려는 시도는 브레멘대학의 키펜베르크(Hans Gerhard Kippen-berg)[12] 교수에게서도 잘 나타난다. 그는 현대 언어학이 추상적 기호체계보다는 실용적인 면에 더 많은 관심을 기울이고 있음에 주목한다. 의미론적 분석에만 치중했던 이전의 작업들과는 달리, 최근의

---

11) 1939년에 태어난 그는 지금은 은퇴하여 튀빙엔대학의 명예교수로 남아있다. 대표적인 저술은 다음과 같다. Burkhard Gladigow, *Religionswissenschaft als Kulturwissenschaft*(Stuttgart: Kohlhammer), 2005.
12) 1939년생으로 고대종교, 유대교, 그리스도교, 이슬람, 그리고 종교사회학과 종교학사 중심으로 왕성한 학문 활동을 한 독일의 종교학자이다. 대표적인 저술은 다음과 같다. Hans Gerhard Kippenberg, *Gewalt als Gottesdienst. Religionskriege im Zeitalter der Globalisierung*.(München: C.H.Beck, 2008); Hans Gerhard Kippenberg, *Die Entdeckung der Religionsgeschichte. Religionswissenschaft und Moderne*(-München: C.H.Beck, 1997); Hans Gerhard Kippenberg, *Religion und Klassenbildung im antiken Judäa*.(Vandenhoeck & Ruprecht 1978)

언어학은 실용적 관점을 강조하여 단어의 의미를 그것의 실제적 사용을 통해서 설명할 수 있다고 본다. 키펜베르크는 이와 같은 현대 언어학의 시각을 종교에 대한 정의를 새롭게 규정하는데 적극 활용한다. 그는 종교를 정의하는데 진리 문제로 논쟁을 하거나 시간을 끌 필요가 없다고 본다. 더 나아가 그는 종교의 본질에 대한 보편적 정의를 내리는 것 자체가 불가능하다고 보았다. 그것은 꽉 막힌 유리병 속의 파리처럼 오직 병 내부만을 맴맴 돌뿐 정작 더 넓은 세계로 나가는 탈출구는 찾지 못하는 지루하고 기나긴 소모전과도 같다. 케펜베르크는 종교학의 임무는 사회 속에서 종교가 어떠한 '소통적 가치'를 지니고 있는가를 연구하는 것이라고 보았다. 따라서 연구대상은 종교의 본질에 대한 정의가 아니라 종교의 '의사소통적 능력'에 있는 것이다.

세일러[13](Benson Saler)는 여러 종교와 문화를 비교하기 위한 유용한 범주로서 종교를 정의내리고자 한다. 이를 위해 그는 비트겐슈타인의 '가족 닮은꼴'[14](Familienähnlichkeit)이라고 하는 개념을 수

---

13) 미국 브랜다이스(Brandeis)대학의 인류학교수. 그의 독특한 종교에 대한 정의는 아래 책에 상술되어 있다. Saler, Benson, *Conceptualizing Religion: Immanent Anthropologists, Transcendent Natives, and Unbounded Categories*" (Leiden: Brill 1993).

14) 비트겐슈타인이 그의 책 『철학적 탐구』(*Philosophische Bemerkungen*, 1964)에서 제시한 이론이다. '가족 유사성'이라고도 불리는데 한 가족의 구성원이 어느 정도 다르면서도 가족으로서 함께하는 속성이 있듯이 언어도 이와 같은 유사성으로 사물을 지칭하고 언어를 사용할 수 있게 된다는 생각이다. 즉, 부모와 자녀가 서로 꼭 같지는 않지만 교차하는 유사성을 지녀 한 가족으로 인지할 수 있게 된다. 하지만 가족들 모두를 통괄하는 본질적이고 보편적인 공통의 것은 존재하지 않는다. 하지만 그들이 상호 교차적으로 갖고 있는 유사성으로 한 가족임을 알 수 있는 것이다. 비트겐슈타인은 언어도 그와 같다고 보았다. 모든 언어에 본질적이고 근본적인 공통적 특성은 존재하지 않는다. 다만 앞서 언급했던 가족들끼리의 유사성 때문에 가족임을 알 수 있듯이 언어 역시 그러한 유사성으로 제 역할을 감당할 뿐이라고 보았다. 이는 언어의 본질이

용한다. 종교는 보편적 성격이 아니라 유사성으로 설명할 때 더 효과적으로 이해할 수 있다. 예로서 그는 세계의 대표적인 유일신 종교들인 유대교, 기독교, 이슬람에 대한 연구를 꼽는다. 이들 종교를 일관하는 동일한 개념과 표상을 찾아내기란 용이치 않다. 하지만 유사성으로부터 접근한다면 이들 종교가 지니는 전형적 모범을 찾을 수 있는 것이다. 이런 식의 종교연구가 보편성을 지닌 상위개념으로 종교를 정의내리는 것보다 더 효과적이고 실용적일 수 있다. 이런 방법으로 그는 서구 학자가 비서구권의 문화나 종교현상을 연구할 때 우선 자신이 쉽게 이해할 수 있는 "닮은꼴 찾기"에서 시작할 수 있다. 그렇게 이해 가능한 부분부터 접근해 간다면 아무리 낯선 종교라도 결국에는 이해할 수 있다고 본 것이다.

이미 앞 장에서 살펴보았지만, 종교 정의에 대한 의미있는 시도 중 하나로 W. C 스미스의 '인격주의적 종교연구'를 들 수 있다. 스미스는 종교의 본질은 개념적 정의에 있는 것이 아니라 개별 신앙인의 인격적 차원에서 '경험'되는 것이라 보았다. 이런 점에서 그는 기존의 종교란 용어를 '축적된 전통'(cumulative tradition)과 '신앙'(faith)으로 세분화시켜 이해한다. 축적된 전통이란 종교의 '역사적 총체'를 의미한다. 종교적 문서, 교리, 건물, 미술, 음악 그리고 신화에 이르기까지 종교전통이 역사적으로 쌓아오고 전승되는 모든 것을 그는 축적된 전통이라 부른다. 이와는 달리 신앙이라고 하

실재를 묘사하는데 있다고 보았던 그의 전기 사상을 뒤집어버리는 것이기도 했다. 따라서 비트겐슈타인은 후기에 이르러 전기와는 달리 일상 언어에 대한 기술적 분석에 더 많은 관심을 기울였다.

는 것은 집단적이지 않다. 오직 개인의 신앙만이 있을 뿐이다. 따라서 스미스는 생활세계 가운데 실제적 종교행위를 하는 개인에 대한 배려는 종교를 연구할 때 무엇보다 중요한 의미를 지닌다고 보았다. 단순히 축적된 전통에 대한 역사적 탐구가 절정에 이르렀다 하더라도 신앙생활에 매진하는 개인의 종교세계를 잡아내지 못한다면, 그러한 종교연구는 제한적일 수밖에 없다는 것이다. 그래서 스미스는 축적된 전통보다는 신앙에서 종교적 내용의 보다 본질적인 모습을 보았다. 스미스의 견해에 따르면 종교의 개념화는 축적된 전통에 속하는 것이다. 따라서 신앙 자체보다 부차적 현상일 수밖에 없다. 이런 맥락에서 그는 지금까지 종교학이 축적된 전통에만 집착했던 것에 대해 날카로운 비판의 각을 세운다. 종교연구의 중심은 오히려 종교의 개인적인 측면을 포괄하는데 있다고 본 것이다.[15] 결론적으로 스미스는 '종교라는 단어 자체를 파기해야 한다'고 제안한다.[16] 그리고 그 자리를 '신앙'이란 단어가 차지해야 한다고 주장한다. 그러나 스미스의 테제 역시 개별 종교를 서술하는데 있어서는 별반 진보를 보이지는 못했다. 왜냐하면 그의 '신앙'이라고 하는 구분 역시 일종의 '본질 규명'으로 볼 수 있기 때문이다. 즉, 그가 말하는 '신앙' 역시 옷토가 '성스러움의 의미'에서 했던 것과 마찬가지로 종교의 본질을 개인적, 주관적 차원으로 환원시킨다는 점에서는 일맥상통하는 것이라 하겠다.

---

15) 윌프레드 캔트웰 스미스, 『종교의 의미와 목적』, 266쪽.
16) 위의 책, 81쪽.

이런 다양한 종교 정의에 대한 논의들이 암시하는 바는 무엇인가? 결국은 독단적 세계로부터의 탈출이다. 서구 중심적 사고로부터의 탈피를 의미하며, 그들이 허구적으로 구성한 오리엔탈리즘을 극복하는 하나의 과정이다. 종교학계에서 진행되었던 종교의 정의 찾기 역시 그런 연장선 속에서 이해할 수 있다. 최근의 종교학은 이러한 지난한 본질 찾기 놀음으로부터는 어느 정도 거리를 두고 있다. 그보다는 종교를 연구하는 이들의 필요에 의한 작업가설적인 개념으로서 종교에 대한 정의를 용인하고 있을 뿐이다.

이처럼 종교연구가들은 종교라는 단어를 보다 객관적이고 합리적으로 사용하기 위해 기나긴 논쟁의 터널을 지나고 있었다. 그리고 그것은 단순히 단어 하나의 문제가 아니라 그동안 우리가 가지고 있던 '종교' 혹은 '종교들'에 대한 제국주의적 시각에 대한 반성의 연장이었다고 할 수 있다. 그러한 일방적이고 폐쇄적인 시각을 반성하는 것, 바로 그것이 종교학의 출발점이다.

- 읽으면 도움이 될 만한 책들 -

맬러리 나이(유기쁨 옮김),『문화론 본 종교학』. 논형, 2013.

에릭 샤프(유요한 외 옮김),『종교학의 전개』, 시그마프레스, 2017.

월터 캡스(김종서 외 옮김),『현대종교학 담론』, 까치, 1999.

윌프레드 캔트웰 스미스(길희성 옮김),『종교의 의미와 목적』, 분도출판사, 1991.

유요한,『종교적 인간, 상징적 인간』, 이학사, 2009.

클리포드 기어츠(문옥표 옮김),『문화의 해석』, 까치글방, 1998.

프랭크 훼일링 (이용범 외 옮김),『현대 종교학과 사회과학』, 서광사, 2000.

보론 : 종교(Religion)란 용어에 대하여[17]

종교라 하면 특정한 교리와 신앙체계 그리고 의례를 갖춘 폐쇄적 공동체를 쉽게 떠올린다. 따라서 종교 혹은 종교들은 이 세상에 다양하게 존재해왔고, 또 현존하고 있다고 여긴다. 그러한 '종교들'(과연 '종교'란 말이 복수가 가능한가는 뒤에서 살펴보도록 하겠다)은 그리스도교, 불교, 유교, 도교, 힌두교, 이슬람 등 다양한 종교 조직 혹은 종교적 실체를 지칭하는 말로 의심 없이 사용한다. 아울러 우리는 '그리스도교는 종교이다'라는 명제를 아주 당연시하며 또 그 명제의 진위에 별다른 토를 달지 않는 환경 속에 살고 있다.

그러나 그리스도교의 근간이 되는 성서를 살펴보면 의외로 '종교'란 단어가 쉽게 눈에 띠지 않는다는 사실을 발견하게 된다. 구약에서 '종교'란 단어는 거의 등장하지 않는다. 단지 '야웨의 경외'(yirath Yahweh)라는 표현이 본래 의미상 종교란 단어에 가깝다고 받아들여질 뿐이다. 신약에서는 구약과는 달리 몇 차례 '종교'를 지칭하는 용어가 사용되고 있긴 한데, 이 또한 대부분 '신앙'을 지칭하는 '피스티스'(πίστις)라는 단어이다. 바울의 경우는 특징적인 규범적 행동양식을 지닌 종교적 공동체를 지칭하는 것으로 '테레스케이아'(θρησκεία)(행 26:5; 약1:26, 27; 경건, 의식, 의례, 관습)라는 단어를 사용한다. '종교'란 단어의 성서 속 낮은 사용 빈도수는 우리로 하여금 이 말이 가지는 '본래적 의미'에 대한 궁금증을 유발케 한다. 여

---

17) 이 글은 성결교회신학연구위원회가 펴낸 〈성결교회 신학용어사전〉 중 필자가 저술한 '종교' 항목(343~352쪽) 중 종교에 대한 '일반적 이해' 부분만을 빼내 보완·정리하여 이곳에 옮겨왔다.

기서는 그 궁금증을 풀기 위해 두 가지 측면에서 살펴보도록 하겠다. 우선 동아시아 전통 내에서 사용되는 한자어 '종교'(宗敎)의 유래를 살피고, 다음으로 서구 전통에서 사용되는 '종교'(religion)란 단어의 계보적 의미를 추적해보도록 한다.

우선 한자어 '종교'는 번역어이다. 이 단어는 19세기 말 일본에서 서구어 '릴리지언'(religion)의 번역어로 사용됨으로써 한자문화권에 본격적으로 소개되었다. 하지만 '종교'란 단어는 그 전부터 이미 불교의 한 용어로 사용되고 있었다. 본래 이 단어는 수(隋, 581~619)의 승려 지의(智顗, 538~597)에 의해 『법화경』(法華經)을 근거로 천태종의 교리를 '오중현의'[18](伍重玄義), 즉 '석명'(釋名), '변체'(變體), '명종'(明宗), '논용'(論用), '판교'(判敎)로 체계화할 때, '모든 것의 근본이 되는 진리'란 의미로 종(宗)과 교(敎)를 합하여 만든 것이다. 이 단어가 후에 서구어 'Religion'의 번역어로 채택되었고, 이것이 바로 지금 우리가 사용하는 '종교'란 단어이다.

서구 전통에서 종교란 단어는 라틴어 '렐리기오'(religio)로부터 유래한다. 이 단어는 여전히 많은 논의가 필요하긴 하지만 '어떤 특정한 관습이나 의례의 외적 준수'라는 뜻을 가진다. 더 나아가 이 단어는 의례 자체보다는 그것을 준수할 때 대상이 되는 '초월적 실재'에 대한 인간의 '경건'과 '성실성'을 뜻하며, 초월적 존재와 우주 전체에 대한 예배자 혹은 신앙자의 '태도'를 나타내는 말로 사용된다.

---

18) 불교 경전을 해석하는 다섯 가지 방법을 이른다.

그리스도교의 역사 가운데 종교란 단어의 최초 쓰임새와 본래 의미를 보다 명확히 살펴보기 위해 초대 교회 지도자들이 사용했던 이 단어의 의미와 용례를 살펴볼 필요가 있다. 먼저 아우구스티누스(Aurelius Augustinus Hipponensis, 354~430)가 사용한 종교란 단어의 의미를 살펴보자. 그의 저술 중의 하나인 "*De Vera Religione*"라는 책의 제목을 우리는 편안한 마음으로 "*On the True Religion*"이라 바꾸려 할 것이다. 그리고 아우구스티누스가 '참된 종교'로서 '그리스도교'라는 특정한 '종교전통'에 대해 이미 '일정한 개념'을 가지고 있었을 것이라 생각하려 할 것이다. 하지만 그러한 기대와는 달리 그의 책 안에서 지금 우리가 사용하는 '그리스도교'라는 명칭을 찾아보기란 무척 곤란하다. 왜냐하면 그의 책은 그리스도교라는 특정한 제도적 종교를 설명하고 있는 것이 아니라 오히려 초월적 존재인 신과의 인격적 관계를 강조하는 수려한 표현으로 가득차 있기 때문이다. 따라서 아우구스티누스가 사용한 '종교'란 특정한 의미나 신조의 체계를 지칭하는 것이 아니며 제도화되어 외부에서 관찰 가능한 공동의 역사적 전통을 지닌 조직체를 가리키는 것 또한 아니었다는 것을 알 수 있다. 그보다는 오히려 사랑과 찬란한 빛 안에서 행해지는 신과의 생생한 '인격적 조우'를 그는 '종교'라 표현했다. 따라서 그의 책은 '올바른 경건성에 대하여'(On Proper Piety) 혹은 '진정한 예배에 관하여'(On Genuine Worship)로 번역되어야 할 것이다. 이런 맥락에서 에벨링이 '참된 종교'와 '거짓 종교'의 구분이란 그리스도교와 다른 종교 간의 판단이 아니라 그리스도교 자체의 문제라 말한 대목 역시 아우구스티누스의 견해와 크게 다르지 않다고 할 수 있다. 종교를 외부적 조직이 아닌 경건성과 종교성에서 찾으려는 시도는 토마스 아퀴나스(Thomas

Aquinas, 1225?~1274)에게서도 찾을 수 있다. 아퀴나스는 그의 저서에서 '렐리기오'를 '한 영혼의 활동으로서 하나님께 마땅히 드려야 할 예배를 향한 신앙인의 충동'으로 보았다.

종교에 대한 이러한 이해는 종교개혁시기까지 계속 이어져 온다. 이는 대표적인 종교개혁자 칼뱅(Jean Calvin, 1509~1564)이 저술한 "*Christianae Religionis Institutio*"(1536)란 책이 단순히 '그리스도교라는 종교의 강요'라는 의미라기보다는 - 보다 엄격하고 정확히 번역하자면 - "그리스도적 경건성의 기초" 혹은 "그리스도적 경건성의 구조"를 뜻하고 있다는 것을 통해서도 알 수 있다. 따라서 우리는 '종교'라는 단어의 본래적 의미에는 지금은 상식처럼 되어있는 객체화된 혹은 실체화된 외부의 역사적 전통 조직에 대한 배려는 거의 포함되어 있지 않았다는 것을 알 수 있다. 오히려 '종교'란 용어는 개개인의 '신앙적 경건함'과 '절대자에 대한 태도'들을 지칭하기 위해 사용되어져 왔음을 확인하게 된다.

이와 같은 종교란 단어의 의미가 작금 우리가 이해하고 있듯이 '외부적 특정 신앙적 조직체'라는 뜻으로 전용된 것은 대략 17~18세기 이후라고 알려져 있다. 17~18세기 이후 몇몇 종교집단 간의 치열한 갈등과 충돌 그리고 계몽주의적 주지주의의 득세, 아울러 지리상의 발견 이후 쏟아져 들어오는 유럽 이외 지역에 현존하고 있었던 비기독교적인 종교적 전통들에 대한 정보로 인하여 이제 '종교'란 단어는 점차 객체화되어 특정한 교리와 전통을 공유한 폐쇄적인 공동체 집단을 지칭하는 것으로 사용되어진다. 그후 우리는 불교, 유교, 도교, 힌두교, 이슬람 등과 같이 독립되고 객체화된 종교개념을 가지게 되었다.

사실 이러한 종교전통에 대한 명칭은 철저히 서구 중심적이며,

실상 그것이 지칭하는 구체화되고 실체화된 종교전통은 현존치 않는다고 보는 것이 보다 검증적인 설명이라 할 수 있을 것이다. 이슬람은 예외로 한다 하더라도(이슬람이라는 명칭은 '신에게 복종하는 자'라는 의미이며, 세계 여러 종교 가운데 독특하게 외부가 아니라 스스로에 의해 붙여진 이름이기도 하다), 힌두교 같은 명칭은 서구인들에 의한 인도의 다양한 종교 문화전통을 지칭하기 위한 잠정적이고도 작위적인 이름의 대명사로 받아들여지고 있다. 이 말은 인도 문화전통 내에서 힌두교라 불릴 만한 공통적인 그 무엇은 존재치 않았다는 것을 뜻하는 것이다.

종교로서 그리스도교라는 명칭은 계몽주의 시대에 이르러서야 정착되었다고 한다. 그 이전에는 '그리스도적 경건함'이 그 역할을 대신하고 있었다. 그러나 17, 18세기 이후에도 종교를 특정한 종교적 세계관 혹은 동일한 종교적 사상을 포함한 조직체로 조망하려는 주지주의적 종교이해에 반기를 든 학자들도 있었다. 슐라이어마허(Friedrich Daniel Ernst Schleiermacher, 1768~1834)와 루돌프 옷토가 그 대표적인 학자들이다. 이들은 종교의 본질이나 핵심적인 것은 도덕적이고 윤리적인 그리고 이성적인 것으로만 보기보다는 인간의 종교성 그 자체에 있다고 주장하였다. 여기서 유명한 슐라이어마허의 '절대의존의 감정'(Gefühl schlechthinniger Abhängigkeit)과 옷토의 '성스러움의 의미'(Das Heilige)가 등장한다. 옷토는 특히 기존 윤리적 의미로만 해석되어왔던 '거룩'의 의미를 오히려 종교의 본질을 이루는 '피조물적인 감정' 혹은 '누멘적인 것'으로 판단하여 종교의 의미에 새로운 해석의 가능성을 열어주었다. 이들은 이전의 칸트적 종교이해인 윤리성에 직관적이고 체험적인 요소를 첨가하여 일종의 '종교성 보편주의' 혹은 '종교적 상대주의'로의 가능성을 열어주었다.

이들로 인해 촉발된 종교적 상대주의에 대한 반발로 신정통주의의 대표자 바르트(Karl Barth, 1886~1968)의 종교관이 등장하게 된다. 이러한 종교적 보편주의 혹은 상대주의가 기독교의 특수성을 부정하고, 그리스도교도 많은 세계종교 중의 하나로 전락시킨다고 이해한 바르트는 종교를 '불신앙'(Unglaube)의 다른 이름에 지나지 않는다고 설파하며 다시 그리스도교의 절대성을 복원시키기 위해 경주하게 된다. 바르트에게 '종교'란 철저히 인간학적이고 내재적이고 세속적인 현상이며, 따라서 그런 의미의 종교는 인간 편에 속해 있다고 판단될 수 있다. 그러므로 바르트는 종교란 절대적 '신적 계시'로부터는 동떨어진 정반대의 자리에 서있는 것이 된다.

입장의 차이는 있지만 종교적 체험을 강조한 슐라이어마허와 옷토 그리고 계시와 신앙을 재확인하고 있는 바르트 역시 기존의 제도화된 종교이해와는 어느 정도 거리가 있으며 다소간 종교란 용어의 본래적 의미에 좀 더 다가선 이해를 하고 있다. 물론 이들에게서는 어원론적인 분석과 용어에 대한 계보학적 지적은 뚜렷하게 나타나고 있지는 않지만, 종교라고 하는 것을 제도로서만 파악하려 들지 않고 종교에 귀의하고 있는 이들의 '자세'나 혹은 '고백'으로 보고자 한다는 점에서 이들 역시 본래적 의미의 '종교'에 충실한 입장을 취하고 있다.

3. 종교를 이해하려는 여러 시도들

"종교학자는 여러 종교를 대할 때 자신의 신앙체계를 연구의 잣대로 사용해서는 안 된다. 그들은 다른 이들의 신앙을 편견 없이 연구하는데 있어서 자유롭다. 문제는 그들이 과연 얼마나 많은 자유를 감내할 수 있는가 뿐이다."

(한스 유르겐 그레샤트, *Was ist Religionswissenschaft?* 130쪽)

결국 편견을 버리는 일

지난 반세기 동안 한국 개신교는 교회사에 있어서 유례를 살피기도 힘들 정도의 폭발적인 성장을 이루어냈다. 하지만 급격한 성장의 후유증인가? 지금 한국 개신교는 성장에 대한 반대급부로 상당한 정도의 무게를 지닌 다양한 비판에 직면해 있다. 비판의 중심에 언제나 똬리를 틀고 있는 것 하나가 바로 한국 개신교의 신앙형태가 너무 '기복(祈福)적'이라는 지적이다. 이러한 기복주의 신앙은 한국인의 종교적 심성의 기층을 차지하는 샤머니즘 혹은 무교[1]의 바람직하지 못한 영향 때문이라는 진단을 별반 고민 없이 내리고 또 받아들인다.

하지만 이런 식의 치밀한 검증 과정을 거치지 않은 정언적 선언이 한국 개신교의 구체적 신앙형태에 대한 진단으로 당연시되는 것은 좀 문제가 있다. 한국인들의 기층적 종교 심성이라고 하는 것이 사실은 제대로 규명되지도 않은 일종의 이상적이고도 이념적인 개념에 지나지 않는데, 그것을 마치 당연하다는 식으로 진단의 한 축으로 사용하는 것은 적잖은 문제가 있다. 그리고 현 한국사회에 뿌리를 내리고 있는 무교라는 종교현상에 대해서도 많은 갈래의 논의와 담론이 혼재되어 있는 상황에서 쉽게 그것이 원초적 한국인의

---

1) 한국 샤머니즘에 대한 명칭은 학자들 별로 매우 다양하다. 그중 대표적인 것으로는 '샤머니즘', '무속', '무교', '무' 등이 있다. 이중 무속은 이능화로부터 사용되기 시작하는데, 그 이후는 주로 민속학자들이 사용하였다. 하지만 이 용어에는 문화적 천시의 의미가 포함되었다 하여 종교학과 인류학계 내에선 잘 사용하지 않는다. 그보다는 오히려 유동식 교수가 사용한 무교란 말이 학술용어로 많이 사용되고 있다. 90년대 이후에는 조흥윤 교수가 시베리아 샤머니즘과도 구별되는 한국만의 특수한 종교전통이라는 의미로 무교도 아닌 무라고 부를 것을 주장하기도 하였다. 이에 대해서는 다음을 참조하라. 김승혜, 김성례 외, 『그리스도교와 무교』(바오로딸, 1998), 50~53쪽.

종교성 혹은 종교적 심성일 것이라 운운하는 것은 지극히 과학적이지 않은 일종의 독단적 진단내리기에 지나지 않다는 사실을 명심해야 한다. 그렇게 손쉬운 결정을 내리기 전에 무엇보다도 샤머니즘 혹은 무교라고 지칭되는 종교현상의 역사적 과정을 보다 철저하게 검토하는 작업이 우선되어야 할 것이다.

아무튼 그러한 한계에 대한 분명한 인식을 생각의 한 곳에 접어두고, 앞서 언급한 '한국 개신교의 기복신앙은 무교로부터 왔다'라는 명제를 다시 한 번 곱씹어보자. 이 말에는 알게 모르게 우열적인 가치판단이 도사리고 있다. 우선 이 문장의 뉘앙스는 부정적이다. 그리고 이는 개신교의 신앙이 '정상적이지 않다'라는 판단에 기초한 것이며, 그러한 판단의 밑바닥에는 '(정상적이지 않은) 그것은 무교로부터 왔다!'라는 평계 섞인 입장이 깔려있다. 즉, 이 명제로부터 우리는 '무교는 우월한 그리스도교와는 달리 기복에만 치중하는 열등한 신앙체계'라는 가치명제 하나를 선별해낼 수 있다. 이러한 판단이 지극히 작위적이고 일방적인 것인데도 많은 그리스도교인이나 신학자들은 특별한 고민 없이 이것을 정당한 분석판단이라 생각하고 있다.

조금만 더 이 문제로 씨름해보자. 앞서 언급한 명제가 부정적 의미를 담고 있다면, 그것은 어디에서 비롯된 것인가? 아마도 '기복'이라는 단어 때문일 것이다. 기복이란 문자적으로는 '복을 내려주기를 우러러 바라는' 것을 뜻한다. 복을 빈다는 것은 사실 꼭 종교 행위가 아니더라도 지극히 정상적이고 당연한 인간의 일상 행위 중 하나이다. 그리고 지구상에 존재하는 종교치고 기복을 이야기하지 않는 경우는 찾아보기가 쉽지 않을 정도로, 복을 기대하는 인류의 심성은 지극히 상식적이고 보편적인 것이다. 그렇다면 이 기복행위 자체에 문제가 있다기보다는 무교에서 말하는 기복의 내용 혹은 그 범위가 상식적 윤리수준에서 볼 때 좀 지나치다는 가치판단이 앞서 언급한 문장을 부정적으로 만드는 것이라고 추정해볼 수 있다. 그리고 그 문장의 의미를 재구성 해보자면, '한국 개신교의 도에 넘친 기복행위는 좀 문제가 있는데, 그것은 그리스도교 신앙 자체보다는 미신적인 무교에서 비롯된 것이다'라는 정도가 될 것이다. 이러한 분석에 이르다 보면 우리는 기존 한국 개신교 신앙의 부정적 모습을 비판하는 관찰자의 시각 속에 '무교의 기복은 정상적이지 않다'라는 또 하나의 '검증받지 못한 판단'이 내포되어 있음을 발견한다.

여기서 또다시 문제가 시작된다. 과연 그러한가? 한국사회의 만연된 무교 전통에서는 끊임없이 과잉기복 혹은 잉여기복을 조장하고 있는가? 정말로 무교의 종사자, 무당, 백수, 심방 등은 끊임없이 넘쳐나는 기복을 자신의 의뢰자에게 강요하고, 자신의 이익을 극대화시키는 반인륜적인 파렴치한들인가? 그들의 기복행위는 그리스도교의 신앙행태를 변화시킬 정도의 부정적 요소를 지니고 있는가? 이 문제에 대해 우리는 무교를 보다 객관적으로 연구하는 종교학자와 인류학자 그리고 민속학자의 이야기에 귀를 기울일 필요가 있다. 기존의 부정적 의미로 사용되던 무교의 신앙이 '기복적이다'라는 생각을 실제 무교 신앙이 이루어지는 현장에서 살펴보게 되면 기존의 판단과는 다른 해석이 가능해진다. 사실 무교의 신앙생활 속에서 기복이란 문제를 가진 이의 해결을 희구하고 기원하는 것을 뜻하지, 분에 넘치고 도를 지나치는 '재물의 축적'을 의미하지는 않는다.[2] 굿 의례를 하거나 무당의 공수[3]를 받고 점술행위를 하는 대부분의 의뢰인은 그들이 처한 실존적 문제의 해결을 위해 그와 같은 행위를 하게 된다. 따라서 그들은 일단 당면한 문제의 해결 혹은 해소에 전념할 뿐이지 그것을 넘어서는 축재에 관심을 드러내지는 않는다. 따라서 기복을 개인주의적 축재나 그 이상을 넘어서는 이기적 행위의 연장으로 파악하려는 시도는 사실 무교적 신앙행태에 대한 기존의 부정적 편견이 만들어낸 '작위적인 개념'이라 보는 것이 타당할 것이다. 이런 편견에 가득한 단견적 시각에서 해방된다면, 우리는 사회 속에서 상당히 긍정적 역할을 하고 있는 무교라는 종교를 바라볼 수 있을 것이다. 그렇다면 기존에 우리가 가지고 있었던 한국 개신교의 기복적 신앙의 원흉처럼 인식되던 무교에 대한 시각은 어느 정도 교정되어야 할 성질의 것임을 인정하지 않을 수 없게 된다.

상황이 이 정도에 이르면 이제 우리는 한국 개신교 신앙의 문제점에 대한 진단을 새로이 내릴 필요가 있다. 그리고 지금까지 극히 부정적이고 억압과 해체의 대상으로 보고 있었던 무교에 대한 개신교의 정형화된 시각도 어느 정도 수정되어야 할 단계에 왔다. 물론 여기서 쉽게 개신교 신앙의 문제점에 대한 새로운 진단을 내릴 수는 없을 것이다. 하지만 지금까지 개신교 쪽의 진단이 기존의 무교에 대한 편견에서 출발한다는 반성은 반드시 짚고 넘어가야 할 것이다.

---

2) 김승혜, 김성례 외, 『그리스도교와 무교』, 12~13쪽.
3) 무당의 입을 통해 신령이 사람에게 메시지를 전하는 것을 말한다.

바로 이런 점 때문에 '편견 없이' 종교현상을 이해하고 그것의 대 (對) 사회적 역할을 관찰하는 객관적 종교연구의 필요가 요청된다. 검증적이고 객관적으로 종교를 연구한 결과물이 없었다면, 한국 개신교는 계속 정당치 못한 선입관을 가지거나 그에 대한 제대로 된 진단이나 적절한 대응조차 하지 못할 것이기 때문이다.

여기서 혹자는 다음과 같은 반문을 다시 던질 수도 있다. "어차피 무교는 선교의 대상이 아닌가? 그리고 그들은 진정한 신을 섬기지 않는다는 점에서 우상을 섬길 따름이다. 그리고 우상은 부정적일 수밖에 없지 않은가? 그런 것에 일일이 왈가왈부하기 전에 우리는 그들에 대한 우리 자신의 선교 마인드를 좀 더 연마하면 그만이다!" 보수적인 개신교도의 입장에서는 과한 말도 아닐 것이다. 더군다나 선교종교인 그리스도교에 속한 이로서, 또한 그리스도의 복음을 전하고자 하는 열망에 사로잡힌 이가 이 정도의 반문을 제기하는 것은 당연하다 할 것이다.

그러나 여기서 질문자가 놓치고 있는 부분이 있다. 선교를 하려면 대상이 있어야 한다. 그리고 그와 일정한 접촉점이 있어 소통할 수 있어야 한다. 선교의 대상과 제대로 소통하기 위해서 무엇보다 필요한 것은 무엇일까? 바로 그 대상에 대한 이해이다. 적어도 그들이 하는 행위의 의미와 상징은 제대로 이해할 정도의 준비는 해야 하지 않겠는가. 성격 급한 어떤 이는 그것도 필요 없다 할 것이다. 그냥 복음만 전하면 되지 않느냐는 고함도 제법 높게 허공을 가를 수 있을 것이다. 하지만 구체적인 현장은 어떠한가? 거기서도 고함은 제법 위력을 발휘할 수 있을까? 오히려 그 고함은 그에게 무언가를 전하기도 전에 서로를 척지게 만들고 감정을 다치게 하지는 않을까? 결국 선교 대상의 문화를 이해하려는 시도는 '나'를 '그'에게 '소개'하기 위한 '전(前) 단계'이다. 그를 이해하려는 나의 시도는 따라서 나를 그에게 이해시키기 위한 작업이기도 하다.

그런 점에서 결국 선교의 대상이 되는 문화권에 대해 성실한 이해와 연구를 수행하고 실천하는 것, 바로 이러한 세심한 준비와 행위 속에서 이미 선교는 시작된다고 볼 수 있다. 열정만 남고 '이해'가 빠진 선교가 전해주는 소름끼치는 소문을 이미 오래전부터 듣고 있지 않은가? 편견을 제거하고 그 자리에 이해와 따뜻한 시선을 채워 넣는 일, 그것이 다종교 사회를 맞이한 한국의 종교계가 잊어서는 안 될 덕목들이다.

이런 점에서 종교학은 특정 종교에 편중함으로 생기는 선입견을 지양하고, 종교에 대해 균형 잡힌 시각을 제공해주는 역할을 한다. 그런데 종교학의 균형 잡힌 시각은 어디에서 비롯되는가? 그것은 종교를 바라보는 관점이 기존의 신학적 종교연구와는 달라졌다는 사실에 있다. 종교학은 종교를 '신앙의 대상'으로 '삼지' 않는다. 그보다 다양한 종교를 '3인칭의 관점'에서 '이해'하려고 애쓴다. 그 점에서 자신의 종교나 신앙을 변증하고 설명하는 신학적 연구와는 분명한 거리를 두게 된다. 그렇게 종교학은 3인칭의 관점으로 여러 종교전통을 이해하고 기술함으로써 개별 종교들이 서로 이해할 수 있는 '중간 지점'을 조성할 수가 있다.

그렇다면 종교를 이해하려는 시도는 종교학만의 전유물이었던가? 그렇지는 않다. 18세기 이후 유럽사회를 지배했던 계몽주의 사조는 종교를 바라보는 새로운 관점을 제공하였다. 당시 사람들은 신앙인이 아닌 '세속인의 눈'으로 종교를 바라보기 시작했고, 이런 분위기 속에서 종교를 연구하는 새로운 근대 학문들이 등장하기 시작했다.

하지만 여전히 사람들은 종교에 대해 기존의 선입견으로부터 자유롭지는 못하다. 몇몇 훈련받은 사람들 외에는 대부분 종교라 하면 '진리', '절대', '구원', '신', '경전' 등과 같이 사뭇 무거운 주제를 떠올리곤 한다. 그리고 종교학이라 하면 뭔가 대단한 진리나 초월적 절대자를 논구하는 철학과도 비슷한 학문일 것이라 생각하기도 한다.

여기서 난 하나의 에피소드를 소개한다. 누군가 메일로 질문한 것에 대한 나의 답변이다. 질문자는 내게 "존재'에 대한 고민을 해결하기 위해 종교학을 하고 싶다'고 말했다. 하지만 사실 종교학은 그러한 질문에 답변을 시도하는 분과학문이 아니다. 따라서 종교연구에 대한 세속적 연구의 시작을 알리는 18~19세기의 정신세계를 분석하기 전에 쉬어가는 대목으로 이 대화를 잠시 이곳에 소개해 본다.

에피소드 하나 : 종교학은 존재를 다루는 것이 아닌가요?

"전 요즘 존재, 존재성, 존재감 등등에 대해서 절실한 마음으로 고민하고 있습니다. 그래서 그걸 해결하는 분야로서 종교학에 대해 관심이 많습니다. 제가 이 존재의 문제를 제대로 탐구하기 위해서는 무엇부터 시작해야 할까요? 그리고 종교학뿐만 아니라 신학에도 관심이 많습니다. 이 두 학문 중 존재의 문제를 해결하기 위해서는 어떤 것이 좋을까요?"

"질문하신 분께서 고민하시는 '존재'에 대한 질문은 언급하신 신학이나 종교학에서는 해결할 길이 없습니다. 단적으로 신학과 종교학은 학문의 속성상 그러한 질문 자체가 난센스가 되기 때문이지요. 우선 신학은 '존재의 문제'로 고민할 필요가 없습니다. 왜냐하면 신학이라는 학문 자체가 존재의 근거라고 '고백'되는 신을 '전제'로 하지 않으면 성립 자체가 불가능하기 때문입니다. 즉, 이미 전제되어 있는 신에 대한 변론이 신학이란 학문의 중심을 차지합니다. 따라서 존재 자체에 대한 회의 내지는 고민이 신학이라고 하는 분과학문의 현장에서는 생겨나기 곤란합니다. 과정신학 등을 위시한 현대 신학의 갈래들이 이런 문제에 어느 정도 가능성을 보여주고 있긴 하지만, 신학이란 학문은 아무리 포장해도 결국 '믿는 자의 학문'입니다. 따라서 이런 '고백적 학문'에서 존재에 대한 회의나 고민은 추천할 만한 덕목이 될 수 없습니다. 물론 신학이라는 학문을 통하여 고민하고 있는 존재를 만날 수도 있겠지만, 본질상 신학은 체험 속에 고백된 절대 존재를 합리적 이성으로 정리하고 설명하는 것이지, 만나보지도 못했고 여전히 실존적 고민의 영역에 침잠해 있는 이름 모를 절대 존재를 취급하는 학문은 아닙니다.

그렇다면 종교학이 이 부분에 대해서 답변을 줄 수 있을까요? 천만의 말씀입니다. 만약 누군가가 종교학이 그런 물음에 대한 답변을 시도하는 학문이라고 이야기한다면, 그는 종교학이 무언지 전혀 모르는 사람이거나 혹은 종교학을 제대로 공부하지 않은 사람일 겁니다. 종교학은 인류의 역사와 함께 공존했던 많은 문화현상 중에서 특히 종교라 불리는 현상에 대한 체계적이고 검증적인 연구를 시도하는 근대 학문입니다. 종교학이라는 분과학문의 시작은 (서구전통에서) 근대 이후 고개를 들기 시작한 낭만주의의 영향 하에 있습니다. 17~18세기 서구 지성계를 지배하던 계몽주의 사조가 포착해내지 못하는 인간의 정서적 측면과 감성의 가치를 제대로 평가해 줄 것을 요청한 낭만주의의 호소는 그리스도교 이외의 종교에 대해서도 여유를 갖고 바라볼 수 있는 기회를 제공하게 됩니다. 그래서 그들은 비서구권에 있는 종교전통들도 연구의 대상으로 삼기 시작했고, 그것이 바로 근대 종교학의 시작이 됩니다.

초기 종교학은 주로 '종교의 기원'과 '원천' 문제에 매달렸습니다. 이 말은 그들이 종교학이라는 학문을 통하여 얻고자 했던 목표가 무엇인가를 단적으로 보여주는 대목이지요. 즉, 종교의 기원을 밝혀 종교를 열등한 것으로부터 고등한 것으로, 혹은 유치한 것으로부터 중요한 것으로 줄 세워 보려했던 것이 그들의 의도였습니다. 그리고 이 의도는 당연히 그리스도교에 적을 두고 있는 연구가들에 의해 이루어졌고, 이와 같은 연구의 종국은 결국 그리스도교가 모든 종교의 '꽃' 혹은 '궁극'임을 천명하는 것으로 마무리 되곤 했습니다.

이러한 초기 종교연구가들의 계산된 의도는 후에 많은 학자의 비판과 질타 속에 사양길에 접어들게 되었고, 그런 분위기 속에서 서서히 객관적인 근대 종교학의 기틀이 잡혀가기 시작합니다. 그후 종교학은 요아킴 바흐와 엘리아데 그리고 윌프레드 캔트웰 스미스 등을 통하여 대중적인 반향을 불러일으키게 됩니다. 최근의 종교연구는 초기의 많은 오류를 교정해가며 보다 검증적 자세를 견지하고 있습니다.

현대 종교학은 크게 보아 역사비평적인 종교연구(종교역사학)와 현상학적인 종교연구(종교현상학 혹은 종교체계학) 정도로 구분할 수 있습니다. 역사비평적 방법은 문화현상인 종교전통을 성실하게 역사적 배경 하에서 검토하는 것이고, 현상학적 종교연구는 다양한 종교현상에 대한 체계적이고도 조직적인 이해를 시도하는 분야라 할 수 있습니다. 그러나 이들은 서로 협력적이면서도 양자 사이에는 공유하지 못하는 긴장관계 역시 여전히 상존하고 있습니다. 종교역사학 쪽에서는 종교를 공시적으로 파헤치고 자의적이라 여겨질 정도의 구조적 해석을 시도하는 현상학적 방법을 좋게 볼 리가 없겠지요. 그리고 현상학적 연구 쪽에서도 종교학이라고 하는 학문의 정체성 자체를 애매하게 만드는 역사학적 연구에 대하여 조금은 냉소적인 자세를 보이게 되겠고요. 대충 이 정도 설명이 진행되었으면 어느 정도 감을 잡았으리라 봅니다. 이렇듯 종교학은 존재에 대한 질문에 답변을 얻기 위해 고민하는 학문이 결코 아닙니다. 그보다는 종교라는 문화현상에 대한 검증적 이해를 시도하는 인문학과 사회학의 경계에 서있는 경험 학문이라 할 수 있을 겁니다."

대강 이 정도 지나치고 장대한 답변을 접한 질문자는 종교라고 하는 것을 그렇게 다양한 시각으로 볼 수도 있다는 것에 오히려 신기하다는 반응을 보인다. 그렇다. 종교는 매우 다양하게 읽히고, 연구되고 또 이해할 수 있는 인간의 문화현상이다. 여기서 우리는 현대 분과학문 중 종교를 취급하고 있는 분야들을 일별해 볼 필요를 느끼게 된다.

다양한 종교연구방법들

종교학이라고 하는 분야를 극도로 좁게 보지 않는다면, 그 이름 아래에 다양한 분과학문들을 거론할 수 있다. 우선 이들을 유형별로 정리해보면, 규범적(normative), 환원주의적(reductive) 그리고 검증 - 기술적(empirical-descriptive) 연구 등으로 나눌 수 있다.

첫 번째, 규범적 종교연구에는 신학과 종교철학이 있다. 신학의 경우, 특정 종교의 입장에서 다른 종교를 연구한다. 종교철학은 종교의 본질과 진리의 문제에 관심을 갖는 분야라 볼 수 있지만, 이는 여전히 논란거리가 될 수 있다. 왜냐하면 일반적 의미의 종교철학이 과연 가능하겠냐는 물음이 나올 수 있기 때문이다. 사실 종교철학은 서구 지성계의 산물이다. 서구는 오래도록 유일한 그리스도교 전통 가운데 자신의 문화를 유지해왔다. 따라서 그들이 말하는 종교철학에는 아무리 일반화의 옷으로 가린다 하더라도 그리스도교가 중심이 될 수밖에 없다. 따라서 서구에서 말하는 종교철학은 '그리스도교 철학'일 수밖에 없다. 즉, 그 안에서 논의되는 종교철학의 주제는 사실 특정 종교의 교리나 전통에 익숙하고 때로는 유리하게 장치되어 있기 마련이다. 이런 논조는 꼭 그리스도교에만 국한되는 것이 아니라 다른 종교전통에도 그대로 적용된다. 불교나 유교 그리고 인도종교도 철학적으로 접근하게 되면, 각각 익숙한 종교의 개념으로부터 시작되는 개별적 종교철학이 될 가능성이 크다. 따라서 불교철학, 유교철학, 힌두철학은 있을 수 있겠지만, 모든 종교를 아우르는 '보편적 종교철학'은 사실상 불가능하다. 물론 이것은 학자의 관점에 따라 달라질 수 있다. 따라서 보편적 종교철학은 불가능하다고 보는 것 자체가 종교학의 편협함을 드러내는 것이란 비판도 당연히 가능하다.

두 번째, 환원주의적 종교연구로는 종교사회학, 종교인류학, 종교심리학 등을 들 수 있다. 이들 분과학문을 '환원주의적'이라 하는 것도 물론 좁은 의미의 종교학적 시각이 들어있기 때문이다. 이들 분과학문은 종교라는 문화현상을 사회적으로 그리고 문화나 인간 심리의 한 영역으로 환원하여 설명한다. 이들 분과학문은 좁은 의미의 검증적 종교학보다 세속적 관점에서 종교를 분석한다. 그러니 종교는 더 이상 인간의 고유한 문화현상이 아니라 사회의 통합을 위한 기재나 조직이 되고, 인간의 내적 불안을 극복하는 정서적 도구가 되어 버린다. 이들 환원주의적 종교연구가의 눈에 종교를 자류적인 것으로 보고 종교만의 고유한 관점으로 해석하려는 종교현상학자의 시도는 비합리적인 행동으로 보일지도 모른다. 그건 종교를 신비주의에 묶어 둘 수도 있는데, 환원주의자들의 관점에서 그것은 설명과 규명이 아니기 때문이다. 그들은 자명하게 밝힐 수 없는 신비에 매달리기보다는 분석 가능한 객관적 사실로부터 출발하는 것이 보다 이성적이고 합리적이라 생각한다.

　이와는 달리 종교를 '종교 자체'로 보려는 좁은 의미의 종교학이라 불릴 만한 학문으로 종교현상학과 종교역사학이 있다. 종교역사학이 개별 종교전통에 집중하며, 그것의 역사적 전개과정을 기술하는 것에 집중하는 반면, 종교현상학은 보다 일반적인 것에 관심을 둔다. 그들은 기존의 선입견을 배제하는 '판단중지'(epoché)를 통해 다양한 종교의 유형적 특징과 구조를 밝히려 한다.

　이러한 다양한 종교연구 가운데 종교현상 자체와 종교의 기능을 추적하는 검증 - 기술적 종교연구와 환원주의적 종교연구 태도는 상호 보완적이기도 하며 때로는 날카로운 대립각을 세우기도 한다. 그런데 재미있는 것은 이들은 공동의 학문적 유산을 가지고 있다는 점이다. 그것은 종교의 기원에 대한 계몽 – 진화주의자의 유산이기도 하다. 바로 '종교란 미지의 초자연적인 힘과의 만남'에서 시작한다고 보았던 초기 종교연구가의 가설이 그것이다.

처음엔 진화론이 있었다!

찰스 다윈(Charles Robert Darwin, 1809~1882)에 의해 시작된 진화론은 18세기 이후 서구 정신계를 지배하는 계몽주의의 적자라 할 수 있다. 잠들었던 인간의 이성을 깨어 찬연한 빛을 발하여 전통적 관습과 종교의 독단에 의존했던 지식체계를 새로이 구축하려는 운동을 일컬어 계몽주의라 부른다. 다윈이 1859년에 발표한 『종의 기원』[4]은 계몽주의가 배출한 꽃 중의 꽃이다. 이 책의 등장은 이성의 빛으로 세계를 이해하고자 했던 당시 유럽 지성계에 커다란 반향을 불러일으켰다. 생물의 진화를 다룬 이 책은 이후 다양한 분야로 번져나가 사회와 역사의 전개과정을 이해하는 강력한 척도로도 기능하게 된다.

종교를 객관적으로 이해하려던 18~19세기의 학자들에게도 진화론은 포기할 수 없는 매력적인 관점이었다. 종교 역시 진화론적 구

---

4) 이 책의 정식 명칭은 『자연 선택에 의한 종의 기원에 관하여』이며 영어 원제목은 다음과 같다. "On the Origin of Species by Means of Natural Selection or the Preservation of Favoured Race in the Struggle for Life"

도하에 낮은 단계의 종교부터 고등한 종교까지 서열을 매길 수 있을 것이라는 믿음이 당시 종교연구가들에게 유행하기 시작했다. 그래서 그들은 종교의 기원을 살펴볼 수 있는 일념으로 고리 찾는 일에 매진한다. 그들은 이른바 '잔류이론'(survivals theory)을 통해 그들의 학문적 결과물을 얻으려 했다. 잔류이론에 의하면 현대에 살아남은 원시부족의 종교형태 혹은 이념을 연구하면 종교가 왜 생겼는가를 알 수 있다. 그래서 많은 학자들은 현대 원시부족의 종교생활을 연구하여 그 속에 남아 있는 종교를 구성하는 보다 근본이 되는 요소 찾기에 몰두했다. 이들 그룹의 선구자들이 바로 타일러 (Edward Tylor, 1832~1917)와 마레트(Robert Marett, 1866~1943)였다.

옥스퍼드대학의 인류학 교수였던 타일러는 종교의 기원을 '애니미즘'(animism)에서 찾았다. 그는 '서물숭배[5](fetishism) 이전에 이미 원시인들은 정령에 대해 숭배했다'고 생각했다. 타일러는 '꿈 등의 정신 작용을 통하여 육체와는 분리된 영적 존재가 있다'는 것을 사람들이 믿게 되었다고 생각했다. 그러한 영적 존재, 즉 정령은 모든 사물 속에 스며있고 더군다나 인간의 길흉화복에도 영향을 줄 수 있다는 믿음이 원시인에게 있었다고 보았다. 타일러는 바로 이와 같은 정령에 대한 믿음에서 종교가 처음으로 시작되었다고 보았다. 그리고 종교는 이런 원초적 애니미즘으로부터 서물숭배로 그리고 다신교신앙에서 최고신 신앙으로, 종국에는 유일신 신앙으로

---

5) 타일러 이전에 제기되었던 종교의 기원에 대한 학설로서 샤를르 드 브로쓰(Charles de Brosses, 1709~1777)가 주장하였다. 그는 미개인들이 초월적인 힘이 들어있다고 믿는 자연적으로 생긴 이상한 물체나 인공적으로 만든 것들을 숭배하는 것이 종교의 시작이라고 보았다. 이후 그의 주장은 100여 년간 원시종교를 대표하는 개념으로 받아들여졌다. 서물숭배라는 말은 프랑스 어로 'fertico', 즉 '잘 만들어진'이란 용어로부터 파생하였다고 한다.

발전한다고 주장함으로써 타일러의 진화론적 종교연구는 한 획을 긋게 되었다. 물론 지금 이렇게 진화론적 관점에서 종교를 설명하는 학자는 거의 없다. 다만 타일러가 보여준 태도는 종교연구사에 중요한 전기가 되었다. 적어도 그는 지금 종교를 '이해'하고 '설명'하고 있다. 이는 이전 (신학적 혹은 철학적) 종교연구가들이 취했던 호교론적 입장과는 전혀 다르다. 타일러는 인간의 문화 현상 중의 하나로 종교를 언급하고 기술하고 있다. 바로 이것이 기존 신학적 연구가 견지했던 변론적이고 고백적인 종교연구와는 궤를 완전히 달리하는 차이라 할 수 있다.

타일러의 뒤를 이어 옥스퍼드의 인류학 교수가 된 마레트는 1899년 「전(前) 정령주의 종교」(Pre-animistic Religion)라는 기념비적인 논문을 발표한다. 그리고 이 논문에서 그는 종교학적으로 중요한 개념 하나를 세상에 공개한다. 그것은 멜라네시아어로 '초월적인 힘 혹은 존재'를 뜻하는 '마나'(mana)이다. 멜라네시아 사람들은 마나가 이상한 모양의 돌이나 사물, 전쟁에서 이기고 돌아온 용사나 부족의 우두머리 등에게 있다고 보았다. 마레트는 이와 같이 비인격적인 '마나에 대한 두려움'이 종교의 시작이라고 보았다.

지금은 타일러와 마레트가 주장하는 애니미즘이나 마나론을 종교의 기원을 설명해주는 핵심용어로 보는 사람은 거의 없다. 하지만 이들이 제기했던 '종교란 미지의 힘을 만남으로써 생겨나는 그 무엇'이라는 명제는 초창기 종교연구가들에게 적잖은 영향을 주었다. 비록 그들의 이론 안에 들어있던 진화론적 의도는 비판받을 여지가 분명하지만, 이렇듯 종교를 세속적 시각으로 이해하려는 시도는 계몽주의에 세례 받은 많은 연구가에게는 단비와도 같은 반가운 소식이었기 때문이다.

이러한 초창기 진화론적 종교연구가의 마나론은 이후 근대적 의미의 현상학 그리고 사회과학적 종교연구의 태동에 적잖은 영향을 주게 된다. 그리고 이들 새로운 경향의 종교연구 분야는 당시 득세하기 시작한 역사주의의 고함 속에 상대화되고 소외되었던 종교에 대한 관심을 환기시키며 바야흐로 새로운 종교연구의 꽃을 피우게 된다. 이들이 펼치는 역동적 장면은 다음 장에서 좀 더 면밀히 살펴보도록 한다.

- 읽으면 도움이 될 만한 책들 -

리차드 컴스탁(윤원철 옮김), 『종교의 이해』, 지식과교양, 2017.

월터 캡스(김종서 외 옮김), 『현대 종교학 담론』, 까치, 1999.

최준식, 『종교를 넘어선 종교』, 사계절, 2005.

프랜시스 클루니(나혜숙 옮김), 『비교신학』, 문예출판사, 2014.

황필호, 『종교변호학, 종교학, 종교철학』, 철학과 현실사, 2004.

4. 종교연구의 탈신화화

- 종교현상학과 종교사회학

"종교란 자연적인 공포로부터 발생하는 것도 아니며 억측에 불과한 소위 일반적인 세계에 대한 불안으로부터 나오는 것도 아니다. 왜냐하면 무시무시함이란 자연적이고 일상적인 공포가 아니라 그 자체가 이미 신비적인 것의 최초의 술렁임이요 낌새이기 때문이다."

(루돌프 옷토, 『성스러움의 의미』, 51쪽)

종교사 수업이 있던 어떤 강의실 풍경

종교학과 연관된 수업을 할라치면 언제나 변함없이 다음과 같은 질문으로 학생들과 첫 만남을 시작한다.

"여러분은 종교를 뭐라고 생각하시나요?"

참으로 쉽고도 어려운 질문이다. 이미 특정한 종교에 귀의한 사람이라면 큰 어려움 없이 자신이 속한 종교전통과 그것이 선사한 선이해를 가지고 이러저러한 명사들을 거론할 것이다. 학생들이 내놓은 대답에는 '믿음', '신', '경전', '교리', '찬미가', '묵주', '기도', '죽음', '수도자', '수도원', '성전', '성직자' 등이 있었다. 주로 그들에게 친숙한 종교의 신앙 대상이나 형식들이었다. 어찌 보면 당연한 것이고, 그런 대상들을 통해 '종교적'인 무엇을 느끼고 있다는 것은 상식적이기도 하다. 하지만 이 정도에 만족할 수 없어 다시 학생들에게 조금만 더 나아가 줄 것을 요청한다.

"좋아요. 그런 '것'들'이 정말 우리에게 종교에 대해서 일깨워주고 생각나게 해주는 것들이긴 합니다. 하지만 지금 제가 여러분께 던지는 질문은 '종교에 대한 여러분의 생각'입니다. 다시 말해 전 종교에 대한 여러분의 '견해'를 듣고 싶습니다."

이런 계도적 의도가 진득이 묻어있는 물음을 던지면 학생들은 또 여지없이 다양한 종류의 대답을 쏟아놓는다. '종교란 인간에게 진리를 제공하는 것'이다. 혹은 '인간에게 있는 여러 문화들 가운데 지고의 가치를 지닌 것'이다. 개중에는 마르크스(Karl Marx, 1818~1883)의 동지도 섞여 있어 종교에 대해 극히 서늘하고 차가운 분석을 내리기도 한다. 그들에겐 종교는 어김없이 '민중의 아편'일 뿐이다.[1] 적잖은 대답이 줄을 잇게 되지만, 대부분 자신들이 들어 알고 있는 지식과 정보 내에서 추려 정리된 것이라 단편적이고 깊은 고민의 흔적이 보이지 않는 경우가 많다. 그때 몇몇 학생들은 나름대로의 계몽적 이성에 의거한 대답을 토해놓기도 한다.

"종교는 인간이 '미지의 세계'에 대해 나름대로 해석하는 방법입니다."

오, 나름대로 참신한 대답이 등장하기 시작한다. 그렇기도 하다. 사실 현대 종교학에서는 '세계를 이해하는 사변적 시스템'(Welterklärungssystem) 중 하나로 종교를 보기도 한다. 종교는 인간으로 하여금 자신이 속한 세계를 이해하도록 도와주는 문화현상이라는 것이다. 그런 점에서 종교를 '알지 못하는 세계에 대한 각자의 해석 체계'라 정의한 이 학생의 시도는 나름대로 근대적 종교연구의 모토에 가까운 발언이라 하겠다. 약간의 부추김과 격려가 끼어들면 학생은 더 신이 나서 성급한 자의적 해석을 덧붙여 선생에게 확실한 눈도장을 받고 싶어 한다.

"그러니까 말이죠, 여기에서 종교란 결국 미지의 세계, 그러니까

---

1) 현실에서는 사실 그런 경우가 많이 목격된다. 이 점은 종교에 속한 이들이 계속 곱씹고 반성해봐야 할 부분이기도 하다

'초차연적'인 세계에 대한 원시인들의 나름대로의 수용과정에서 비롯된 … ”

어이쿠! 약간의 비행기태우기가 학생의 경계선 지키기를 어렵게 만들어버린 것 같다. 사실 이 학생은 지금 적잖이 오버하고 있는 중이다. 물론 백여 년 전만 해도 이 같은 언변은 대학 강의실의 학생 자리가 아니라 교수가 서있는 강단으로부터 들려오던 말이었다. 19세기 계몽주의의 여파로 종교에 대한 '신학적 주술'이 벗겨지고 근대적 의미의 객관적 연구가 시작되었을 때, 대부분의 저명한 학자들이 갖고 있던 생각이 바로 저랬다. 앞서 우리가 잠간 살펴보았던, 계몽주의의 적자인 진화론의 충실한 제자들로서 근대 객관학문의 선구자들인 타일러와 마레트 모두 저 학생의 생각과 유사하게 종교를 바라보았다. 물론 그들이 그렇게 해서 종교연구자들에게 제시해놓은 '아니마'(anima)와 '마나'(mana)란 용어는 두고두고 유용한 개념으로 사용되고 있고, 또 초기 검증적 종교연구가들의 득세에 적잖은 영향과 도움을 주기도 했다. 아무튼 그 이야기는 잠시 뒤로 미루고, 지금은 보다 더 진화론자들의 종교이해에 귀를 기울여보자.

결코 '초자연적'일 수 없었던 고대인들의 세계: '초자연'이란 개념의 작위성

여기서 위 학생이 언급한 최종 진술에서 사용되고 있는 개념들을 차근차근 해부해보도록 하자. 우선 학생이 사용한 단어 중 무게가 있다고 판단할 수 있는 것은 다음과 같다. '종교', '미지의 세계', '초자연적', '원시인' 그리고 이 단어들의 조합을 통해 학생이 던지고 싶은 의미는 바로 '종교의 기원'에 대한 것일 게다. 즉, '종교의 기원은 원시인이 가졌던 초자연적인 세계에 대한 이해의 시도에서 비롯되었다'라는 일단의 가정을 학생은 말하고 싶었을 것이다.

그렇다면 과연 이 이야기는 사실일까? 아니 사실 여부를 떠나서, 과연 이 학생의 발언은 유의미한 것일까? 이 질문에 대답하기 위해 난 크게 고생할 필요가 없다. 왜냐하면 바로 그런 류의 종교기원 찾기에 매달리던 이에게 지금으로부터 대략 90년 전 한 위대한 학자가 이름만큼 저명하고 무게 있는 저술을 통해 박력 있는 통박을 날렸기 때문이다. 그가 바로 뒤르켐(David Émile Durkheim, 1858~1917)이다. 그가 종교를 연구하여 진화론자의 거센 도전을 온몸으로 저항하며 적어낸 것이 『종교생활의 원초적 형태』[2](Lés Formes Élémentaires de La Vie Religieuse, 1916)이다.

뒤르켐은 이 책에서 19세기 영국의 사회학자와 인류학자에 의해 진행된 진화론적 종교연구를 강한 어조로 비판한다. 책의 서두에서 뒤르켐은 종교를 초자연적인 것 혹은 신비한 것으로 몰아가려는 진화론에 경도된 근대 지식인에게 날선 비판을 마다하지 않는다. 그는 초자연이라는 것의 족보부터 주도면밀하게 따져 묻는다. 사실 우리는 아주 오래전에 이 지구상에 생존했던 인류가, 지금은 인과관계가 명확히 규명된 다양한 자연현상도 제대로 설명해내지 못하는 지적으로 매우 낮은 수준의 사람이었을 것이라 쉽게 단정해

---

2) 뒤르켐은 이 책을 쓰기 위해 오스트레일리아 원주민의 토템신앙을 주 연구테마로 삼았다. 하지만 정작 그의 연구는 현지조사보다는 기존 연구자들(볼드윈, 스펜서, 길렌, 스트렐로우, 호위트 등)의 부족연구 기록에 크게 의존하였다고 한다. 이 책은 노치준, 민혜숙에 의해 우리말로 번역 출판되었다. 『종교생활의 원초적 형태』(서울: 민영사, 1992)

버리곤 한다. 인류의 옛 조상은 자신의 생활세계를 과학적으로 이해할 수 없었기 때문에, 그들이 가지고 있는 기초적인 지식에서 벗어난 탈일상적 사건이나 현상을 보게 되면 그것을 '초자연'적인 것이라 여기게 되었고, 아울러 그러한 기이한 현상 배후에 그들이 이해하지 못하는 '초자연적 존재'나 '힘'이 있는 것이라 믿게 되었다는 것이다. 그리고 이와 같은 믿음의 시작이 원시인으로 하여금 종교의 세계로 진입할 수 있는 최초의 자극이 되었을 것이라 추정한다. 하지만 이러한 가정은 현대인의 기대일 뿐이지 원시인은 전혀 그렇지 않았을 것이라는게 뒤르켐의 지적이다.

뒤르켐은 거친 어투로 반문한다. 근대인은 초자연적이라 쉽게 말하지만, 그 말이 있기 위해서는 '자연적 질서'에 대한 이해가 먼저

에밀 뒤르켐

있어야만 했다는 사실은 제대로 기억해내지 않는다고! 즉, 우리가 사용하는 '초자연적'이라는 용어는 자연의 질서가 어떻게 이루어졌고, 어떻게 흘러가고 있으며, 또 어떤 방향으로 진행하는지를 제대로 파악하고 난 이후에나 가능하다는 것이다. '자연적 질서'라는 이미 정립된 하나의 세계관을 지닌 이들만이 그들이 이해하지 못하는 현상에 '초자연'이라는 레테르를 붙일 수 있는 권리를 가진다는 것이다. 근대 혹은 현대의 인간은 부지불식간에 과학적, 수학적 세계관 속에서 살아가며, 그 맥락에서 우

리는 세계란 톱니바퀴 같은 이치에 따라 운영되는 기계적 존재라고 인식하며 살아간다. 따라서 그러한 수학적 과정에 어긋나는 현상을 만나게 되면, 우리는 그것에 대해 별다른 고민 없이 '초자연적'이라는 이름표를 붙이게 된다. 하지만 그러한 과학적, 수학적 세계이해의 정도가 낮은 고대인의 경우에는 비록 현대인의 눈에는 초자연적이라 불릴 수 있는 것도 그들의 세계관으로는 지극히 당연한 것일 수도 있다는 것이다. 우리는 지금 7개의 현란한 빛깔로 공중에 걸터앉은 무지개를 빛이 가지는 스펙트럼이라는 속성의 결과로 잘 '이해'하고 있다. 하지만 고대인이 그러한 빛의 속성이나 작동 방식을 전혀 모르고 있다 하더라도, 무지개라는 기이한 현상을 우리가 기대하듯이 '초자연적'인 것이라 해석하지는 않았을 것이다. 그들은 자신만의 세계관과 방식으로 자신들의 세계를 자연스레 '해석'하고 있었을 것이다. 따라서 뒤르켐은 고대인도 근대인처럼 자연을 대했을 것이라 여겼던 진화론자들의 시각은 오류였다고 지적한다. 따라서 종교의 기원이 초자연적이거나 신비한 세력과의 조우에 기초한다는 주장은 일종의 이념적이고도 작의적인 해석의 결과라 하겠다.

뒤르켐은 계속해서 말을 이어간다. 따라서 초자연이라는 사상적 결과물은 (그가 활동하던 당시로 보아서는) 최근에 나타난 것이며, 그것을 하나의 조직된 사고체계로서, 즉 특정한 현상을 설명하는 사상적 도구체계로 사용하기 위해서는 "사물의 자연적인 질서가 존재한다는 느낌, 다시 말해서 우주의 현상들이 〈법칙〉이라고 불리는 필연적인 관계에 의해 서로 연결되어 있다는 느낌을 미리 가지고 있어야만 한다"[3]는 것이다. 여기서 진화론자의 오류가 지적되는데, 그들은 세계관과 관점의 차이를 제대로 의식하지 못했다. 즉, 자신들의 눈으로 원시인이나 고대인들의 사고를 해석하고 싶어 했다.

뒤르켐은 계속해서 다음과 같은 진단을 내린다. 오히려 원시인에게는 지금 우리가 초자연적이며 신비하다고 여기는 현상을 자연스럽게 받아들일 수 있는 그들만의 해석체계가 있었다. 따라서 우리가 생각하듯이 "고대인들은 그들 생활세계 속에서 만나게 되는 '기적적인 현상'들은 지금 우리가 사용하는 기적이라는 단어가 가지는 현대적 쓰임에서는 결코 기적이라 할 수 없는 것일 수 있다. 기적이란 고대인들 눈에는 초자연적인 현상이라기보다는 아름답거나 희귀하거나 끔찍한 광경이었고 놀라움과 경이를 불러일으키는 것이었다. 하지만 원시인들은 그곳에서 이성으로서는 파악할 수 없는 신비한 세계의 어떤 단서도 발견하지 못하였다"[4]는 것이다. 즉, 세계를 자연과학적 관점으로 보지 않고 고대의 존재론적 시각으로 바라보면 현대인이 생각하기에 초자연적일 것이라 여겨지는 사건이 정작 고대인에게는 지극히 자연스러운 것이었을 수도 있다. 따라서 종교의 기원을 초자연적인 것이나 신비한 것으로 국한시켜보는 것은 문제가 있으며, 아울러 그것은 계몽된 근대인이 해야 할 작업은 아니라고 뒤르켐은 보았다.

이렇게 뒤르켐은 종교를 신비와 초자연의 영역에 묶어버리려는 진화론자의 시도를 과감히 거부한다. 그의 논지는 계속 전진하여

---

3) 에밀 뒤르켐 (노치준 외 역), 『종교생활의 원초적 형태』(서울: 민영사, 1992), 53쪽.
4) 위의 책, 54쪽.

종교의 뒤에는 진화론자의 설명과는 다른 목적이 존재한다고 주장하기에 이른다. 그것은 진화론자와 전통 신학자의 설명과는 분명 다른 길 위에 있는 것이다. 뒤르켐은 종교의 '사회적 기능'에 초점을 맞추고 있었다. 이러한 그의 의도는 다음 인용문에서 그대로 드러난다.

"심지어는 이신론[5](deism, 理神論)적인 종교들 안에서까지도 우리는 신이라든가 영적인 존재에 대한 모든 개념과는 완전히 무관한 많은 의식(儀式)들을 찾아볼 수 있다. 우선 많은 금지조항들이 있다. 예를 들면 성서는 여자에게 매달 일정한 기간 동안 따로 떨어져 살 것을 명령한다. 성서는 여자가 분만하는 동안도 이와 유사한 분리를 명한다. 성서는 당나귀와 말을 함께 매여 두는 것을 금지하며 삼과 아마를 섞은 옷을 입는 것도 금한다. 그러나 야훼에 대한 믿음이 이러한 금지조항들에 있어서 어떠한 역할을 하는지는 알 수가 없다. 왜냐하면 야훼는 이러한 금지된 모든 관계들에서 완전히 제외되어 있고 그러한 금지들에 관심을 가질 수도 없기 때문이다."[6]

뒤르켐의 자신만만한 목소리는 유일신 종교인 유대교와 그리스도교의 경전 앞에서도 주눅 들지 않았다. 그는 레위기의 '성결법

---

5) 계몽주의 사조의 영향으로 기존 유일신의 색채가 강한 내용의 교리는 부인하고 이성적이고 합리적으로 인격신을 수용하려는 신학적 태도를 말한다. 이들은 인격신이 창조행위의 주체자인 것을 부인하지는 않는다. 하지만 그 신은 창조 후에 직접 인간세계에 개입하지는 않고 자연에 내재하는 합리적 법칙에 따라 우주를 통치한다고 생각한다. 따라서 이신론을 자연종교(natural religion)라 부르기도 한다.
6) 에밀 뒤르켐, 앞의 책, 64쪽.

전'[7](holiness code)을 거론하며 종교의 본질적 요소라 여기던 신, 영혼, 영적 존재 등과는 크게 관련 없는 개념이나 의식이 각 종교 안에 적잖이 존재하고, 또 나름대로 의미 있는 자리를 차지하고 있음을 지적한다. 레위기의 성결법전에 언급되는 항목들이 유대인의 신앙과 무슨 연관이 있냐는 것이 이어진 뒤르켐의 반문이다. 사실 많은 종교의 의식 속에서는 해당하는 신앙의 대상이나 교리와는 크게 상관없는 요소가 적지 않게 발견된다. 종교의 핵심이 '초자연', '신비', '신', '영적 존재' 등등이라면 도대체 여자의 분만과 당나귀와 말을 함께 매지 못하도록 하는 것 등은 어떻게 설명할 수 있겠는가? 계몽주의 사조의 적자 뒤르켐은 이러한 질문을 근간으로 종교는 '공동체 혹은 사회통합을 위한 문화적 장치'로 보아야 한다고 점잖게 훈계한다. 이런 방식으로 뒤르켐은 '종교의 사회적 기능'을 잡아냈고, 바야흐로 그것을 연구하는 새로운 학문인 종교사회학을 계몽주의 시대 지성인에게 내어놓게 된다. 이것은 또 하나의 '탈신화화'된 종교연구였고, 또한 종교사회학의 발단이 되었다.

이런 점에서 막스 베버(Max Weber, 1864~1920)도 크게 다르지 않았다. 신칸트주의에 속하는 독일 화남학파의 영향을 받고 있었던 베버 역시 계몽주의의 충실한 상속자였다.[8] 베버 역시 뒤르켐처럼

---

7) 보통 히브리성서의 레위기 17~26장을 성결법전이라 부른다. 그러나 이에 대해서는 학자별로 다양한 견해가 존재하는데, 몇몇 학자들은 성결법전이라고 하는 것이 독립적으로 존재했는가에 대해 의심의 눈초리를 거두지 않고 있기도 하다. 이에 대해서는 다음 글을 참조하라. 베르너 H. 슈미트(차준희 외 옮김), 『구약성서입문 I』(서울: 대한기독교서회, 2000), 171~172쪽; 김경열, "레위기 17장의 문맥적 이해와 신학적 의의"『개혁논총』35권, 개혁신학회, 2015, 9~10쪽.

8) 특히 그는 빈델반트(Wilhelm Windelband, 1848~1915)와 리케르트(Heinrich Rickert,

종교를 연구하는데 도구적 이성의 그물에 걸리지 않는 것을 가지고 씨름하는 이들에게 조롱 섞인 언어를 선사하곤 하였다. 그것은 구도자의 길이지 연구자와 학자의 길은 아니었기 때문이다. 그는 일단 볼 수 있는 것에 대한 철저한 작업이 선행되어야 하고, 종교전통에 대한 연구 역시 그런 방식을 취해야 한다고 보았다. 이처럼 신비주의에

막스 베버

매몰되는 것은 오히려 인간 지성의 투명함을 막을 뿐만 아니라, 오히려 그것 자체에 함몰되어 종교의 본질마저 놓치게 된다고 생각했던 것이 베버였다.

그래도 종교는 경험을 본질로 한다!

종교를 사회적 가치로 환원시켜 설명하려는 사회과학적 종교연구에 대해 조소와 의혹어린 시선을 꾸준히 던지는 일단의 학자군 또한 동시대를 살고 있었다. 그런데 재미있는 것은 그들 역시 종교연구의 탈신화화를 외치며 신학적 종교연구의 틀을 깨고자 했다는

1863~1936)에게서 많은 영향을 받았다.

것이다. 그들은 '변론'과 '설득'에만 집중하던 기존 종교연구의 한계를 넘어 대상에 대한 정확한 이해와 그것을 타인이 이해할 수 있도록 엄밀히 기술(記述)하는 것에 신경을 써야 한다고 주장하였다. 그들은 사회학자들이 진화론자들에게 그랬던 것처럼, 종교를 연구하는 사회과학자들의 태도에 대해 거침없는 비판을 늘어놓았다. 그런 비판 중 대표적인 것이 바로 앞서 인용한 옷토의 문장이다. 옷토는 그의 대표적인 저작 『성스러움의 의미』 서두에서 종교를 객관적으로 연구한다면서 (옷토가 보기에) 종교의 본질적 요소인 경험의 영역을 무시하는 이들에게 서늘한 논조의 조소를 보낸다. 이는 계몽주의적 지성인에게 종교는 '절대의존의 감정'이라고 설교했던 그의 선배 슐라이에르마허의 작업과 같은 선상에 있는 것이기도 하다. 옷토의 조롱은 사뭇 자극적이기까지 하다. 도대체 사춘기의 감정을 느끼는 사람이, 심지어 소화불량이나 사교적인 감정에 대해서는 무어라 코멘트를 날리는 사람이 왜 종교적 감정 문제만 나오면 입을 굳게 닫고 마느냐는 그의 일갈은 종교경험에 대한 양 진영(종교현상학, 종교사회학)의 차이를 극명히 보여준다.

이러한 현상학적 종교연구가들의 조롱에 대해 사회과학적 연구가들 역시 거의 같은 정도로 맞대응한다. 사회과학적 종교연구에 매진하는 이들은 종교의 경험적 요소를 강조하는 이들에게 학자보다는 차라리 구도자의 길을 선택하라고 비아냥거린다. 이성의 영역에 들어올 수 없는 것을 가지고 이렇다 저렇다 하는 것이 얼마나 어처구니없는 일인가를 그들은 그런 식으로 지적하고 싶었을 것이다.

같은 문제(종교연구의 탈신화화) 다른 해결(낭만주의적 혹은 계몽주의적)

　이렇듯 두 연구 집단의 갈등은 좀처럼 봉합되거나 해소되기 곤란해 보인다. 이들 분과학문은 각각 종교를 주요한 연구대상으로 삼고 있는데도, 한쪽에서는 학문이 아닌 신비주의자들의 수도 행위로, 다른 한쪽에서는 체험을 제대로 이해하지 못하기에 종교의 핵심적 요소를 제대로 간파하지 못하는 환원주의자로 치부하고 있다. 하지만 아이러니하게도 이들 분과학문의 태동에는 앞서 언급한 진화론자들의 도움이 크게 작용하고 있다. 즉, 이들 모두 알게 모르게 타일러와 마레트로 이어지는 종교에 대한 진화론적 기원 추적의 결과물을 자신의 주요한 학문적 모티브로 받아들이고 있다는 점이다. 쇠데르블롬[9] – 옷토 – 반 델 레에우로 이어지는 현상학적 종교학자들은 말할 것도 없고 뒤르켐과 베버에게도 타일러 – 마레트의 유물은 살아있다.

　쇠데르블롬은 종교학사에서는 '성스러움'이라는 개념을 최초로 도입한 사람이다. 그는 『종교윤리 백과사전』(*Encyclopedia of Religion and Ethics*)에 기고한 논문에서 다양한 종교들이 공유하는 것이 바로 '실존적 체험'이라고 주장한다. 그리고 자신의 주장을 위한 논거로 슐라이에르마허와 마레트의 사례를 제시한다. 쇠데르블롬은 '성스러움'을 종교에서 가장 특징적인 단어로 보았고, 심지어 이것이 신이라는 개념보다 더 본질적인 것이라 생각했다. 그는 종교를

---

9) 쇠데르블롬은 스웨덴 출신으로 그의 공식 이름은 라르스 올로프 요나탄 쇠데르블롬(Lars Olof Jonathan Söderblom)이다. 보통 줄여서 나탄 쇠데르블롬이라고 한다.

규정하는 것은 신성의 현존에만 있는 것이 아니라, '마나'나 '힘' 그리고 '성스러움' 등에도 있다고 보았다. 옷토의 경우도 크게 다르지 않았다. 옷토는 『성스러움의 의미』에서 종교의 기원에 대해서 언급하고 있는 정령주의적, 주술적 그리고 민중 심리적 설명은 문제가 많음을 지적한다. 그가 보기엔 종교의 본질적 요소인 경험은 질적으로 고유한 어떠한 것이고, 다른 것으로부터 추론해낼 수 있는 성질의 것이 아니다. 따라서 여전히 진화론적인 위치에 있긴 하지만 종교의 기원을 마나에서 보려했던 마레트의 경우는 기존 종교기원론자와는 달리 상대적으로 덜 환원주의적이고, 종교의 본질적 요소에 많이 접근한 것이라 보아 긍정적으로 수용했다. 심지어 옷토는 마레트의 경우 물자체에 거의 가까이 다가섰다고 볼 정도로 높이 평가했다. 이 점에서 반 델 레에우도 크게 다르지 않았는데, 그 역시 『종교현상학』(*Phänomenologie der Religion*, 1933)에서 종교의 본질은 '경험'에 있고 그것은 '힘'으로 드러난다고 봄으로써 마레트의 유산을 이어가고 있다.

타일러 – 마레트의 마나론은 또한 뒤르켐과 베버에게도 이어지고 있다. 물론 이들은 종교의 경험적 요소보다는 사회적 기능에 더 초점을 맞추고 있다. 하지만 이들의 논지 속에서도 타일러 – 마레트의 개념은 여전히 주요한 학문적 모티브로 수용되고 있는데, 뒤르켐의 유명한 '토템' 연구와 베버의 '카리스마'라는 개념이 바로 이러한 수용의 흔적이라 할 수 있다.

탈신화적으로 종교를 연구하려는 현상학자들과 사회학자들이 해결해야 할 또 하나의 숙제는 바로 '역사주의의 극복'이다. 19세기 후반 역사주의의 득세로 당시 서구 사회는 다양하고 풍성한 역사 지식을 축적할 수 있었다. 그리고 그에 대한 결과로 상대주의가 대두되었고, 이는 곧 기존의 절대적 영향력을 행사하고 있던 종교에 대한 회의로 이어지게 되었다. 곧 이신론이 득세하게 되었고, 이를 통해 종교는 점차 역동성을 잃어가게 되었다. 아울러 적잖은 계몽적 교양인의 관심사에서 종교는 점점 멀어질 수밖에 없는 천덕꾸러기 신세가 되어가고 있었다. 이즈음 일단의 연구가들이 마레트의 마나론을 근간으로 하여 각자의 방법을 가지고 새로운 종교연구의 르네상스를 일으키게 된다. 이들 덕분에 등장한 새로운 근대 학문이 위에서 살펴본 종교현상학, 종교사회학, 종교인류학 등이다. 따라서 이들은 동일한 모티브와 동일한 시대적 환경 아래 서로 상이한 해결책을 내놓은 셈이다. 그리고 그들의 사상적 배경에는 각각 '생철학'과 '신칸트주의'가 자리하고 있다.

먼저 종교현상학은 딜타이(Wilhelm Dilthey, 1833~1911)가 주창한 생철학의 관점으로 종교를 바라본다. 그들에게 종교는 신비체험의 한 표현이며, 비합리적인 요소로 가득 찬 개인적 차원의 어떠한 것이다. 현상학적 종교연구가는 이러한 비합리적인 요소도 이해의 그릇에 담아낼 수 있다고 보았다. 딜타이는 칸트의 비판철학이 보여주었던

빌헬름 딜타이

엄밀성은 받아들이지만, 순수이성비판만 가지고는 인간의 세계이해

를 완전히 해석해낼 수는 없다고 보았다. 그래서 그는 칸트가 배제했던 '역사', '경험'이라는 개념을 중요한 철학적 개념으로 받아들인다. 인간은 '세계 내 존재'로서, 즉 '역사'라는 영역에 속한 존재로서 순수 이성적 작용만이 아닌 역사와 경험을 통하여 특정한 세계관을 갖게 되며, 결국 그 세계관을 통하여 주변 환경을 이해하게 된다. 그리고 이러한 딜타이의 주장은 자연스레 종교체험을 강조하는 현상학적 연구가의 주요한 이론적 토대가 되었다.

이에 반해 종교사회학의 경우는 실천이성비판을 집요하게 발전시킨 독일 화남학파의 영향으로 종교를 '행위 합리화'의 한 근거로 보았다. 이러한 관점을 대표하는 이가 조금 전 살펴본 베버이다. 그는 종교의 배후에 있을 것이라 추정되는 본질적 요소나 체험 등에 큰 관심을 두지 않았다. 오히려 그가 집중한 것은 행동(Verhalten)과는 다른, 즉 행위자의 주관적 의미가 스며있는 행위(Handeln)에 대한 규명과 설명 작업이다. 베버에게 종교란 이러한 행위의 연속이며 사회학은 바로 그러한 행위의 뒤에 스며있는 '주관적 의미'를 '규명'하는 것이다.

이렇게 현상학적 종교연구나 사회학적 종교연구 모두 타일러 – 마레트가 행한 종교연구의 새로운 분위기를 공유하고 있다는 점에서 다르지 않다. 그들은 본격적으로 탈신화적 종교연구를 수행하고 있었고, 이들의 등장으로 종교는 새로운 복권의 시대를 맞이하게 되었다. 계몽주의와 도구적 이성의 강조 때문에 점차 지성인들의 관심 밖으로 밀려나던 종교가 당당히 객관적 학문의 연구대상이 되기 시작한 것이다.

- 읽으면 도움이 될 만한 책들 -

게라르두스 반 델 레에우(손병호 옮김), 『종교현상학 입문』, 분도출판사, 1995.

김덕영, 『짐멜이냐 베버냐』, 한울아카데미, 2004

김종서, 『종교사회학』, 서울대출판부, 2005.

롤랜드 로버트슨(이원규 옮김), 『종교의 사회학적 이해』, 대한기독교출판사, 1984.

막스 베버(박성수 옮김), 『프로테스탄티즘의 윤리와 자본주의 정신』, 문예출판사, 1996.

에밀 뒤르켐(노치준 외 옮김), 『종교생활의 원초적 형태』, 민영사, 1992.

엘리아데(이은봉 옮김), 『종교학 입문』, 성균관대학출판부, 1982.

오경환, 『종교사회학』, 서광사, 1979.

프랭크 훼일링 편(이용범 외 옮김), 『현대 종교학과 사회과학』, 서광사, 2000.

5. 종교연구와 진리 문제

- 종교학과 종교철학

"본질이란 본질주의자의 수만큼이나 많다. 달리 표현하자면 본질이란 세계가 마치 안정되고 획일적인 부품들로 구성된 것인 양 그것을 붙들어 고정시키려 애쓰게 만드는 이해관계들의 수만큼이나 많다. 그렇기에, 아마도 우리는 우리로 하여금 세계의 평범한 측면들을 정의하려 애쓰고 또 그것들을 담론의 항목들로 만들려 애쓰게 만드는 이 필요들에 주목해야 할 것이다."

(러셀 T 맥거천, 『종교연구 길잡이』, 76쪽)

진리에 대한 입장의 차이

결국 '진리'에 대한 문제이다. 과연 우리는 종교와 결부하여 진리를 말할 수 있는가? 그렇지 않다면 그러한 질문을 던지는 행위 자체가 과도한 월권인가? 서로의 입장에 따라 진리의 문제는 예민한 반응을 불러일으킨다. 이 점에서 종교학과 종교철학의 경우도 다르지 않다. 결국 종교를 연구할 때 제기될 수 있는 진리의 문제를 어떻게 취급할 것인가에 따라 종교학과 종교철학은 다른 처방전을 내어 놓음으로 각자 다른 길을 가게 된다.

우선 종교철학은 종교[1]에 대한 철학적 반성을 다루며 당연히 진리의 문제를 함께 취급하고자 한다. 하지만 동일하게 종교[2]를 연구 대상으로 삼고 있는 종교학자는 종교철학자의 주장을 '과도한' 것이라 진단한다. (좁은 의미의) 현대 종교학자는 모든 종교'들'을 아우르는 '이데아적 종교'를 설정하고, 그것을 학문의 탐구 대상으로 삼는 것은 과욕이며, 그런 시도 자체가 일종의 '창작 행위'라 비판하며 매몰차게 고개를 돌린다. 이렇듯 검증적 위치에서 종교'들'을 이해하려는 종교학은 종교철학에 대해 끝없는 의혹의 눈길을 보내고 있다. 이러한 종교학의 경향을 화두로 잡고 이야기를 계속 풀어 가

---

1) 여기서는 종교를 '단수'로 본다. 즉, 종교철학은 모든 종교를 아울러 진리의 문제를 취급하기 때문이다.

2) 종교철학의 단수 종교와는 달리 종교학에서는 종교를 '복수'로서 조망한다. 종교학은 모든 종교를 통괄하는 진리나 본질이 아니라 개별 종교의 역사적 변천 과정과 그것이 지니는 현상적 의미에 관심이 있기 때문이다.

보자.

 종교학과 종교철학의 애증과 반목, 갈등을 설명하기 위해 약간의 수를 내보기로 한다. 독자의 이해를 돕는다는 '구실' 하에 가급적 이 두 분과학문 사이의 지난한 논쟁에 대한 이론적 서술을 피하려 한다. '진리문제'라는 것 자체가 즉답이 곤란한 것이기도 하고, 또 그것을 논리적으로 재구성하며 지루하게 끌고가는 것 자체가 글 쓰는 이나 그것을 읽는 이 모두에게 적잖은 고충이 될 것이기 때문이다. 그러한 고충을 뒤로 넘기고 지금 나는 두 사람의 대화[3]를 통해 현대 종교학과 종교철학이 가지는 차이와 갈등을 드러내보려 한다. 대화의 주인공은 바로 내 지도교수와 미국에서 건너온 터드(Todd)라는 이름의 종교철학도이다.

종교계 대학 내 종교문화교육의 필요성

 두 사람의 대화를 소개하기 전에 한국 대학 내에서 행해지는 종교와 관련된 수업에 대하여 몇 가지 언급하고 싶은 것이 있다. 보통 한국의 종교 관련 대학들, 특히 개신교 계열의 신학대학에는 종교와 관련된 다양한 수업이 제공되고 있다. 물론 해당하는 종교전통

---

3) 이 대화는 실제 있기도 하였고, 또한 나 역시 대화의 한 구석을 차지하고 있었다. 이 대화는 내가 독일 유학 중 박사과정 세미나에서 있었고, 수개월이라는 꽤 긴 시간 동안 이루어진 것이다. 물론 이곳에 소개하는 대화 내용은 당시 실제로 있었던 것만은 아니다. 기본적으로 그때 이루어졌던 대화가 기본 소재로 사용되긴 했지만, 그것과 더불어 종교학과 종교철학에 대한 나의 생각이 대화를 재구성하는데 요긴하게 작용하고 있다고 해야 할 것이다. 따라서 대화에서 언급되는 학문적 논의의 정당성은 전적으로 내게 속해있으며, 그에 대한 책임 또한 나의 것이다.

의 변론적 성격을 지닌 신학과목이야 당연하게 그리고 나름대로 다양하게 개설되어 있다. 전문적 신학과목 외에 객관적으로 종교현상을 이해할 수 있도록 계도해주는 다양한 현대 학문을 소개하는 과목도 역시 대부분의 학교에서 제공되고 있다. 보통 그 과목은 종교사회학, 종교심리학, 종교인류학 그리고 종교철학 등이다. 앞서 언급했듯이 이들은 종교를 규범적 혹은 환원적으로 연구하는 분과학문들을 소개하는 것들이다. 최근 들어서 학교마다 나름대로 종교학 관련 수업도 개설되고 있는 편이다. 개신교 신학대학에서도 보통 '종교학 개론'이나 '비교종교학' 혹은 '세계종교의 이해' 등과 같은 과목이 개설된다. 하지만 앞서 언급한 신학 관련 과목이 대부분 필수나 선수과목 등으로 채택되는 반면, 종교학 관련 수업 대부분은 선택이고 그나마 개설되는 주기도 일정치 않은 경우가 태반이다. 다행히 몇몇 학교들[4]은 종교학 관련학과가 설치되어 있어서 신학교육과 더불어 다양한 종교이해의 폭을 넓힐 수 있는 제도적인 기회를 갖고 있기는 하다.

그러나 그 외 대부분의 신학대학은 '종교학개론'이나 '비교종교학' 정도가 개설될 뿐이고, 그나마 해당분야의 전문가에 의해 수업이 진행되는 경우도 흔치 않다.[5] 특히 '비교종교학'의 경우는 정도가 좀 심한 편이다. 현대 종교학에서는 '비교종교학'이라는 명칭의 사용을 자제하는 편이다. 앞서 살폈듯이 그것은 '비교'란 단어가 가

---

[4] 기독교 장로회의 한신대학교와 기독교 감리회의 감리교 신학대학이 그렇다. 이 두 대학은 각각 종교문화학과와 종교철학과를 설치해 운영하고 있다.
[5] 대부분 이 과목들은 선교학 관련 전공자에 의해서 진행되고, 현대 종교학에 대한 세밀하고도 학문적인 접근보다는 백과사전식으로 세계 여러 종교의 특징을 개괄적으로 살피는 수준에서 멈춘다.

지고 있는 가치판단적 성격 때문이다. 명칭이야 그렇다 치고, 그러면 그 이름 하에 교수되고 있는 수업의 내용은 어떨까? 솔직히 비교종교학이란 이름에 적절한 수업이랄 수 없는 경우가 대부분이다. 대충 이름이 주는 의미 때문에 그런지, 비교종교학이란 수업은 그저 다양한 종교의 교리적 비교나 대조 등으로 진행되는 경우가 허다하다. 그것도 대부분 특정 종교전통의 절대적 우위가 수업 내내 반복되는 경우도 적지 않다. 약간 구색을 맞추기 위해 '종교의 정의'나 '종교학의 태동' 정도의 언급이 첨가될 뿐이다. 그리고 그것뿐이다. 그렇게 비교종교학이란 수업은 정리되고 종교학개론 역시 크게 다르지 않다. 따라서 종교학이나 비교종교학이라는 분과학문이 어떤 역사적 상황과 배경 속에서, 그리고 어떤 학문적 요청으로 태동되었고, 그들은 어떤 시각으로 종교'들'을 보고 있는지, 그리고 어떤 학자들이 등장해 어떤 철학-사상적 배경하에서 종교학의 이론을 정립해 왔는지에 대해서는 별다른 정보나 관점도 제공되지 못한 채 종교학 관련 수업은 마무리되어 버린다.

이미 수차례 밝혔듯이 종교라고 하는 문화현상을 가급적 규범적으로 '설명'하려는 것이 아니라 검증적으로 '이해'하고 그것을 정확히 역사적으로 '기술'하기 위해서 종교학이 태동되었다. 종교라는 동일한 대상을 다루긴 하지만, 역사적 이해에 대한 진지한 태도가 결여된, 그리고 종교적 경험의 가치를 사회적 기능의 하나로 환원하여 설명하는 사회과학분야에 맞서고자 했던 것이 종교학이라는 분과학문이다. 그런데 재미있게도 보수적이라 자임하는 한국의 많은 신학대학에서 출발 자체가 '반(反)-신학적'이기도 한 다양한 사회과학이나 심리관련 분과학문에 대해서는 관대하다는 것이다. 반면 그런 식의 환원주의적 종교연구에 반기를 들고 종교를 종교로서 진지하게 대접해야 한다고 주장하는 종교학에 대해서는 홀대하거나 무시하는 희극적 상황이 빈번히 연출되고 있다. 종교학이란 학문이 다른 종교에 대해서 너무 많은 이야기를 해서인가? 그렇다면 지금 그들이 배우고 있는 환원주의적 종교연구방법에 대한 태도는 또 어떤 의미인지?

이런 저런 이유로 종교학 관련 수업은 환원주의적 종교연구방법에 비해서 상대적으로 소홀히 취급되는 것은 사실이다. 그러면서 그들은 쉼 없이 그리스도교 이외의 종교와 문화에 대해 언급한다. 그러나 축적된 준비가 없는 상황 속에서 발설되는 그리스도교계 쪽에서의 이웃종교문화에 대한 언급은 경우에 따라 상당히 부실한 내용을 담기 마련이다. 때로는 부정확한 용어를 사용하기도 하며, 내용적으로도 충실한 이해가 엿보이지 않는 발언이 여과 없이 흘러나오기도 한다. 그러면서도 한국 그리스도교계는 쉼 없이 종교 간의 공존을 이야기하며, 종교 간 상호 존중할 것을 반복적으로 설파한다. 이 점에서는 진보나 보수 계열 모두 비슷한 행태를 보인다. 간혹 이웃종교 간의 대화에 지대한 관심과 열정을 보이는 분의 언급에서도 상당히 문제가 될 만한 혹은 제대로 소화하지 못한 채 발설되는 표현이 보이기도 한다.

이렇게 한국 개신교 대학 내의 종교관련 수업에는 전문가가 부족하다. 그런데 더 안타까운 일은 한국의 개신교계는 제대로 된 종교전문가 양성이 필요하다는 요청마저도 갖고 있지 못한 것 같다. 그러니 한국 개신교계가 한국 종교와 문화에 대한 불완전하고 불충분한 이해를 곳곳에서 노출하는 것은 당연하다. 그런데 더욱 아이러니한 것은 그러면서도 선교종교로서 제 목적 수행에는 충실하려 애쓴다는 점이다. 불행하게도 한국사회에서 그리스도교는 소수이다. 물론 그래도 역동적으로 움직이고 활동하는 종교가 그리스도교이기는 하다. 그러나 통계로 볼 때 한국사회에서 (개신교와 가톨릭을 포함한) 그리스도교 계열의 신도수가 차지하는 수량적 지위는 고작 27% 내외이다.[6] 이것이 말해주는 바는 무엇일까? 그렇다. 한국사회 구성원 중 무려 7~80% 정도에 해당하는 이들이 비그리스도교적 환경에 살고 있다는 것이다. 결코 이 수치를 적다고 할 수 없을 것이다. 아니 꽤 큰 편이다! 과반수를 훨씬 넘지 않는가! 이 수치가 말해주는 바는 문화적으로 한국의 그리스도교는 사회에서 소수일 뿐이라는 것이다. 교회나 교인 공동체라는 제한된 영역을 벗어나 만나는 사람 중 열의 일곱 여덟은 그리스도교와 무관하다. 그렇다면 한국 개신교가 선교종교로서 본래의 성격을 제대로 구현하려면 선교의 대상이 되는 이들에 대한 제대로 된 준비 작업이 무엇보다도 필요할 것이다. 하지만 이 부분을 준비하고 교육하는 과정이 한국 개신교회에는 많이 부족하다.[7] 이런 저간의 사정을 감안한다면 한국 개신교가 이와 같은 현실을 제대로 파악하고나 있는지 궁금할 지경이다.

---

6) 2015년 인구주택총조사 결과에 따르면 한국 개신교는 967만 여명으로 인구대비 19.7%, 가톨릭은 389만 여명으로 7.9%를 차지했다. 개신교의 경우는 2005년 조사 결과(844만 여명, 18.2%)에 비해 소폭 상승하였고, 가톨릭은 2005년 500여만 명(10.8%)에서 대폭 감소하였다. 2015년도 조사의 특징은 이전의 전수조사와는 달리 인구 대비 20%에 해당하는 1천만 명을 '표본조사'하였고, 그중 51.4%가 직접 방문으로, 그리고 자발적 인터넷 설문이 48.6%였다.

7) 반면 가톨릭의 경우는 '제2차 바티칸 공의회'(1962~65) 이후 조직적으로 타문화권에 대한 이해와 접촉의 폭을 적극 확대하고 있다.

미국인 종교철학도와의 대화 : 진리에 대한 물음은 가능한가?

다시 앞서 소개한 대화로 돌아와 보자. 대화의 주인공은 종교학을 업으로 하고 있는 독일 교수와 종교철학으로 학위 중인 미국인 유학생이다. 플라쉐 교수는 문헌학적 역사비평을 학문적 토대로 삼고 있는 독일의 종교학자이다. 그리고 그 맞은편에 앉아있는 터드는 클레어몬트(Claremont)대학에서 종교철학을 전공하고 있는 미국인 유학생이다. 마침 터드는 나와 같은 부부 기숙사에 살고 있어서 종종 이런 저런 이야기를 나누며 1년 정도 가깝게 지냈다. 우리의 대화는 터드가 교환 학생으로 내가 학위 중이던 마르부르크대학을 방문했을 때부터 시작되었다. 마침 이 친구는 종교학과 박사과정을 위해 개설된 세미나에 참석하였고, 그때부터 열혈 종교철학도와 쿨한 독일 종교학도 사이의 질긴 대화가 시작되었다. 내 지도교수의 박사과정 세미나는 학교가 아닌 시청 앞에 자리한 고색 찬연한 카페에서 진행되었다. 이러한 수업 방식은 마르부르크 종교학과가 생긴 이래 계속 이어져 오는 오래된 전통이라고 지도교수는 연신 자랑했다. 아마도 반복되는 세미나와 그곳 열린 카페에서 지도교수는 역사의 짙은 향기와 자신도 그와 더불어 역사가 되고 있음을 만끽하고 있었던 것 같다. 그러고 보니 카페에서의 박사과정 세미나는 지도교수의 입장에서는 경건한 의례와도 같은 것이었다. 아무튼 전통에 따라 박사과정 세미나는 요일과 시간도 수십 년째 고정되어 있었다.

목요일 오전 11시. 여전히 중세 도시의 매력을 유지하고 있는 마르부르크 시청 광장에 있는 '추어 존네'(Zur Sonne)[8]라는 이름의 카페 2층 구석 테이블에는 평균 6~8명 정도의 종교학 박사과정 학생들이 모여들었다. 그들은 지도교수와 함께 정해진 테마를 가지고 매 모임마다 2~3시간 정도 열띤 토론으로 수업을 이어갔다. 그날도 어김없이 같은 시간, 같은 장소, 같은 자리에 교수와 학생은 자리를 잡았다. 그리고 각자의 취향대로 다양한 음료를 앞에 두고 때로는 성실하게, 때로는 지루하게 수업 주제와 관련된 대화를 이어나갔다. 그날 우리는 루돌프 옷토에 관한 이야기를 나누는 중이었다. 옷토는 종교연구에 획기적인 공헌을 한 학자이며, 바로 우리가 강의를 듣고 있는 마르부르크대학 신학부의 조직신학 교수로 오래도록 학문 활동을 한 분이기도 하다. 그런데 그날따라 지도교수는 옷토를 향해 예의 날선 비판을 숨기지 않았다.

"옷토가 종교연구분야에서 '성스러움'이라는 개념을 부각시킨 공헌은 있지만, 그것을 연구하는 방법으로 제기한 것은 검증적인 것이라기보다는 오히려 문학연구나 심리연구에 더 적당합니다. 그는 종교의 합리적이고 도덕적인 것보다는 비합리적이고 경험적인 요소가 더 본질적인 것이라 주장했지만, 이 같은 주장은 지극히 '선험적 선언'에 가까운 것입니다. 그는 작가가 작품을 구성하듯이 무언가 말하고 쓰긴 했지만, 정작 이 부분에 대한 역사적 탐구는 등한시하고 말았습니다. 옷토의 시선이 보다 더 역사적이었다면 그는 유능하고 의미 있는 종교학자가 되었을 텐데, 아쉽게도 그는 그와

---

8) 카페의 이름은 '태양으로'이다. 이름처럼 그 카페는 시청광장의 분수대 옆에 아침 햇살을 맞이하기 좋은 자리에 서있다.

같은 길을 가지 못했고, 그렇기 때문에 옷토는 자신이 끝까지 머물렀던 신학자의 위치를 못 벗어나고 있습니다. 따라서 그는 종교학자라기보다는 종교신학자 혹은 종교철학자로 봐야 합니다. 하지만 여기서 종교철학이라는 용어도 제한적으로 사용해야 합니다. 그는 보편적 종교성을 언급하고 싶었겠지만, 그리고 그것을 통해 일반적이고도 보편적인 종교철학을 말하고 싶었겠지만, 여전히 그의 종교철학은 제한적이고 아울러 그가 처한 그리스도교적 배경을 무시할 수 없기에, 차라리 '그리스도교 철학'이라 부르는 것이 타당합니다."

지도교수의 발언이 이 정도에서 정리되었다면, 그날의 뜨거운 논쟁은 더 이상 이어지지 않았을 것이다. 하지만 지도교수는 약간 흥분하여 한 걸음 더 멀리 달아나고 말았다. 쉬지 않고 발언한 탓인지 앞에 있는 음료수를 길게 들이 킨 후 지도교수는 계속해서 말을 이어갔다.

"결국 사람들은 종교철학을 한다고 생각할지 모르겠지만, 보편적 종교의 본질과 현상을 취급하는 그런 류의 종교철학은 이 지구상에 존재하지 않습니다!"

고집스러운 지도교수의 성격처럼 딱 부러지는 선언이 등장했다. 하지만 저 정도의 발언 수위야 제자들인 우리로서는 늘 들어오던 것이기에, 반복되는 방송용 마감 멘트와도 같이 약간은 지겹게 들리기도 했다. 그래서 서둘러 논의의 주제를 새로운 방향으로 틀려는 순간, 여전히 어눌한 독일어 발음을 가진 터드가 붉은 기가 띤 얼굴로 입을 열었다. 세미나가 진행되는 내내 좀처럼 자신의 생각을 내보이지 않던 이 친구가 오랜만에 제동을 걸자 모두들 귀를 쫑긋 세우고 집중하였다.

"잠깐만요! 방금 하신 말씀 중에 '그런 류의 종교철학은 없다'라고 하셨는데, 그게 무슨 뜻이죠?"

"말 그대로입니다. 모든 종교를 아우르는 '보편적인 종교성'에 대해 논구할 수 있는 종교철학이란 있을 수 없습니다."

"전 그렇게 생각하지 않습니다. 종교학자만이 종교에 대해서 말할 수 있는 것은 아닙니다. 철학자 역시 종교에 대해서 말할 수 있고, 그렇게 철학도에 의해 언급되는 종교는 개별적인 것뿐만 아니라 모두를 아우르는 종교의 본질적인 요소에 대해서 말할 수 있는 것 아닙니까?"

"난 지금 그것이 본질적으로 불가능하다고 말하고 있는 것입니다. 물론 철학도들 역시 종교에 대해서 말할 수 있습니다. 그걸 부인하거나 혹은 독점하려고 하는 것이 아닙니다. 하지만 보통의 경우 철학도가 말하는 종교는 '단수로서의 종교'이고, 그러한 종교는 이 세상에 현존한다고 말하기 곤란합니다."

"그게 무슨 말씀이시죠? '단수로서의 종교'라뇨?"

"우리가 생활세계 속에서 알고 경험하는 종교란 '단수'로 존재하지 않습니다. 다만 다양한 종교'들'이 있을 뿐입니다. 모든 종교를 포괄할 수 있는 본질적인 단수 종교는 연구자의 희망과 머릿속에만 있을 뿐입니다. 현장과 역사 속에서 만나고 발견되는 것은 말 그대로 다양한 환경 속의 '진행형'인 종교'들'입니다. 그들은 각자의 고유함을 가지고 각각의 문화적 환경과 배경 속에서 여전히 진행하는 자신들만의 독특함을 유지하고 발전하고 있을 뿐입니다. 만약 연구자가 그 모든 것을 포섭하는 한 개념으로 '종교란 이런 것이다'라고 규정을 내리는 순간, 우리는 현장에서 만나는, 살아있는 종교를 이해하고 기술할 수 없게 됩니다. 좀 더 정확히 표현하자면 우리가 사는 세상에는 '종교들'만 있지 '종교'는 없습니다. 만약 단수의 종교가 있다면, 그것은 스미스의 이야기처럼 '개인의 신앙'(personal faith)일 겁니다. 하지만 그 역시도 모든 이의 신앙을 포섭하는 본질로서 동일한 내용을 지닌 것이 있다고 할 수는 없습니다. 신앙이란 지극히 개별적이고 실존적이기 때문입니다. 하지만 종교철학자들은 마치 그러한 종교가 있는 것처럼 독자에게 강요합니다. 그들의 논의 속에는 현장에서 만나는 종교'들'이 아니라, 논리 속에 화석화된 이념적 구성물인 '단수 종교'만 있을 뿐입니다."

"왜 그렇게만 생각하시나요? 전통적으로 우리는 종교에 대해서 고민해 왔습니다. 그리고 앞으로도 그럴 겁니다. 이렇게 이성의 영역을 뛰어넘는 그 무엇, 그리고 절대자에 대한 인간의 관념 등에 대해 연구하는 분야는 언제나 있어 왔습니다. 그리고 그들은 개별적인 종교들보다는 인간의 종교성 혹은 종교적 관념에 대한 탐구를 해왔습니다. 그렇다면 종교철학이란 그렇게 불가능한 것도 아니지 않습니까?"

"예, 물론 전통적으로 사람들은 종교에 대해서도 철학적인 탐구를 해왔습니다. 그리고 종교의 기본이라 여기는 신이나 절대자에 대해서도 논의를 해왔습니다. 그리고 때로는 인간에게 선천적으로 주어져 있다는 종교성에 대해서도 언급해왔습니다. 하지만 정확히 그 과정을 고찰해본다면, 그러한 종교적인 것에 대한 논의는 주로 서구에서 이루어졌고, 대부분 특정 종교에 치우친 것이 사실입니다. 지극히 그리스도교적인 시각으로 채색된 종교철학이라고 볼수 있습니다. 따라서 그러한 종교철학은 좀 더 정확히 표현하자면 '그리스도교 철학'이라고 봐야겠지요. 신에 대한 존재론적 논증이니 진리의 문제니 하는 것들, 사실상 그런 논의의 주제들 자체가 지극히 그리스도교적인 옷으로 치장되어 있지 않나요? 그러면 정직하게 '그리스도교 철학'이라 하면 될 것을 왜 구태여 종교를 단수라 규정하여 종교철학이라 이름붙일 필요가 있나요? 다른 전통에서 이루어지는 종교에 대한 철학적 접근 역시 마찬가지입니다. 세계 내 존재인 인간은 어쩔 수 없이 역사라는 선이해 속에서 사물과 세계를 받아들이고 해석합니다. 종교 역시 마찬가지입니다. 그들은 각자 익숙한 종교의 창을 통해 현실의 종교를 볼 뿐입니다. 따라서 어떤 유의 철학적 반성을 거친다 하더라도, 그가 도출해낸 종교에 대한 보편적 결과물은 당연히 그의 선이해라는 한계를 넘어설 수는 없습니다. 바로 이런 점에서 난 보편을 추구하는 종교철학이란 불가능하다고 이야기하고 있습니다."

"예 무슨 말씀인줄은 알겠습니다. 하지만 최근의 종교철학자들 역시 그런 문제의식을 인지하고 있습니다. 그리고 서구의 학자라 하더라도 오로지 그리스도교에 대해서만 언급하지는 않습니다.

대표적으로 존 힉[9](John Hick, 1922~2012) 같은 철학자는 다른 종교에 대한 이해도 해박하고 나름대로 전문적 식견도 가지고 있습니다. 그런 이들이 하는 종교철학은 교수님이 비판하는 그런 성급히 보편 작업을 하는 기존의 종교철학과는 구별할 수 있지 않겠습니까?"

"하지만 여전히 진리의 문제에 집착하고 있는 한 그 역시 한계에 직면하지 않을 수 없습니다. 종교라고 하는 것은 객관의 세계가 아닙니다. 그것은 주관이요 실존과 경험의 영역에 속하는 것입니다. 따라서 그러한 주관과 실존의 세계에 객관적 진리 혹은 가치의 문제를 제기하고 집중하는 것은 문제의 해결이 아니라 전혀 다른 방식으로 이루어지는 '문제의 왜곡'이 됩니다. 종교에 관해서 연구자는 가급적 철저히 기술(記述)하는 사람의 관점에 서야 합니다. 종교 연구가가 특정한 가치판단을 통해 무언가를 결정해주는 판사의 위치에 서는 순간, 그는 객관성을 잃어버리고 특정 종교의 변론자가 될 따름입니다. 바로 이 점에서 진정한 종교철학은 있을 수 없다고 보는 것이죠."

"그렇다면 종교학의 연구는 너무 허망하지 않습니까? 진리의 문제도 가치의 문제도 포기해버리게 되면 남는 것은 역사적, 현상학

---

9) 영국의 저명한 종교철학자이다. 대표저술로는 Philosophy of Religion(1970) 이 책은 김희수에 의해 우리말로 번역되었다. 존 힉(김희수 옮김), 『종교철학』(서울: 동문선, 2000), *A Christian Theology of Religions*(1995), *An Interpretation of Religion: Human Responses to the Transcendent*(1989), *The New Frontier of Religion and Science: Religious Experience, Neuroscience and the Transcendent*(2006) 등이 있다.

적 연구일 뿐인데. 그 연구를 통하여 도대체 무엇을 얻을 수 있는 것인지요? 그냥 해당 종교들에 대한 역사적 고찰과 그것에 대한 기술만으로 학문적 작업이 마무리되었다고 볼 수 있는 것인가요? 우리에게 이성이 있는데, 바로 그 이성을 도구 삼아 다양한 종교들의 보편적 구조를 찾아낼 수 있지 않나요? 그리고 종교학 분야에서도 현상학적 연구는 그런 구조의 문제에 관심을 갖고 있지 않나요?"

"바로 그 점에서 종교학과 종교철학의 포지션이 다릅니다. 종교학은 진리와 가치의 문제에 발언할 필요가 없습니다. 그것은 과학적 분과학문을 하는 이의 자세가 아니기 때문입니다. 물론 초창기 종교학자들 중에는 과감하게 진리와 가치의 문제에 대해서 발언하고자 했던 사람들도 있었습니다. 반 델 레에우도 그랬고 후에 종교체험의 선험적 연구에 몰두했던 바흐도 그랬습니다. 따라서 그들은 후대 종교학자들에게 매서운 비판을 받아야만 했습니다. 하지만 이러한 과정을 거쳐가면서 종교학은 나름대로 학문적 임무와 한계를 분명하게 설정하기 시작했습니다. 종교학은 그동안 정상적인 대접과 취급을 받지 못했던 다양한 종교들을 성실하게 탐구하고 정확히 기술하는데 전념하게 되었습니다. 그리고 그것을 종교학의 사명이요 임무로 자임하게 되었습니다. 자신들이 기술한 결과물에 대한 가치평가나 판단은 해당하는 전통의 신앙인들만이 할 수 있는 것입니다. 그리고 마땅히 그럴 권리는 신앙인들이 지니고 있고, 종교학자들은 그들의 판단을 존중하고 또 연구의 영역에 수용해야만 합니다. 하지만 거기에서 멈추어야만 합니다, 신앙인들이 발언하지 않는 것 이상을 이성을 도구삼아 도식화한 후 그것이 그들 종교 전통의 본질이나 절대적 진리라고 강요할 수는 없는 것입니다. 마찬가지로 종교학내의 현상학적 연구도 그러한 다양한 종교적 현상들을 보다 면밀하고 심도 있게 이해하기 위한 방편적이고 잠정적인 '구조 찾기'이지, 그 구조 자체의 '이상화'를 위해 몰두하고 있는 것은 아닙니다."

그후로도 대화는 계속 이어졌다. 하지만 대강의 큰 틀은 앞서 소개한 것이었고, 나머지 대화는 그 틀의 연장에 있다고 볼 수 있겠다.

타협점은 없는가?

위의 대화를 통해서도 알 수 있겠지만, 사실상 (좁은 의미의) 종교학계에서 종교철학에 대해 가지고 있는 불신의 골은 깊다. 그리고 불신의 근거로 다음과 같은 몇 가지를 제시할 수 있을 것이다. 우선 기존의 종교철학이 너무 그리스도교라는 특정 종교에 기울어져 있다는 종교학계의 우려를 꼽을 수 있다. 신학용어로 포장하고 있지는 않는다 하더라도, 철학의 용어로 진행되는 신이나 본질 등에 대한 논의는 지극히 '그리스도교적'이라는 것이다. 바로 여기에서 종교학자의 고민과 의심의 눈초리가 거세어진다. 현대 종교학은 가급적 모든 종교를 편향되지 않고 동등하게 취급하려 한다. 이런 분과학문의 입장에서 특정 종교의 색채가 강한 논의의 결과물을 수용한다는 것은 자칫 종교학의 설립 근거를 뒤흔드는 요인이 될 수도 있을 것이다. 바로 이것이 종교학자들이 종교철학에 대해 우려하는 첫 번째 이유이다. 물론 앞서 미국인 학생이 언급했듯이 종교철학 내에서도 그리스도교 이외의 종교에 대해 해박하고, 또 실제로 그들의 연구 작업에 다양한 종교를 포함시키는 이들이 있다. 하지만 그렇다고 종교학자들이 가지고 있는 의혹의 눈초리는 약해지지 않는다. 오히려 종교학자들은 기존의 (철학적) 연구자가 소유한 종교적 배경이 다른 종교를 가지고 작업할 때 어떤 방식으로 끼어들고, 또 그 결과로 연구행위에 어떤 영향을 주는가를 역으로 검증하고자 한다.

그렇다면 정말 종교학과 종교철학의 타협점은 없는 것인가? 상호 간의 불신은 평행선을 그을 뿐인가? 이 두 종교연구 분야는 동일한 연구대상을 가지고 작업을 하면서도 서로 전혀 도움이 안 되는 결과물들만을 양산할 뿐인가? 물론 이 두 학문은 서로의 가야 할 길이 있다. 하지만 20세기 중반 이후 불기 시작한 종교철학계의 새로운 흐름은 나름대로 종교학과의 접촉점이 가능하도록 해주었다. 그 배경에는 종교에 대한 철학계의 인식변화가 자리하고 있다. 1·2차 대전 이후 철학계의 주요한 주제로 부각된 생철학, 실존철학 그리고 분석철학 등이 이전의 종교에 대한 존재론적이고 인식론적인 접근 이외의 또 다른 가능성을 열도록 해준 것이다. 이들 철학사조는 종교연구에서 언어 영역에 관심이 가게 했으며, 아울러 종교적 언어 속에서도 경험적 요소가 적지 않은 중요성을 지니고 있다는 것을 인정하기 시작하였다. 계속해서 이러한 흐름 가운데 종교철학의 종교에 대한 작업 한계를 이전과는 달리 보다 명확하게 내려주기 시작하였다. 즉, 이제 철학은 종교적 신념에 대해 가타부타 판단할 필요가 없게 되었다. 단지 철학은 종교적 신앙이 가지는 문법적 구조와 의미를 분명하고 명백하게 규명하는 것만으로도 자신의 소임을 다할 수 있게 된 것이다. 철학은 종교에 대한 어떠한 가치판단도 보류해야 한다. 바로 이 정도로 종교철학의 과제를 정돈해 준다면 종교철학적 작업을 통하여 얻어지는 결과물에 대해서도 종교학자들은 어느 정도 경계심을 허물고 수용할 수 있는 여유를 가질 수 있게 될 것이다. 이런 점에서 종교언어를 '특별한 인식'(discernment)과 '책임'(commitment)으로 분석하려던 램비[10](I. T. Ramsey)나 종교언어가 가지는 비인식론적 특성을 주장하면서, 오히려 종교언어는 본질적으로 윤리적 속성을 지니고 있다고 주장한 브레이트웨이트[11](R. B. Braithwaite)의 경우는 종교학계에서도 충분한 관심을 보여줄 필요가 있다.

종교철학의 새로운 흐름을 종교학이 수용한다는 것이 이제는 종교학도 진리의 문제에 적극적으로 답변을 시도한다는 것을 말하지는 않는다. 그보다는 이러한 작업을 통하여 종교학 역시 기존의 진리문제에 대한 질문방식을 새롭게 구성할 수 있는 기회를 잡았다는 것이다. 즉, 진리나 참 존재에 대한 질문이 '참된 행위'에 대한 질문으로 서서히 바뀌어가고 있다는 것이다.

누군가 보편적 종교에 대한 의미추구나 그것을 변론하려는 자세를 취한다면, 그는 종교철학자이지 종교학자라고는 볼 수 없다. 여전히 그런 신학적이고 윤리적인 그리고 지극히 철학적인 물음에

---

10) 그는 이러한 종교언어에 대한 자신의 생각을 다음의 책으로 피력하였다. Ian T. Ramsey, *Religious Language: An Empirical Placing of Theological Phrases*(London: SCM, 1957)

11) 브레이트웨이트에 대한 설명은 다음의 글을 참조바람. John H. Hick(황필호 역), 『종교철학개론』(서울: 종로서적, 1984), 134~139. 아울러 그의 주장은 다음 논문을 참조하라. R. Braithwaite, *"An Empiricist's View of the Nature of Religious Belief"* in: B. Mitchell (Ed.), *The Philosophy of Religion*(Oxford: Clarendon Press, 1989)

대해서 종교학이 취할 반응은 지극히 제한되어 있을 뿐이다. 그런 점에서 종교철학과 종교학은 여전히 평행선을 달리고 있다.

- 읽으면 도움이 될 만한 책들 -

마이클 피터슨(하종호 옮김), 『종교의 철학적 의미』, 이화여자대학교출판
　　문화원, 2009.

배국원, 『현대종교철학의 이해』, 동연, 2000.

베른하르트 벨테(오창선 옮김), 『종교철학』, 분도출판사, 1998.

요하네스 헤셴(허재윤 옮김), 『종교철학의 유형과 방법론』, 서광사, 2003

윌리엄 J. 웨인라이트(김희수 옮김), 『종교철학의 핵심』, 동문선, 1999.

정승태, 『종교언어철학』, 침례신학대학교출판부, 2001.

존 힉(김장생 옮김), 『신과 인간, 그리고 악의 종교철학적 이해』, 열린책들,
　　2007.

존 힉(김희수 옮김), 『종교철학』(서울: 동문선, 2000)

황필호, 『분석철학과 종교』, 종로서적, 1984.

6. 종교학의 목적과 한계

- 종교역사학과 종교체계학

"모든 종교에게 영향을 끼치는 단수로서의 종교는 존재하지 않는다. 아니 오히려 모든 종교는, 저마다 고유한 종교이고, 특유의 형성물이며, 역사적 조건 하에서 형성되고 변화하는 과정에 종속되어 있으며 다양한 상호연관과 상호영향 속에 연결되어 있다. 그래서 종교학은 물질적인 학문이며 이념적으로는 가능하지 않다."

(라이너 플라쉐, *Religionswissenschaft-Treiben*, 20쪽.)

종교 대화와 종교학자

독일 유학 중 난 방학을 제외하고는 거의 정기적으로 매달 한 번 이상 지도교수와 논문과 전공에 관련한 자유로운 토론과 대화를 이어갔다. 지도교수에게는 적지 않은 수의 박사과정 학생이 있었지만, 유일한 외국인 학생이었던 내게 정기 면담이라는 매우 특별한 대우를 해주었다. 그런 배려 속에 난 항상 지도교수의 정규 상담시간 중에서도 내게 편리한 시간을 우선적으로 배정받을 수 있었고, 또 적잖은 시간을 (물론 내 부족한 독일어 능력 탓이기도 했지만) 제공받았다. 보통 교수와의 면담은 1시간에서 2시간 사이를 오갔다.

그날도 어김없이 면담이 잡혀있었고 난 지도교수를 만나기 위해 아침부터 짧은 등산을 감행하고 있었다. 지도교수의 연구실이 있는 종교학과 건물이 바로 인구 7만의 대학도시인 마르부르크의 상징이기도 한 오버슈타트(Oberstadt)에서 성으로 올라가는 모퉁이 골목에 자리 잡고 있었기 때문이다. 물론 그렇게 높고 험한 거리는 아니기에 많은 힘이 필요할 정도는 아니었고, 아침에 일어나 가볍게 산책할 정도의 길이었다. 이마에 땀이 살짝 맺힐 즈음이면 교수의 연구실 앞에 도착해 있을 정도로 도심 버스정류소와의 거리는 멀지 않았다. 그날 먼저 운을 뗀 것은 나였다. 학위 논문에 대한 의례적인 이야기 몇 마디를 주고받은 후 난 곧바로 다음과 같은 질문을 교수에게 던졌다.

"한국에서는 적잖은 종교학자나 종교연구가들이 '종교 간의 대화'에 많은 관심을 가지고 있고, 개중에는 그 일에 전적으로 투신하는 이들도 있습니다. 그리고 상대적으로 꽤 보수적인 한국의 종교

현실에서 그들은 일종의 사명감을 가지고 그러한 대화 작업에 집중하기도 합니다. 그런데 종교학자로서 종교 간 대화에 투신하는 것에 대해 교수님께서는 어떤 견해를 가지고 계신지요?"

물론 한두 해를 지도교수와 보낸 것이 아니었기에 이에 대한 그의 생각을 모르는 바는 아니었다. 허나 좀 더 분명하게 그분의 견해를 확인하고 싶어 짓궂은 내 질문은 그날 주저 없이 허공을 가르고 있었다. 내 질문이 선생 귀에 닿을 만큼의 시간이 흐르자 한시도 머뭇거림 없이 그분은 예의 나지막한 저음의 목소리로 답변을 풀어놓았다.

"종교학자들이 직접 종교 간의 대화에 나설 필요는 없습니다. 왜냐하면 종교학자들은 '통역자'와 같은 존재이기 때문입니다. 통역자는 상이한 문화의 이해를 위해 최선을 다해 그 문화에 대해 잘 모르는 이들이 이해할 수 있는 중립적 용어나 서로가 알아들을 수 있는 언어로 전달해주는 역할을 하게 됩니다. 만약 통역자가 그 이상의 포지션을 갖고자 한다면, 그는 이미 통역자로서 역할을 포기한 것이나 마찬가지입니다. 결국 대화는 당사자들의 몫이지, 통역자의 영역에 속한 것은 아니기 때문입니다. 따라서 종교학자들은 서로 불충분한 이해를 갖거나 전혀 이질적인 문화적 환경 속에 있던 이들이 서로를 이해하고자 할 때, 그들에게 필요한 정보나 자료를 제시하는 것으로 자신의 목적을 제한할 수 있어야 합니다. 그 이상을 넘어서는 것은 일종의 학문적 월권행위입니다. 우리는 학문적 통역자이지 중개상은 아닙니다."

결국 내 지도교수의 요지는 종교 간의 대화는 '당사자의 몫'이라는 것이다. 종교학자는 해당하는 종교 당사자가 서로를 이해하는 데 필요한 구체적이고 정밀한 자료를 제공하는 선에서 자신의 소임을 정리할 줄 알아야 한다. 물론 모든 종교학자가 지도교수와 동일한 견해를 가진 것은 아닐 것이다. 아직도 적잖은 수의 종교학자들은 종교 간의 대화를 위해 자신의 학문생활을 헌신하는 것이 의미 있다고 생각하고 있을 것이다. 그리고 그들의 작업이 무의미한 것이라 치부해서는 안 될 특별한 환경과 조건도 물론 있을 것이다. 하지만 적어도 그런 대화를 위해 투신하는 시간에 좀 더 세밀한 개별 종교에 대한 연구 자료를 만들어내는 것이 종교학자에게 더 필요한 작업이라는 내 지도교수의 지적 또한 쉽게 지나칠 성질의 것도 아니다.

종교학의 대상인 구체적 종교

먼 길을 돌아 다시 원점으로 돌아온 것 같다. 이제 지금까지의 길을 정리해 보는 것도 좋을 것 같다. 지금껏 우리는 종교학이라는 학문의 태동과 그 인근학문과의 갈등과 애증을 거칠게나마 살펴보았다. 이제 새로운 주제로의 전이를 꾀하기 전에, 지금까지 언급한 것들을 정리해보는 것으로써 근대적 의미의 종교학이 가지는 목적과 한계에 대해서 재차 기술해보고자 한다. 물론 지금 언급되는 것은 모든 종교학자가 공감하거나 전적으로 찬동하는 것만은 아닐 것이다. 사실 종교학이라고 하는 것의 영역은 그리 편협하지 않다. 종교학을 넓게 보자면 지금까지 언급했던 대부분의 분과학문이 포함될 수 있기 때문이다. 종교체계학(종교현상학), 종교역사학, 종교심리학, 종교사회학, 종교인류학 그리고 심지어 종교신학이나 종교철학까지 모두 종교연구라는 틀 속에서는 종교학이라는 레테르를 붙이기에 큰 무리가 없다. 하지만 지금 여기에서 언급하려고 하는 종교학의 목적과 한계는 좁은 의미의 근대적 종교학으로 그 범위를 한정한다. 그러한 다양한 종교연구 분야의 기승 속에서 새로운 종교연구의 방향을 제시하고자 했던 바로 그 경험적 종교학 말이다.

먼저 종교학의 연구대상이 되는 '종교'에 대해 한 번만 더 언급해보자. 과연 종교학의 연구대상이 되는 종교란 무엇을 지칭하는 것인가? 물론 반복되는 이야기이지만 여기에서 언급되는 종교는 '단수로서의 종교'는 더 이상 아니다. 이전의 종교연구가에게 '단수로서의 종교'는 보물섬의 위치를 일러주는 지도와도 같았다. 그들은 종교의 기원과 본질이라는 미지의 보물섬을 선점하기 위해 '단수로서의 종교'를 찾는 작업에 경쟁적으로 매몰되어 갔다. 하지만 그럴 때마다 '단수로서의 종교'는 신기루처럼 파편 같은 희망만 남긴 채 한 발짝 씩 더 멀리 달아날 뿐이었다. 이후 종교연구가들은 그러한 '무지개 잡기'와도 같은 '단수로서의 종교 찾기'를 깨끗이 포기하게 된다. 물론 구조주의적 시각을 지녔거나 혹은 종교심리학자들의 경우에는 여전히 '단수로서의 종교'에 짙은 파토스를 간직하고 있을는지는 모르겠다. 하지만 지금의 종교학자들은 이제 그러한 이데아적 욕구에서는 어느 정도 자유로운 위치에 있다고 말할 수 있다.

그들은 자신들이 연구해야 하는 대상인 종교를 다음과 같이 제한한다.[1] 종교학이 연구하는 대상은 '구체적 종교들'이다. 인간이 형성한 사회 속에서 의미있는 공동체를 유지하고 있고, 그러한 공동체적 조건 속에서 다양한 사상, 언어, 문화와 관련 맺고 있으며, 그 외의 다양한 주변 환경과 조건의 연관 속에서 총체적 제약을 받고 있는 매우 구체적인 종교'들' 말이다. 이렇게 다양성 속에서 현존하는 구체적 종교들을 가지고 현대 종교학은 역사적이고 검증적인 방법을 통해 종교의 총체적 시스템과 그것들이 진행하는 다양한 관계의 모습을 연구한다. 따라서 종교학은 어떤 경우에도 연역적이 아니라 귀납적 방법으로 시작해야 하며, 해당하는 종교의 구조에 대한 이해 역시 귀납적 방법의 결과물로 이루어져야 한다.

이런 방법을 통해 현대 종교학은 나름대로 종교에 대한 작업 가설적 정의를 내릴 수 있다. 물론 이 역시 각자의 연구 위치와 적용된 방법에 따라 어느 정도 차이가 있을 수는 있다. 하지만 그런 차이에도 종교학자 대부분이 공유하는 것은 바로 확실한 '단수 종교 찾기'의 거부라 할 수 있다. 아울러 좁은 의미의 종교학은 종교를 무언가에 대한 기능으로, 그리고 어떠한 것에 대한 심리적 반응으로 혹은 어떠한 것의 구조로 조망하거나 이해하려는 시도도 단호히 거부한다. 그냥 있는 그대로 그것을 이해하고, 그 이해의 결과물을 비교적으로 탐구함으로써 얻게 되는 구조적 이해에서 그들의 행보는 멈춘다. 이런 점에서 종교학의 '자기 제한'은 병적이기까지 하다. 물론 그런 배면에는 이전의 종교신학이나 종교철학이 보여

---

1) 현대 종교학의 연구 범위와 한계 그리고 과제에 대한 논의는 내 지도교수이기도 한 플라쉐 교수의 다음 책에 빚진 바 크다. Rainer Flasche, *Religionswissenschaft-Treiben: Versuch einer Grundlegung der Religionenwissenschaft*, LIT, 2008.

주었던 전횡적 태도에 대한 거부감이 자리하고 있기 때문이기도 하다. 종교학자들 역시 개별 종교의 총체적 모습을 완벽하게 그것도 객관적으로 이해하기는 곤란할 것이다. 하지만 여러 종교의 역사적 과정과 그것에 대한 구조적 이해에도 성공치 못한 상태에서 과감하게 종교의 '보편'과 '일반'을 이야기하던 이전의 많은 신학자와 철학자의 무모함에 대한 신경질적 반감이 좁은 의미의 종교학자에게 여전히 앙금처럼 남아있다. 사실 종교학자의 이러한 병적인 반감은 이해 못할 바도 아니다. 왜냐하면 실제로 종교연구가들 중 대상을 제대로 이해하지도 못한 채 그것의 본질이나 구조를 '소설'처럼 진단하고 결론 내어 버리는 '전지적 작가' 같은 이들이 적지 않기 때문이다.

종교를 이처럼 연구하는 경향이 있어왔기에 좁은 의미의 종교학자는 끊임없이 자신의 작업을 반성하고 검증하고 제한하려 한다. 그래서 적정선에서 타협한 좁은 의미의 종교학이 가지는 학문의 목적은 전적으로 지금 '이곳'에서 활동하는 다양한 모습의 종교'들'을 '이해'하는 것에 있다. '이곳'을 너머 '저 높은 곳'에 자리하고 있는 '종교의 이데아'에 대한 동경은 좁은 의미의 종교학자에게는 이제 찾아볼 길이 없다. 현대 종교학이 철저히 '이곳'에 있는 '지금'의 종교'들'에 집중한다는 것은, 바로 다양한 종교의 인간적 측면에 관심을 기울인다는 말과 다르지 않다. 즉, 모든 종교를 아우르는 보편적인 것에 초점을 맞추고 있는 것이 아니라 그 종교에 대응하는 인간적 측면을 주로 관찰한다는 것이다.

일반적으로 좁은 의미의 종교학은 구체적인 종교들을 '이론', '행위' 그리고 '종교적 사회체계'[2]로서 조망한다. 이러한 것들은 기존의 다양한 환경 속에 노출되어 있기도 하다. 즉, 문화적, 역사적, 사회적, 철학적, 사변적 환경뿐만 아니라 지리적, 기후적, 생태적, 경제적 환경과도 영향을 주고받는다. 또 이러한 사회적 차원의 조건뿐만 아니라 개인적 차원에서는 교육적, 심리적 그리고 때로는 정신적 제약 또한 고려의 대상이 된다. 이처럼 현대 종교학자들은 세심한 관심 속에 '살아있는' 한 구체적인 종교를 살펴야 한다. 이렇게 인간과 문화에 대한 다양한 접근 방법과 그 결과물을 주도면밀하게 취급할 수 있는 능력 역시 현대 종교학자가 가져야 할 학문적 덕목이기도 하다.

그렇다면 그들이 이해하는 종교란? 완전(heil)과 불완전(unheil)

많은 논의가 있을 수 있겠지만 종교학자들 역시 편의에 의해 나름대로 종교에 대한 정의나 이해를 가지고 있다. 이 부분에 대해서는 이미 두 번째 장에서도 언급한 바 있지만, 여기서는 최근에 논의되는 종교에 대한 여러 이해 중 하나만을 간략하게 소개해볼까 한다. 물론 여기서 언급될 종교에 대한 설명은 귀납적 종교연구를 통해 얻어진 결과물을 가지고 진행된 정교한 비교작업[3]이 가져다 준

---

2) 이 부분은 요아킴 바흐의 구분에 의존한다. 바흐는 종교체험의 표현양식을 다음과 같이 3중으로 나누어 설명 한다: 이론적 표현(theoretical expression, 신화, 교리, 신앙관 등), 행위적 표현(practical expression, 다양한 의례나 기도, 명상 수행 등), 공동체적 표현(sociological expression, 종교공동체의 형성).

3) 여기에서 언급한 비교작업은 단순히 여러 개의 대상물들을 현상적으로 비교한다는 것만

'한시적 정의'일 뿐이다. 이와 같은 작업의 결과물로 우리는 잠정적으로 종교를 '세계설명체계'(Welterklärungssystem)와 '인생문제극복체계'(Lebensbewältigungssystem)로 이해하고자 한다.[4] 즉, 대부분의 종교들은 각자의 방식과 체계 속에서 해당 신앙인에게 총체적 세계 이해의 길을 제공하고 있다. 그래서 세계는 어떻게 구성되어 있고, 어떤 방식과 경로를 통해 우리가 그곳에서 살게 되었는지, 또 세계 속에 인간은 어떤 위치를 점하고 있는지 등을 대부분의 종교는 설명해주고 있다. 그리고 종교는 신앙인이 생활세계에서 실존적으로 혹은 사회적으로 조우하게 되는 다양한 삶의 문제를 나름대로의 방식으로 해결할 수 있는 길을 제시해주고 있다. 따라서 특정 종교의 가치관을 통해 삶의 문제에 적절히 대응한 신앙인은 이전보다 더 강하게 해당 종교에 의존적이 된다. 이러한 작업 가설적 정의를 내리면서도 잊지 말아야 할 것은 우리는 이 모든 것을 직접 다가설 수는 없다는 사실이다. 즉, 종교를 세계설명체계라 하여 손쉽게 '세계' 그 자체로 직접적 접촉을 시도하는 것이 종교학의 과제는 아니라는 것이다. 이러한 정의 도출 과정 역시 신앙인이 경험하고 발언한 결과물을 중심으로 확보한 잠정의 결론일 뿐이다.

이렇게 도출된 결과물을 가지고 우리는 종교를 이해하는 또 하나의 코드를 발견하게 된다. 바로 '완전'(heil)과 '불완전'(unheil)이

을 의미하지는 않는다. 종교학적으로 비교연구를 한다는 것은 일종의 해석학적 작업의 연장이라 볼 수 있다. 바로 그러한 학문 과정을 종교학자들 스스로가 망각해서는 안 된다.

4) Rainer Flasche, "Von der Selbstbeschränkung und Selbstbegründung der Religionenwissenschaft" in Rainer Flasche(Hrsg.), *Religionswissenschaft in Konsequenz* (Münster: LIT, 2000), p.164.

다.[5] 나는 이것을 종교의 기본 구조라 명명해 본다. 물론 이것은 검증적 작업의 마지막 단계에서 이루어지게 될 잠정적 판단일 뿐이다. 그리고 그 점에서 루돌프 옷토나 요아킴 바흐가 종교체험을 규명하기 위해 했던 연역적 작업과는 차이가 있다. 옷토와 바흐는 각각 '성스러움의 의미'와 '종교경험'을 종교의 본질적 요소로 보았다. 하지만 이러한 개념은 개별 종교의 검증적 연구의 결과물로 제시된 것이 아니라, 오히려 연역적인 방법으로 연구의 시작부터 이미 선험적으로 주장된 '보편 개념'이었다.

그에 반해 지금 현대 종교학자들이 하고 있는 작업은 그동안 축적된 연구의 결과물을 검토한 후 얻어낸 '일시적 결론'일 뿐이다. 이 '완전'과 '불완전'이라고 하는 것은 언제나 '완전한 것의 유지'에 관한 것이거나 혹은 완전치 않은 그 무엇인가가 다시 '완전하게 회복'되어지는 것에 관한 것이다. 이렇게 '완전함'과 '불완전함'으로 종교의 기본 구조를 보게 되면 우리는 기존의 '성스러움'이라는 특정 종교에 치우친 듯한 개념의 한계를 어느 정도 넘어설 수 있게 된다. 이렇게 가치중립적인 개념을 얻게 됨으로써 종교를 객관적으로 볼 수 있는 또 하나의 시선을 얻게 된다. 즉, 종교에는 '성스러움이 있다! 없다!'를 논하는 대신, 종교에 대한 기본 명제를 다음처럼 바꾸어 말할 수 있게 된다. '모든 종교는 완전함을 얻고자 하는 목적을 갖는다.' 종교라는 문화 시스템은 완전치 못한 것을 완전하게 하거나 완전치 못한 것을 전체적이고도 완전한 관계 속으로 이끌

---

5) 종교의 기본구조를 완전(heil)과 불완전(unheil)으로 설명하는 방식은 플라쉐 교수에게 빚진 바 크다. 이에 대해서는 다음 글을 참조 바람. Rainer Flasche, "Von der Selbstbeschränkung und Selbstbegründung der Religionenwissenschaft", pp.172~174.

어오도록 한다. 이때 '완전하다'라는 것은 한 시스템의 요소, 구조 혹은 부분 사이에서 의미심장한 관계에 의한 '회복'을 뜻한다. 이런 관점에서 보자면, 모든 종교는 각자의 모양대로 완전함에 도달하려는 목적을 가지고 있고, 또 그것을 성취하기 위한 각각의 방법을 제시하고 있다. 이런 점에서 종교를 기술하는데 '완전함의 추구' – '완전함의 발견' – '완전함의 고양'이라는 새로운 모델을 얻을 수 있게 된다. 하지만 잊지 말아야 할 것은 이것 역시 고정된 것이 아니라 종교를 이해하는 다양한 시도 중 하나라는 사실이다.

종교학의 한계는

다시 자리는 내 지도교수의 연구실이다. 창문을 타고 내린 아침 햇살이 두 사람의 어깨를 푸근히 누르고 있다. 앞서 질문에 대한 답변을 들은 후 나는 평소 궁금해 하던 또 다른 물음을 꺼내 들었다.

"그렇다면 검증적 종교학의 범위와 연구할 때 유의해야 할 점은 무엇인가요?"

내 질문에 교수는 우선 옅은 미소로 응대한다. 마치 기다리고 있던 질문이라도 나온 양 지도교수는 힘을 주어 자신의 견해와 의지를 피력한다.

"우선 무엇보다도 검증적 종교학이 가져야 할 덕목은 바로 '단수로서의 종교'를 밝히겠다는 학문적 욕심을 포기하는데 있습니다.

이미 수차례 대화를 나누었지만, 단수 종교는 말 그대로 인간의 관념적 허상일 뿐입니다. 손에 잡히지도 않는 종교적 이데아에 빠져있기보다는 역사 속에서 생멸하는 다양하고 역동적인 종교를 연구하는 것이 선행되어야 합니다. 또한 검증적 종교학은 '단수 종교'뿐만 아니라, '단수 인간'이라는 생각과도 역시 거리를 두어야만 합니다. '인간성', (단수로서의) 인간', '인류' 이런 개념들도 '단수 종교'와 매한가지로 지극히 작위적이고 논리적인 구성물에 지나지 않습니다. 우리는 무엇보다도 역사 속 개별 종교와 개별 실존인에게 더 많은 관심과 주의를 가져야만 합니다."

이쯤에서 뻔한 질문이긴 하지만, 이해의 도를 높이기 위해 난 작은 딴죽을 걸었다.

"무슨 말씀이신지는 이해합니다만, 인간이라고 하는 물적 제한을 지닌 유기체가 가지고 있는 공유한 특성도 있지 않을까요? 즉, 인간은 분명 역사 속 존재이긴 하지만 그 속에서 살아가는 인간이 지닌 유한한 물리적, 육체적 조건은 어떤 점에서는 동일하다고도 볼 수 있지 않은지요?"

하지만 내 딴죽에도 지도교수의 태도는 완고했다.

"물론 인간이기에 지니고 있는 제한적 조건은 공유하는 바가 많다고 할 수 있습니다. 생리적 현상에 기반을 둔 인간의 행위에는 서로 유사한 것이 사실 많이 있습니다. 하지만 무엇보다 중요한 것은 그러한 조건의 유사함 가운데에서도 그것을 해석하고 수용하고 또 표상화하는 것은 각 문화별로 차이가 있다는 점입니다. 바로 그러한 해석 과정을 통해 문화에 대한 이해는 서로 달라질 수밖에 없습니다. 따라서 단순히 인간이라는 생물학적 유기체에 기초해서 '인간의 원형'을 상정하는 것 역시 과도한 억지가 될 수 있습니다."

내 지도교수의 답변은 계속 이어졌다.

"이런 점에서 종교학은 자신의 연구대상을 완/전/히/ 이해하겠다는 욕심마저 포기해야 합니다. 그 대상에 대하여 '완벽히 이해하겠다!'라는 식의 집착은 오히려 종교학을 '메타학문'으로 변질시켜 버립니다. 즉, 검증학문으로서 대상에 대한 '잠정적 이해'에 충실해야 할 종교학이 메타학문이 되어 연구의 대상을 쉽게 '관념화'하고 '이념화'할 수도 있다는 것입니다. 그리고 그렇게 메타학문이 된 종교학은 더 이상 종교학이 아니라 종교철학이요 종교신학일 뿐입니다. 종교학은 무엇보다도 해당 종교에 대한 검증적이고 과학적인 이해와 또 그것이 해당하는 공동체 속에서 어떤 관련들을 맺고 있고 어떤 연관 속에 실존하고 있는 가를 비교적인 방법으로서 고찰하는 것에만 정직하게 멈춰 서있어야 합니다. 이는 곧바로 다음 단계와도 연결되는데, 종교학은 자신의 연구를 전체적인 것으로 생각해서도 안 됩니다. 즉, 종교학적 연구는 종교라고 하는 전체의 한 부분을 다루고 있는 것이라는 자의식을 잊어서는 안 되는 것입니다. 종교학의 과제는 전체 체계 자체를 연구하는 것도 아니고 또한 그것을 해석하는 것도 아닙니다. 또한 부분체계인 종교를 전체체계의 원리로서 높여서도 안 됩니다. 단지 그 관계와 연관을 주목하여 이해 가능한 선까지 기술하는 것으로 자신의 임무를 마칠 수 있어야 합니다."

여기서 잠시 내 질문이 지도교수의 긴 답변에 작은 휴식을 주었다.

"그렇다면 교수님은 무엇보다도 종교학이 (종교)철학 류의 규범적 종교연구로 변질되는 것에 대해 경종을 울리고 계신 건가요?"

"그렇습니다. 무엇보다도 종교학은 종교철학과도 같은 규범학문들과는 일정한 거리를 유지해야 합니다. 여러 모습으로 포장할 수 있을는지는 모르겠지만, 결국 종교철학 같은 학문은 궁극적으로 단일종교를 추구하는 것으로 귀착되기 마련입니다. 즉, 대부분의 종교철학은 특정한 종교에 의해 형성된 사유구조나 세계관에 의존하게 됩니다. 그리고 그런 세계관에 의존해서 이루어지는 종교철학적 일반화나 절대화는 살아있는 개별 종교에 대한 이해라는 점에서는 '절망적'이라고도 할 수 있습니다. 종교철학은 어쩔 수 없이 자신의 종교적 체계와 사유-언어구조에 종속되어 있고, 따라서 그 방법을 통해 얻어지는 결과물 역시 그러한 제한 속에 있기 마련입니다. 물론 그런 작업이 전혀 무의미하다는 것은 아니지만, 적어도 종교학마저 그런 길을 가서는 안 된다는 것을 꼭 지적하고 싶습니다. 우리의 목적은 생존하고 있는 종교를 제대로 이해하고, 기술하기 위함입니다. 이러한 소기의 목적이 성취되지 않은 상태에서 이루어지는 성급한 일반화는 오히려 그 종교에 대한 기본적 이해를 '왜곡'으로 바꿀 수 있습니다."

"물론 종교학 내에서도 일반화 작업은 있습니다. (영미권에서는 주로 종교현상학이라 불리는) '종교체계학'(Systematische Religionswissen-schaft 혹은 Religionssystematik)이 그것입니다. 종교체계학은 종교역사학이 제공해준 다양한 역사적 연구 결과물들을 가지고 작업을 합니다. 종교체계학은 주로 '비교'라는 해석학적 작업을 통하여 다양한 결과물을 분류·구분합니다. 그리고 종교들이 공유하는 구조에 집중하기도 합니다. 그리고 그 결과물에 대한 '이름 짓기'를 감행합니다. 하지만 여기에서도 잊어서는 안 될 것이 있습니다. 종교체계학의 '이름 짓기', 즉 일종의 구조화 작업 역시 최종적 단계에서 이루어져야 한다는 것입니다. 그렇게 함으로써 우리는 성급한 비교와 해석학적 반성 없는 유비를 통해 일어날 수 있는 성급한 일반화의 오류를 최대한 막을 수 있게 됩니다. 이렇게 종교학은 종교역사학과 종교체계학이라는 두 바퀴의 조화로운 작업을 통하여 이루어져야 합니다."

이제 대화의 종착역이 눈앞에 다가온다. 그리고 난 다음과 같은 질문을 던지며 내 지도교수의 최후 진술을 확인해 보았다.

"그렇다면 교수님이 생각하시기에 종교학, 좁은 의미로 따지자면 역사학적 종교연구와 일반 역사학의 차이는 무엇입니까? 이 두 개의 분야에서 사용하는 방법론상의 특징은 또 무엇입니까?"

"없습니다! 종교역사학이나 일반 역사학이나 같은 선상에 있다고 봐야 합니다. 그리고 그들이 사용하는 방법론도 같다고 봐야 합니다. 단 일반 역사학자들은 다양한 문화현상, 역사적 결과물을 대상으로 삼는데 반해, 종교역사학은 종교라는 문화현상을 중점적으로 연구하고 있다는 점에서 차이가 날 뿐입니다. 그 외 두 분야 모두 동일한 선상에 있다고 봐야 합니다."

지도교수의 답변은 전형적인 독일식 역사 비평적 종교학 전통 위에 서있었다. 동일한 질문을 영미권 학자에게 던졌다면 다른 답변도 가능했을 것이다. 하지만 철두철미하게 검증적 위치에서 객관적으로 연구대상을 조망해보려는 플라쉐 교수의 태도는 그렇게 쉽게 지나칠 만한 것은 아니다. 이렇게 종교학의 목적과 한계에 대한 대화는 마무리되었다.

지금까지 종교학이라는 학문의 태동과정과 주변 학문들과의 연관성에 대해서 다양한 채널을 통해 추적해 보았다. 이제 우리가 가야할 다음 여정은 종교학이라는 근대 학문이 성립하는데 지대한 공헌을 한 유력한 학자들을 간략하게나마 살펴보는 일이다. 이들 학문과 삶의 궤적을 추적하는 것은 종교학이라는 학문의 바다에 한걸음 더 깊이 들어가는 관문이 된다 하겠다.

- 읽으면 도움이 될 만한 책들 -

이길용,『뇌과학과 종교연구』, 늘품플러스, 2013.(특히 '1-2 종교학의 특성과 과제' 참조)

러셀 T. 맥커천(김윤성 옮김),『종교연구 길잡이』, 한신대학교출판부, 2015.

안신,『종교와 종교학』, 배재대학교출판부, 2011.

한스 유르겐 그레샤트(안병로 옮김),『종교학이란 무엇인가』, 북코리아, 2011.

Rainer Flasche, *Religionswissenschaft-Treiben: Versuch einer Grundlegung der Religionenwissenschaft*, LIT, 2008.

7. 종교학의 아버지

- 비교언어학에서 비교종교학으로

막스 뮐러(Friedrich Max Müller, 1823~1900)

"우리가 어디에서 접하거나 종교의 의도는 항상 신성한 것
이다. 어떤 종교가 아무리 불완전하고 유치하다 할지라도 그
것은 항상 인간의 혼을 신의 현존 속에 놓게 된다. 그리고 신의
개념이 아무리 불완전하고 아무리 유치하다 할지라도 그것은
항상 인간의 영혼이 잠시라도 도달할 수 있고 파악할 수 있는 완
전성에 대한 최고의 이상을 나타낸다. 그러므로 종교는 인간의 영
혼을 최고 이상의 현존 속에 놓게 되고, 그것은 그 영혼을 평범한
선의 수준 이상으로 끌어올리며, 더 높고 더 훌륭한 삶 - 신의
빛 속에서 삶 - 을 적어도 추구하는 그림을 낳는 것이다."

(막스 뮐러, 『종교학 입문』, 176쪽)

"성문 앞 우물곁에 서있는 보리수"

종교학의 아버지[1]라 불리는 뮐러를 소개하기도 전에 독일 가곡
의 한 소절이 떠오르는 이유는 무엇일까? 혹시 이 노랫말을 담고
있는 노래[2]와 뮐러 사이에 적잖은 관계라도 있단 말인가? 그렇다.
이 노래는 우리가 지금부터 추적하고자 하는 막스 뮐러와 매우 밀
접하다. 왜냐하면 이 가곡의 노랫말을 쓴 이가 막스 뮐러의 아버지
이기도 한 빌헬름 뮐러(Wilhelm Müller, 1794~1827)이기 때문이다. 그
의 아버지는 당시 저명한 고전 문헌학자였고 또한 뛰어난 서정시를
발표한 문인이기도 했다. 빌헬름 뮐러의 많은 시들은 동시대의 뛰
어난 낭만파 작곡가인 슈베르트에 의해 아름다운 가곡으로 변신해
갔다. 학창시절 한 번쯤은 듣거나 불러보기도 했을 여러 독일 가곡
중 한둘은 바로 이 두 사람의 작품일 것이다. '아름다운 물방앗간
아가씨'(Die Schöne Müllerin), '겨울 나그네'(Die Winterreise) 등이 바
로 이 두 사람의 손을 거쳐 세상에 나온 노래들이다. 이 뛰어난 서
정시인의 가문에서 훗날 종교학이라 불리는 새로운 근대 학문의 설
립에 지대한 공을 세우는 이가 출생한다. 바로 프리이드리히 막스
뮐러다.

---

1) 많은 학자들이 뮐러를 종교학의 아버지라 부르는 것에 큰 불만을 제기하지는 않는다.
   하지만 그가 종교학의 창시자인가라는 질문 앞에서는 고개를 갸우뚱거리는 이들이 적
   지 않다. 분명 뮐러는 종교학의 태동에 큰 영향을 끼치긴 했지만, 그는 줄곧 비교언어학
   자로 활동했기 때문이다. 다만 비교연구를 언어에서 종교로 확장시킨 것은 분명한 뮐러
   의 공헌이고, 이런 맥락에서 그는 종교학의 창시자라기보다는 개척자라 봐야 할 것이다.

2) '보리수'(Der Lindenbaum)라는 제목의 이 노래는 슈베르트의 가곡집 〈겨울 나그네〉 5
   번째에 실려 있다. 〈겨울 나그네〉는 빌헬름 뮐러의 시에 슈베르트가 곡을 붙여 만들어졌
   는데, 이 시인이 바로 막스 뮐러의 아버지이다. 빌헬름 뮐러는 이 시를 1822년도에 발표
   하였고, 슈베르트는 1827년에 멜로디를 붙였다.

막스 뮐러는 1823년 12월 6일 독일 데싸우(Dessau)에서 태어났다. 문인이었던 그의 아버지는 그리스 문화로부터 창작을 위한 자양분을 제공받고 있었다. 그리스 문화에 대한 아버지 뮐러의 깊은 관심과 애정은 「그리스 가곡」 전집을 펴내는 원동력이 될 정도였다. 뛰어난 예술가 옆에는 많은 동료들이 따르는 법. 뮐러가 뛰어놀던 거실에도 부친과 교제하던 원근각지의 저명한 학자, 시인, 작곡가들이 언제나 넘쳐났다. 하지만 어린 뮐러가 이와 같은 특별한 문화적 혜택을 어느 정도 누렸는지는 가늠하기 곤란하다. 왜냐하면 아버지 뮐러는 너무도 젊은 나이에 세상과 작별했기 때문이다. 빌헬름 뮐러가 세상을 뜬 것은 1827년 9월 30일, 그의 나이 겨우 33세였다. 그때 아들 뮐러의 나이는 고작 4세에 지나지 않았다. 아버지의 다양한 문학적 분위기를 만끽하기에 아들 뮐러는 너무 어렸다. 하지만 물려받은 재능이 어디가겠는가? 아들 뮐러는 아버지와 많은 세월을 함께 할 수는 없었지만, 그 역시 학자로서 뛰어난 업적을 남기면서도 『독일인의 사랑』[3]이라는 꽤 알려진 소설을 발표하기도 한다. 아버지의 문학적 재능은 여전히 아들 대에서도 빛나고 있었다.

어린 뮐러는 얼마 되지 않아 아버지의 절친한 친구 집에 수양아들로 들어가게 된다. 후견인을 자청한 아버지의 친구 역시 인근 지역의 유력한 문인들과 활발한 교류를 하고 있던 터라, 아마도 뮐러는 그 집에서 생전 아버지가 베풀어줬을 법한 혜택을 충분히 받았을 것이다. 뮐러는 그곳에서 김나지움 교육까지 마치게 된다. 그후 라이프치히로 옮겨가 문헌학을 전공한다. 아버지의 피를 물려받아

---

3) 독일어로 "*Deutsche Liebe*"라는 이 소설은 수많은 나라의 언어로 번역되어 지금까지 사랑받고 있는 작품이다. 우리말 번역도 이미 여러 종 출판되어 있다.

서인지 명석한 두뇌의 뮐러는 1841년 18세에 이미 대학 내 인도어 강사직을 수행하게 된다. 뮐러의 뛰어난 언어능력은 계속 그의 학문여정에 중요한 역할을 하게 된다. 그는 산스크리트어를 배우며 점차 인도의 다른 면에 대해서도 깊은 관심을 가지게 된다. 무엇보다도 뮐러는 고대 인도의 종교에 집중했다. 왜냐하면 그의 관점에서 고대 인도의 종교와 사상은 인류 본래의 특성을 고스란히 담고 있는 보물창고였기 때문이다. 뮐러는 고대 인도의 종교 사상 속에는 신이 인간에게 주었음직한 계시의 본래 모습이 손상 없이 담겨 있다고 확신했다.

이후 그의 학문여정은 인도의 신비를 밝히기 위한 것에 집중되었다. 그는 새로운 탄광을 찾아 나선 광부와도 같이 고대 인도라는 신비로운 산의 비밀을 찾는데 자신의 전 생애를 고스란히 투자하였다. 무엇보다 그는 고대 인도의 풍부한 영적 세계를 제대로 체험하기 위해 고대 인도어의 세계로 천착해 들어갔다. 그러면서 점점 그는 산스크리트어와 인도 종교사상의 전문가가 되어갔다. 3년 후인 1843년 뮐러는 「스피노자의 윤리학 3권에 대한 연구」로 철학박사 학위를 받는다.

학위를 마친 뮐러는 자신의 연구를 좀 더 탄탄하게 다지기 위해 베를린으로 대학을 옮긴다. 그곳에서 뮐러는 프란츠 봅(Franz Bopp, 1791~1867)이라는 언어학자를 만나고, 그의 도움으로 인도게르만어 연구에 눈을 뜬다. 그리고 베를린에서 뮐러는 셸링(Friedrich Wilhelm Joseph von Schelling, 1775~1854)과 쇼펜하우어(Arthur Schopenhauer, 1788~1860) 등과 학문 교류를 하며 고대 인도인의 세계관에 점점 더 깊이 빠져든다. 결국 그는 중대한 결심을 하게 되는데, 그것은 바로 그가 태어난 독일을 떠나 이웃나라인 프랑스로 자신의 거주지를 옮기는 일이었다. 그런데 왜 하필 프랑스고 파리였을까? 그만큼 파리에는 그가 원하는 무엇인가가 있었단 말인가? 바로 그랬다. 1845년 그가 파리로 향했을 때, 그곳에는 뷔르누프(Eugène Burnouf, 1801~1852)라는 학자가 고대 인도의 경전인 『리그베다』[4]에 대한 강의를 하고 있었다. 바로 뮐러가 원하던 강의였고, 이를 통해 뮐러는 자신을 고대 인도로 안내해줄 결정적인 안내자를 만나게 되었다. 뷔르누프의 강의에 큰 감동을 받은 뮐러는 『리그베다』 전체를 서구어로 번역하겠다는 야심찬 계획을 세우게 되고, 결국 1846, 1853, 1856 그리고 1862년에 각각 한 권씩 총 4권의 독일어판 『리그베다』를 펴낸다. 뮐러의 아시아 종교문헌 번역 작업은 후에 『동방성전』(The Sacred Books of the East) 시리즈를 통해 명맥이 이어졌다. 『동방성전』은 총 50권으로 이루어졌고 힌두교, 불교, 자라투스트라교, 이슬람 그리고 중국의 여러 경전이 포함된 매우 방대한 양의 경전 번역 사업이었다. 이 중 31권까지가 인도의 경전이다. 뮐러는 이 거대한 번역 편찬사업을 1875년부터 시작했는데, 그가 세상과 작별할 때까지 계획했던 것 중 세 권의 책이 미처 출간되지 못했다. 결국 뮐러 사후에야 이 작업은 완료되었고, 마지막 책이기도 한 색인집은 프라하의 인도학자인 빈터니츠(Moritz Winternitz, 1863~1937)에 의해 출판되었다. 뮐러는 이 엄청난 번역 사업을 위해 많은 언어학자

---

4) 고대 인도의 종교문헌인 『베다』(Veda)의 하나이다. 베다는 산스크리트어로 '성스러운 지식'을 뜻한다. 힌두전통에는 세 개의 베다가 전해지고 있는데, '리그-베다', '사마-베다', 그리고 '야주르-베다'가 그것이다. 이후 이 3개에 '아타르바-베다'가 추가된다. 하지만 베다는 하나로 봐야하며, 따라서 각각은 독립된 베다라기보다는 그것의 모음집으로 봐야 할 것이다. 그 중에서도 찬미시이기도 한(리그라는 말이 찬미를 뜻함) 리그베다는 힌두교 초기에 형성된 것으로 산스크리트어로 기록되어 있다. 리그베다는 총 1,028개의 노래로 이루어져 있다.

를 불러 모았지만, 그 자신도 베다와 우파니샤드 그리고 대승불교 경전과 그 밖의 다른 몇 개의 문헌들을 직접 번역하는 등, 이 사업에 상당한 정도의 공과 정성을 들였다. 이러한 밀러의 끈기 있는 노력과 결실은 서구의 학문적 동양학 연구에 크게 공헌하였다.

밀러는 이 사업의 완성을 위해 거주지까지 옮겼다. 당시 이 계획을 수행하기에 최적의 조건을 갖춘 곳은 런던이었다. 지리상의 발견 이후 세계 각지로 활동영역을 넓히고 있던 영국은 다른 유럽 국가보다 상대적으로 이방세계에 대한 정보와 문헌 그리고 자료들이 풍성했다. 거기에 스페인으로부터 확보한 대서양 해상권은 영국이 유럽의 다른 국가보다 경제적으로도 우위에 서게 하였다. 또한 나날이 늘어가는 자본의 원활한 관리를 위해 정비된 은행제도는 돈이 지속적으로 필요한 문화사업을 수행하기에도 매우 유리한 조건이었다. 이렇게 영국의 수도 런던은 밀러의 야심찬 번역 계획을 수행하기에는 최적의 장소였다.

결심과 다짐만으로 학문적 작업이 완성되는 것은 아니다. 밀러의 프로젝트를 완수하기 위해서는 막대한 자금지원이 필수적이었다. 그러나 행운의 사나이 밀러는 이러한 재정의 문제로 오래도록 고통받지는 않았다. 당시 프로이센의 대사였던 분젠(Baron von Bunsen, 1791~1860)의 도움으로 밀러는 동인도회사의 재정 후원을 받을 수 있었다. 당시 밀러에 대한 지원은 파격적이어서 공적인 연구비뿐만 아니라 사적인 생활비까지 후원받게 되었다. 이후 밀러는 아무 걱정 없이 연구 및 번역 활동에 전념하면서 꿈같은 런던 세월을 보낸다.

1848년 밀러는 옥스퍼드로 거처를 옮긴다. 그는 그곳에서 50여 년 넘게 살며 삶의 마지막 날까지 머물렀다. 옥스퍼드 시절의 밀러는 본격적으로 연구의 꽃을 피우는데, 특히 비교종교학, 비교문헌학, 비교신화학이라 불리는 새로운 근대 학문이 태동하는데 직·간접적으로 유의미한 공헌을 남겼다. 대학 내에서도 그의 성공은 꾸준히 이어졌다. 뮐러는 1850년 근대 유럽어 전공 부교수에 임명된다. 1854년에는 정교수가 되고, 1857년에는 옥스퍼드로부터 명예학위를 수여받고 '올 소울즈 칼리지'[5]의 평생회원 자격까지 얻게 된다.

하지만 언제나 모든 것이 좋았던 것은 아니다. 외국인으로서 영국 땅에 살아야 했던 뮐러는 적잖은 어려움을 겪어야 했다. 그의 인생에 가장 쓰라린 아픔으로 남아있는 기억이 있는데, 내막은 이렇다. 옥스퍼드대학 인도학의 설립자이기도 한 산스크리트어 전공 교수인 윌슨(Horace Hayman Wilson, 1786~1860)이 사망하자 뮐러는 은근히 자신이 후임자가 될 것이라 기대하게 된다. 이미 그는 『리그베다』를 번역했고, 그 분야에서는 상당한 정도의 업적을 쌓아놓았기에 후임 자리에 대한 기대는 당연한 것이었다. 하지만 결국 그 자리는 뮐러의 몫이 아니라, 또 다른 산스크리트어 전문가였던 윌리암스(M. Monier-Williams, 1819~1899)의 차지가 되었다.[6]

---

5) 'All Souls College', 옥스퍼드대학 연합의 칼리지이다. 옥스퍼드를 구성하고 있는 34개의 칼리지 중에서도 가장 독특한 칼리지인데, 이 칼리지에는 학생이 없다. 오직 교수들만이 이 칼리지의 구성원이 될 수 있다고 한다. 이 칼리지의 회원이 되었다는 것은 해당 분야에서 국제적 명망을 얻고 있음을 뜻한다 하겠다.

6) 뮐러의 실패에는 외국인, 특히 독일인에 대한 영국인의 반감도 어느 정도 작용 했다고 추정해볼 수 있다. 또한 영국 내 종교단체인 '옥스퍼드운동'은 『동방성전』 시리즈에 신구약성서를 포함시키려 했던 뮐러의 계획을 수정하도록 압력을 가했다. 그들은 뮐러의 작업이 성서를 상대화시킬 수 있다고 보았던 것이다. 이 좌절 역시 영국 내에서 뮐러가 받아야만 했던 큰 쓰라림 중의 하나였다. 그리고 이러한 영국인의 반감은 1859년 뮐러가 영국여성(Georgina Grenfall of Maidenhead)과 결혼함으로써 어느 정도 해소되었다고 한다.

밀러는 동방의 경전을 번역하면서도 역시 자신의 조국이었던 독일의 정신세계에 대한 관심도 소홀히 하지 않았다. 그는 꾸준히 독일 정신세계의 중요한 저작물을 영국에 소개하였다. 우리가 주목해야 할 것은 바로 밀러가 유명한 칸트의 『순수이성비판』(Kritik der reinen Vernunft, 1781)을 최초로 영역해냈다는 사실이다.[7] 이 저명한 독일 철학서가 영어로 번역되어 나온 것은 1881년이었다. 많은 지인들은 이 번역작업이 무모한 것이라 만류했지만, 밀러는 자신의 계획과 의지를 포기하지 않았다. 그만큼 밀러에게 칸트는 중요한 인물이다. 이는 그가 칸트의 '물자체'(Ding-an-sich) 이론으로부터 자신의 인식론적 방법을 빌리고 있다는 점에서도 잘 드러난다. 이처럼 왕성한 학자의 삶을 이어가던 밀러는 20세기를 눈앞에 두고 세상과 작별하였다.

불변하는 무언가를 찾아서

밀러의 사상과 학문적 업적을 추적하기 전에 짧게나마 그의 인생을 스케치해 보았다. 이것으로 밀러가 보낸 전 생애를 모두 담아내지 못하겠지만, 그가 걸어온 삶의 발자취 정도는 느낄 수 있을 것이다. 대학시절 막 학위를 마치고 교수로 임용된 선배 한 분이 읊조리듯 수업시간에 이런 이야기를 흘린 적이 있었다. 내용인즉슨,

---

7) 밀러의 칸트에 대한 이해는 엄밀하다기보다는 자신의 이론적 정당성을 보장받기 위한 것이었다고 지적받고 있긴 하다. 밀러와 칸트의 관계는 다음 책을 참조하라. 정진홍, 『종교문화의 인식과 해석: 종교현상학의 전개』(서울: 서울대 출판부, 1996), p.75~78.

한국에는 제대로 된 학문적 전기가 부족하다는 것이다. 선배교수는 누군가의 사상을 이해하려면 무엇보다 그가 살아온 삶의 궤적부터 추적하는 것이 마땅함에도 사람들은 종종 화석화된 이론이나 이념에만 몰두한다고 푸념 섞인 하소연을 수강생들에게 퍼붓고 있었다. 그러면서 다음과 같은 화두를 내놓았다.

"어느 사상이고 하늘에서 뚝 떨어지는 경우는 없습니다. 반드시 그 사상이 만들어지기까지는 수없이 많은 사람과 그들이 이루어놓은 공동체 그리고 그것의 역사적 과정이 있기 마련입니다. 그러한 '삶의 자리'(Sitz im Leben)를 제대로 이해하지 못한 채 이루어지는 사상 공부는 사상누각이 될 뿐입니다."

이 화두를 접한 지 꽤 많은 세월이 흘렀지만 여전히 내 기억의 언저리에 생생하다는 것은 그만큼 그 선배의 이야기가 인상 깊었다는 것이리라. 그후 난 한 사상가의 이론이나 생각을 추적할라치면, 먼저 그가 살아온 삶의 자리와 흔적을 뒤져보는 일이 습관이 되었다. 따라서 뮐러를 소개하면서도 그의 인간적 삶의 과정을 먼저 소개했고 앞으로 다른 종교연구가를 소개할 때도 이 방식은 크게 달라지지 않을 것이다.

뮐러의 학문적 입장을 소개하기 전에 먼저 짚고 넘어가야 할 부분이 있다. 그것은 뮐러가 고대 인도로부터 찾고 싶어 했던 것이 도대체 '무엇'인가이다. 바로 이 '무엇'이 뮐러의 사상 전반을 이해하는 아주 중요한 열쇠가 된다. 단도직입적으로 말해보자면, 뮐러는 눈에 보이는 감각의 대상 저 너머에 있는 '불변의 것'을 찾고자 했다. 뮐러는 바로 그 불변의 것에 대한 경험과 인지가 인간을 종교적으로 만든다고 보았다. 뮐러는 그러한 자연스러운 인간의 종교성을 그대로 담고 있는 것이 바로 고대 인도의 종교라고 생각했다. 그래서 그는 끈질기게 고대 인도사상을 탐구하였다. 뮐러는 다양한 고대의 인도사상 중에서도 상대적으로 사변적 성격이 강한 우파니샤드보다는 다신론적 내용으로 기술된 고대의 찬미시『리그베다』에 더 집중하였다. 뮐러는『리그베다』에서 보이는 '자연종교'[8](nature-religion)야말로 인간 종교성의 가장 본질적이고도 시원적인 모습이라고 생각했다. 뮐러는 그 수십 년 동안 고대인들의 심성에 숨어있는 '종교의 기원'을 확인하고자 고대 동양의 경전들과 씨름하게 된다. 이것의 결정판이 앞서 언급한『동방성전』이다.

　뮐러는 인간이 무엇을 알아가는 것은 감각기관을 통해 확인할 수 있는 대상을 인식하면서 시작한다고 보았다. 이 점에서 그는 칸트의 인식과정 이해와 크게 다르지 않다. 칸트 역시 결과로서 주어진 경험은 그것을 있도록 한 실재를 전제하지 않고는 불가능하다고 보았기 때문이다. 즉, 우리는 유한을 인식하지만 그 유한은 무한을 전제하지 않고는 생각할 수 없다. 따라서 물자체는 존재한다. 다만 인간의 유한한 감각기관으로 물자체를 인식할 수 없을 뿐이다. 따라서 칸트에게 인간 인식의 영역은 단지 '현상계'로만 제한된다.

　하지만 뮐러는 이러한 칸트의 비판적 선긋기에 만족할 수 없었

---

8) 여기서 자연종교(nature-religion)란 자연신(natural gods)을 섬기는 원시종교를 칭한다. 자연 현상의 배후에 신적 존재가 있음을 믿고 그를 숭배하는 종교현상을 이르러 자연종교라 한다. 따라서 여기서 사용된 자연종교와 계몽주의 시대의 이신론을 혼동해서는 안 된다. 이신론의 다른 이름 역시 자연종교이긴 하지만 영어로는 'natural religion'으로 다르게 표기된다.

다. 그는 칸트와는 달리 보다 본질적인, 즉 사물의 뒤에 불변하는 무언가를 인식할 수 있는 통로가 인간에게 주어져 있다고 생각했다. 그것이 바로 '지각적 지식'(Aistheton)이다. 뮐러는 이성이라고 하는 유한한 공간 안에서 무한의 세계는 포착되지 않겠지만, 종교의 세계에서 그것은 가능하다고 보았다. 바로 인간은 종교 안에서 무한과 조우하고 있다고 그는 확신했다. 따라서 뮐러는 우리가 유한한 것을 인식하고 있을 때는 언제나 그 배면의 무한한 것을 인지하고 있는 것이라 보았다. 이처럼 뮐러는 직접적인 대상의 배후에 있는 '그 이상의 것'을 인식하는 것이 바로 '종교의 출발점'이라고 보았다.

하지만 그러한 무한에 대한 인식 자체만으로 종교가 이루어지는 것은 아니다. 뮐러는 종교의 또 다른 요소로 인간이 지닌 도덕의식을 지목한다. 그는 인간의 도덕의식과 무한, 즉 불변하는 무언가에 대한 인식이 결합함으로써 본격적인 종교가 탄생했다고 보았다. 이러한 뮐러의 관점은 다음 문장에서도 잘 드러난다.

"인간이 폭풍이나 하늘 또는 해와 달 뒤에서 발견한 어떤 미지의 힘을 위해서라면 하기 싫은 일이라도 해야 한다거나 또는 하고 싶은 일이라도 해서는 안 되겠다고 느낄 때에 비로소 우리는 종교를 발판으로 삼게 되는 것이다."[9]

이런 점에서 뮐러는 무엇보다 '자연종교'를 중시했다. 자연종교란 인류 전체가 공통으로 소유하고 있으며, 온갖 발전된 형태의 종

---

9) Max Müller, "*Natural Religion*" (Collected Works I, 1899), p.123. 에릭 샤프(윤이흠 외 역),『종교학-그 연구의 역사』(서울, 한울, 1986), 61쪽에서 재인용.

교 역시 이러한 요소를 저변에 깔고 있다고 보았다. 그리고 뮐러는 베다시대의 종교야말로 이러한 종교의 본래 모습을 가장 잘 간직하고 있다고 생각했다.

이와 같이 종교를 객관적으로 조망하려는 뮐러의 태도는 동시대인으로부터, 특히 그리스도교에 속한 이들로부터 지속적인 비난에 시달려야 했다. 그들이 보기에 뮐러의 종교연구는 그리스도교를 상대화시킬 수 있었기 때문이다. 하지만 뮐러 자신은 종교를 객관적으로 연구하는 것이 믿는 이의 신앙에 영향을 준다고 생각하지 않았다. 그리고 뮐러 자신은 언제나 그리스도교에 속한 신앙인임을 감추지 않았다. 다만 그는 자신의 비교적인 연구방법을 통하여 '종교의 기원과 본질'을 보고 싶었을 뿐이다. 그래서 뮐러는 다음과 같이 말한다.

"비교적인 종교연구를 그리스도교를 낮추고 다른 종교들을 높이기 위한 도구로 바라보는 사람은, 그리스도교를 높이기 위해 다른 모든 종교를 낮춰야 한다고 생각하는 사람과 마찬가지로 환영받지 못하는 동맹꾼이라고 나는 분명하게 말할 수 있습니다. 학문에서 당파적 놀이를 할 필요는 없습니다. 개인적으로 그리스도의 종교라 이해하는 참다운 그리스도교는 업신여김을 받고 있는 이방인의 종교들 안에 숨겨있는 진리의 보물을 점점 많이 알아갈수록, 그리고 그것을 평가하면 할수록 더욱 높여지게 될 것이라는 생각을 나는 숨기지 않을 것입니다."[10]

---

10) Max Müller, "*Introduction to be Science of Religion*" (1873), p. 34. 한국어 번역은 막스 뮐러(김구산 역), 『종교학 입문』(서울, 동문서, 1995), p.45~46 참조. 이 글에서 인

언어라는 창을 통해 바라 본 종교

뮐러는 평생 언어학자로 살았다. 이러한 그의 학문적 배경은 종교에 대한 새로운 이해에도 고스란히 적용된다. 그는 당시 언어학계에서 효용성을 인정받은 '비교'라는 방법을 종교에도 적용시켜 그가 찾고 싶은 본래의 종교, 즉 종교의 기원을 확인하는데 유용한 도구로 사용하고자 했다. 이와 같은 경향은 뮐러가 1870년 영국 왕립연구소에서 행한 유명한 강연[11]에서도 잘 드러난다.

이 강연에서 그는 기존 언어학에서 나누는 어족의 구분에 따라 세계종교들을 크게 세 개로 나눠 설명하고 있다. 아리안족 계열과 셈족 계열의 종교 그리고 우랄 알타이계 종교가 그것이다. 그는 아리안족 계열의 종교로는 베다의 브라만교와 아베스타의 자라투스트라교 그리고 삼장[12](三藏)의 불교가 있다고 보았다. 셈족 계열에는 구약의 유대교와 신약의 그리스도교, 그리고 꾸르안[13]의 이슬람을 열거하였다. 마지막으로 우랄 알타이계는 다시 남과 북으로 구분하였는데, 남은 인도 실론섬에 사는 타밀족의 종교이고 북으로

용되고 있는 한국어 번역은 원문 대조하여 필자가 직접 하였다.

11) 후에 이 강연은 위에 인용한 것처럼 *Introduction to the Science of Religion*(1873)이란 책으로 묶여 출판되었다.

12) 삼장은 산스크리트어 'tripitaka'의 한역으로 '세 개의 광주리'란 뜻이다. 이는 불경전집을 뜻하는 것인데, 불경은 경(經), 율(律), 논(論)으로 구성되어 있다. 석가의 가르침을 모은 것을 경이라 하고, 석가가 전한 도덕적 실천규범을 율이라 하며, 석가의 가르침을 후대 학자가 논리적으로 해설한 것을 논이라 한다. 장이란 이것을 간직하여 담고 있는 광주리를 뜻하며 이를 합하여 삼장이라고 한다.

13) 주로 영어식 발음에 따라 코란(Koran)이라고 부르기도 하지만, 본래 발음대로 하자면 꾸르안이 더 원음에 가깝다.

는 중국과 중앙아시아 민족의 종교가 속한다고 보았다. 물론 현대 종교학은 이런 식으로 종교를 구분하지는 않는다. 이러한 뮐러의 종교 구분은 언어학에 의존해서 종교를 파악하려는 무리한 시도였다고 하겠다.

그는 더 나아가 종교에 대한 연구태도를 두 개로 구분하여 설명하고 있다. 그것이 바로 '비교신학'과 '이론신학'이다. 비교신학이란 종교의 역사적 결과물을 가지고 연구하는 것이다. 이에 반해 이론신학이란 종교의 조건에 대한 연구, 즉 종교의 내·외적 조건에 대하여 분석하는 분야이다. 다시 말해 이론신학이 하는 일이란 어떠한 믿음이 과연 가능한가에 대한 분석적 연구라고 할 수 있다. 뮐러의 경우는 이 두 개의 종교연구방법들 중에서 비교신학에 더 많은 관심을 보였다. 그리고 이 비교신학은 후에 비교종교학이라는 새로운 분과학문으로 발전하게 된다.

전체적으로 언어학이라는 창을 통해 조망하고자 했던 뮐러식의 종교읽기는 역사의 현장 속에 있는 구체적인 종교라기보다는 보편화되고 일반화된 '단수 종교'라고 봐야 할 것이다. 그는 끊임없이 종교의 본질은 무엇인가를 되물어왔다. 결국 뮐러에게 종교란 인간으로 하여금 다양한 명칭과 변화하는 형식들 가운데에서도 '불변의 무언가'를 이해하도록 해주는 정신적인 무엇이다. 그것은 감성과 오성으로부터 독립적일 뿐만 아니라 그것의 본성상 날카롭게 대립해 있기도 하다. 만약 인간에게 그러한 장치와 능력, 그러한 소질과 본능이 없었다면 가장 낮은 수준[14]의 서물주의나 우상숭배 역시

---

14) 지금의 종교학은 인류의 종교현상을 이런 식으로 저등, 열등, 고등 등으로 구분하여 보고 있지는 않다. 따라서 애니미즘이라서 종교의 미개한 형태이고, 그리스도교라고

불가능했을 것으로 본다. 이런 점에서 그는 검증적 학문으로서 종교학을 요청했지만, 그 자신은 이 새로운 학문의 뜰 안으로 진입하지는 못했다.

그가 남긴 영향과 그림자

밀러는 자연종교의 중요성과 또 종교연구에 있어서 '비교연구'의 효용성을 주장하며 다양한 분과학문에 크고 작은 영향을 주었다. 우선 그의 작업은 자연신화학파를 넘어 민속학, 인류학 그리고 종교사회학에도 중요한 영향을 끼치게 된다. 민속학에서 밀러의 종교 개념은 에반스-프리챠드(Edward E. Evans-Pritchard, 1902~1973)에게 영향을 주었다. 물론 에반스-프리챠드 자신은 밀러의 추종자는 아니었다. 앞서도 살펴보았듯이 밀러는 그리스, 인도 신화 속에 등장하는 여러 신의 모습에서 인격화된 자연의 힘을 보고 있었다. 즉, 자연종교 속에 등장하는 신의 모습은 자연의 힘에 대한 인간 인식의 한 모습인 것이다. 인간은 이러한 자연의 힘과 스스로를 관련지을 때 우선 언어를 사용하게 된다. 바로 이러한 과정에서 종교가 촉발되었다고 보는 것이 밀러의 시각이다.

그렇다면 밀러가 생각하고 있는 종교란 무엇인가? 당연히 언어적이고 문화적이다. 따라서 그는 아무런 갈등 없이 종교를 언어의 구분에 따라 분류하기도 하였다. 프리챠드는 이러한 밀러의 종

해서 종교의 고등한 모습이라고 보지는 않는다. 이런 식으로 종교를 줄 세우는 일은 종교에 대한 진화론적 이해가 준 부산물이었을 뿐이다.

교개념은 지극히 구성적인 것이라 보았다. 즉, '이름(nomina)이 신성 (numina)이 된' 것이다. 따라서 신성을, 다시 말해 종교를 추적한다는 것은 신성 그 자체에 직접적으로 매달리기보다는, 치밀한 문헌학적이고 어원적인 연구를 통해 신성을 지칭하는 명칭의 본래적 의미를 재구성하는 일이 되는 것이다. 이러한 뮐러의 신성에 대한 자세는 지속적으로 민속학과 인류학에 영향을 주게 된다. 그리고 뮐러의 영향은 종교사회학까지 미치게 된다. 바로 초창기 종교사회학자인 뒤르켐이 뮐러로부터 적잖은 영향을 받고 있다.

지금 뮐러가 제시한 종교학적 개념들은 그 분야에서조차 활발히 논의되지 않는다. 그만큼 그의 논제는 시대에 밀려나 있다고 하겠다. 그리고 언어의 기원에 따라 종교를 구분한 것은 그가 아직 제대로 된 종교학자가 아니었음을 드러낸다. 하지만 그가 학문의 영역에서 사용한 단신론[15](單神論, Henotheism)이란 용어는 아직도 살아남아 그가 종교학이라는 근대 학문의 설립에 어떤 역할을 했는지를 웅변하고 있다. 하지만 무엇보다도 객관적이고 검증적인 종교연구의 새로운 길을 제시했다는 점에서 뮐러는 종교학의 아버지라 불릴 충분한 자격을 지녔다. 뮐러는 생애 내내 모든 종교를 과학적인 비교방법에 기초하여 연구하는 종교학이라는 새로운 학문의 도래를 기대했고, 그것을 위해 또 노력한 사람이었다. 그리고 그가 꿈꾸었던 종교학이라는 분과학문이 나아갈 바는 괴테로부터 뮐러 자신이 직접 인용한 다음 격언에 잘 드러나 있다.

---

15) 다신교적인 환경 속에서 집중적으로 하나의 신에 대한 믿음이 생겨났을 때 그것을 지칭하는 용어로 사용하기 시작하였다. 이와 유사한 개념으로 교체신교(交替神敎, Ka-thenotheism)가 있는데 이는 최근에는 거의 사용되지 않고 있다.

"하나의 종교만을 알고 있는 사람은 단지 그 종교에 대해서만 말할 수 있을 뿐이다."

(Wer nur eine Religion kennt, kann nur über die eine reden.)

- 뮐러의 주요 저작 -

막스 뮐러는 풍성한 학문 활동을 하였지만 우리 학계에는 그 결과물이
제대로 소개되지 못하고 있다. 다만 종교학 관련 주요 저서인『종교학입
문』이 우리말로 번역된 정도이나, 이도 종교학을 전공하지 않은 연구자가
옮긴 탓인지 내용과 용어 표기 등에서 매끄럽지 못한 부분이 적지 않다.
반면 그의 소설『독일인의 사랑』은 수십 년에 걸쳐 여러 종의 번역본이 출
간될 정도로 우리 독서계에서는 인기가 높다.

Deutsche Liebe. 1857 / 배명자 옮김,『독일인의 사랑』(더클래식, 2017)

Essay on comparative mythology. London, 1858

History of ancient Sanskrit literature. London, 1859

Lectures on the science of language. London, 1861-64

Introduction to the science of Religion, 1873 / 김구산 옮김,『종교학입문』
　　　(동문선, 1995)

*Lectures on the origin and growth of religions as illustrated by the reli-
　　　gions of India.* London, 1878

India what can it teach us? London, 1883

Science of Thought. London, 1887

Natural Religion. London, 1889

Physical Religion. London, 1891

Anthropological Religion. London & New York, 1892

Theosophy, or psychological Religion, London, 1893

Contributions to the science of mythology 2 *Bde.* London, 1897

The six systems of Indian Philosophy, London, 1899

Comparative Mythology: An Essay, New York, 1909.

8. 종교현상학의 개척자

- 신학과 종교학의 경계에 서서

나탄 쇠데르블롬(Lars Olof Jonathan Söderblom, 1866~1931)

"나는 신이 살아 계시다는 것을 알고 있다.
그리고 난 그것을 종교학을 통해 증명할 수 있다."

종교는 이념 혹은 고백인가

은퇴한 한 원로 종교학자가 개신교 평신도를 위한 강연회에서 성서에 대하여 한 말씀하셨다. 그분이 강연회에서 일갈한 내용은 다음과 같다. "성서는 실증의 언어가 아니라 고백의 언어입니다." 어찌 보면 지극히 당연한 이야기이고, 이미 성서학에서는 상식처럼 통용되는 명제이기도 하다. 아무리 짧게 잡아도 백여 년 전부터 이 명제는 공감대를 얻었고, 그로 인해 역사비평적인 성서연구가 꽃을 피운 사실도 우리는 잘 알고 있다. 하지만 그 원로 종교학자의 강연 소식을 다룬 매체의 댓글을 보면 우리가 여전히 백여 전의 시대에 살고 있는 것은 아닌가라는 착각을 한다. 적지 않은 이들이 댓글을 통해 성서에 대한 역사비평적인 접근은 해서는 안 될 것이고, 그런 유의 해석은 신앙에 부정적이라는 투로 강연자를 비판했다.

"당신은 예수를 만났는가?"
"믿음이 없는 자가 감히 성서, 아니 성경을 논하는가?"
"당신은 사탄이요 원수 마귀의 대장이다!"

기사의 하단에는 거칠기 짝이 없는 21세기 판 마녀재판의 검사 측 저주들이 길게 달려있었다. 왜 그럴까? 아직 한국의 그리스도인들은 계몽주의라는 강을 건너오지 못한 탓인가? 그들의 눈에는 코앞에 넘실거리는 계몽주의의 검푸른 강물이 마르둑(Marduk) 신화[1]

---

1) 고대 바빌론 신화인 에누마 엘리쉬(Enuma Elish, 그 의미는 "저 높은 곳에서는"이다)에 실려 있다. 내용은 신들의 전쟁에서 마르둑(Marduk)이라는 젊은 신이 바다의 여신 티아

에 나오는 물의 여신 티아마트(Tiamat)가 지배하는 저주서린 죽음의 바다처럼 보이는 것일까? 마치 그곳을 건너가면 다시 돌아올 수 없을 것만 같은, 지금 내가 소유한 모든 것이 시퍼런 강물에 깡그리 씻겨 없어질 것 같은, 그렇게 강물은 죽음을 부르는 저주의 화신처럼 결국 자신의 신앙을 모두 삼켜 버릴 것 같은 공포의 대상이었던 걸가? 그렇다면 나름대로 그 강물을 건너오고도 자신의 신앙을 포기하거나 포기당하지도 않으면서 계몽주의의 시련을 적절히 소화하고 또 수용해낸 다른 많은 신앙의 선배들은 어떻게 설명해야 할까? 그들은 계몽주의의 강물을 통과하지 않았으면서도 마치 그것을 극복한 것인 양 착각했던 것인가?

짤막한 토막 기사를 보며 난 혹시 한국의 많은 그리스도인들이 '이념'과 '신앙적 고백'을 혼동하거나 착각하고 있는 것은 아닌 것인지 깊은 생각에 잠기기도 했다. 신앙이란 '그분'[2]에 대한 교리를 암기한다고 완성되는 것은 아니다. 그보다는 '그분'을 자신의 실존 속에서 경험하고, 그것을 '고백'이라는 양식을 통해 밖으로 표출해 내는 것이 보다 신앙에 어울리는 모습이다. 그렇게 분명한 경험으로 얻게 된 고백적 신앙은 건조한 이념과는 달리 각자의 종교 생활을 생동감 있게 만들어 줄 것이다.

그것이 쉽지 않은 것일까? 그렇게 절대적 존재의 현존을 체험하고 그것을 내 존재와 결부시키는 것이 참으로 어려운 일일까? 내가

마트(Tiamat)를 물리치고 신들의 제왕이 되었다는 내용으로, 이는 고대 창세신화의 하나라 하겠다. 마르둑은 바빌론의 수호신이며, 히브리 성서에서 말하는 므로닥(Merodach)이 바로 마르둑이다. 또한 마르둑은 벨(Bel)이라는 별명을 갖고 있기도 하다.

2) 사실 '그분'이 어떤 분인가에 대해서도 심각하고도 진지한 논의가 필요하다. 어쩌나 제각기 '그분'을 자신의 취향에 따라 포장하는지 현기증이 날 지경이다!

보기에 적지 않은 사람들이 '그분'을 경험하고 자신의 실존 속에 모시고 동행하기보다는, '그분'에 대한 고착된 신념을 머리에 담아 반복해서 읊조리는 것을 신앙이라 생각하는 것 같다. 어떤 것이 바람직한 신앙인의 모습일지 섣불리 규정하고 판단할 수는 없겠지만, 이념화된 암기식 신앙이 참 신앙인 것처럼 행세하고 있는 것은 여러모로 볼 때 아쉬운 대목이다.

지금 우리는 계몽주의라는 시대의 파고 앞에 서있다. 그것도 백여 년이나 뒤늦게 말이다. 계몽주의의 강이 그처럼 무섭고 두려운 것일까? 마치 루비콘의 강처럼 한번 건너가면 다시는 돌아올 수 없는 그러한 곳인가? 그런 점에서 계몽주의적 도전이 한참이던 19세기 후반에 목사요 학자로 살며 종교학과 신학의 절묘한 조합을 시도했던 나탄 쇠데르블롬의 발자취를 살펴보는 것은 우리 시대를 위한 제대로 된 타산지석이 된다.

신학과 종교학의 경계에 서서

쇠데르블롬은 독특한 이력의 소유자이다. 우선 그는 인생의 대부분을 루터교 목사로 활동하였다. 게다가 웁살라의 대주교까지 지낸 고위 성직자 신분이기도 했다. 나이 35세에는 웁살라대학(Uppsala universitet)의 교수로 취임하여 대략 14년 간 후학들을 길러내기도 했다. 그의 전공은 신학도 철학도 아닌 종교학이었다. 하지만 그의 이력을 보다 빛나게 만드는 것은 그가 '노벨 평화상'을 수상했다는 점이다. 1930년 쇠데르블롬은 세계대전이 종료된 후 국제

사회의 화해를 위해 노력한 공로를 인정받아 개인에게 부여되는 최고의 상을 받았다. 흥미롭게도 쇠데르블롬은 상을 제정한 노벨이라는 사람과 이미 개인적인 친분을 나누고 있었다. 그리고 노벨의 장례를 직접 주관했던 사람이 바로 쇠데르블롬이었으니, 두 사람의 인연은 남달랐다. 그가 노벨상을 수요하게 된 결정적 계기는 〈세계교회협의회〉(World Council of Churches, W.C.C.) 창립이었다. 그는 교회일치운동을 통하여 세계 평화에 이바지하였고, 그 공을 인정받아 노벨 평화상의 수상자로 선정되었다. 이처럼 쇠데르블롬은 일반인의 눈에는 얄미울 정도로 학계, 교계 그리고 사회에서 상당한 정도의 경력을 구축한 유명 인사였다. 그러면서도 그는 어느 것 하나 떨어지지 않게 그에게 맡겨진 일을 성실히 그리고 많은 부분 성취했다.

학문적으로 그는 종교현상학이라는 새로운 종교연구의 물꼬를 튼 인물이기도 하다. 물론 그 이전에 틸레(Cornelius Tiele, 1830~1902)[3]와 쏘쎄이(Pierre Daniel Chantepie de la Saussaye, 1848~1920)[4] 등 현상학적 종교연구를 주창했던 학자가 없었던 것은 아니나, 보다 진일보된 현상학적 방법을 제시한 이가 바로 쇠데르블롬이었다. 그런 점에서 우리는 조심스레 그를 종교현상학의 '개척자'라 부를 수 있다.

쇠데르블롬은 고대 이란의 종교인 자라투스트라교에 깊은 관심

---

3) 네덜란드 라이덴(Leiden)대학의 최초의 종교학 교수이다. 개신교 목사이며 또한 개방적인 신학자였다. 그는 자라투스트라교의 전문가였고 1877년에 라이덴대학의 교수로 취임하였다.

4) 역시 네덜란드의 종교학자로서 종교현상학(Phenomenology of religion)이란 용어와 개념을 최초로 사용하였다.

을 가졌다. 하지만 종교학자 쇠데르블롬은 죽는 날까지 교회에 대한 관심과 열정 역시 포기하지 않았다. 오히려 그는 앞서 인용한 그의 유언처럼 그가 전공한 종교학을 통하여 신을 증명할 수 있다는 강한 자신감을 드러내기까지 하였다. 그리고 지속적으로 진실된 모습의 학문에 대해서 교회는 두려워할 필요가 없음을 힘주어 주장하였다. 쇠데르블롬은 자신이 믿는 신의 절대성에 대해 무한한 신뢰를 보내고 있었다. 더 나아가 그는 종교의 역사를 통해 사람들은 좀 더 신께 가까이 갈 수 있으며, 아울러 그를 통해 신에 대한 인식을 더 깊게 할 수 있다고 보았다. 바로 이 지점에서 우리는 신학과 종교학의 조화를 자신의 학문적 과업으로 여겼던 위대한 인물을 만날 수 있게 된다.

그가 대학에 들어선 19세기 후반은 여러 모로 신학을 전공하는 이들에게는 시련의 계절이었다. 18세기 이후 유럽의 사상계를 장악해가던 계몽주의는 이즈음에 이르러 본격적으로 사회 각 방면에 막강한 힘을 과시하기 시작했다. 계몽주의의 물결은 신학이라고 특별히 비켜가지 않았다. 교조적으로 전통 신앙을 변호하는 일에 집중하던 당시 신학계도 거세게 불어오는 계몽주의의 도전을 온몸으로 받아들여야만 했다. 이성이 도구화되면서 당시 많은 분야의 학문은 객관화, 계측화, 수량화, 합리화, 예측가능화, 과학화, 심리화 등 이전과는 다른 가치들로 학문 방법론을 정비하기 시작했다. 그런 와중에 전통교회를 위한 변론적 신학을 한다는 것 자체가 시대에 뒤쳐지고 있다는 말과 동의어가 될 정도로 계몽주의의 위세 앞에 많은 신학도들은 자긍심에 심한 상처를 입고 전전긍긍해야만 했다. 또한 계몽주의 사조에 힘입어 '역사비평적인 성서해석'은 점점 영향력을 넓혀가고 있었고, 지리상의 발견 이후 쏟아져 들어오는 비그리스도교권 세계의 다양한 정보를 접한 서구사회는 '문화적 급진주의' 혹은 '상대주의'로 경도되어 갔다. 그리고 이런 시대적 흐름은 그리스도교의 절대성을 흔들었고, 그에 따라 점차 '종교적 상대주의'가 큰 힘을 얻어갔다. 이때 대부분의 유럽 교회와 신학도들이 취한 태도는 소극적인 것이었다.[5] 그들은 애써 당시 시대의 흐름을 외면하며 새로운 신학방법론을 이단시하고 때로는 경원시하며 전통적 신학방법을 고수하고 유지하려 애쓰고 있었다. 계몽주의 수용 과정에서 나타난 이러한 현상이 백여 년이 지나 다시 한국 그리스도교계에서 반복되고 있다는 것을 어찌 해석해야 하는가.

이런 정황 속에서 쇠데르블롬이 택한 길은 소극적이던 이들과는 달랐다. 그는 신학과 계몽주의적 학문과의 연계를 전혀 두려워하지 않았고, 오히려 그것이 신학의 길을 좀 더 명확하고 분명하게 해줄 것이라 굳게 믿고 있었다. 이는 1901년 9월 24일에 행한 그의 교수 취임강연에서도 잘 드러난다. 당시 그는 자신의 교수 취임강연에 「일반 종교학과 교회의 신학」(*Den allmänna religionshistorien och den kzrkliga teologien*)이라는 제목을 달았다. 이 강연에서 그는 종교학과 신학의 긴장은 서로가 서로를 오해한 것에서 비롯된 것임을 천명한다. 그는 계속해서 객관적 학문과 교회의 결합에 대해 두려워할 필요가 없음을 강조한다. 쇠데르블롬은 더 나아가 학문으로서 종교

---

5) 물론 이런 종교적 상대주의의 물결을 온몸으로 저항한 정통주의 신학자 바르트의 경우도 있다. 그런데 그 바르트가, 즉 그리스도교 신학의 보수성을 지키는데 크게 공헌한 그가 한국 교계의 일각에서는 여전히 자유주의자로 불리고 있다는 것은 참으로 아이러니하다. 심지어 몇몇 경우에는 앞서 언급했던 원로 종교학자가 들어야 했던 〈사탄이나 마귀〉 등 서슬 퍼런 종교재판식 저주의 제목이 이 정통주의 신학의 대가에게도 고스란히 붙여지고 있다. 웃어야 하나, 울어야 하나?

학의 독립을 유지해야 한다고 주장했다. 그렇다고 종교학이 교회가 가져야 할 특성과 목적을 마찬가지로 소유해야 할 필요는 없다고 보았다. 교회 또한 신실한 학문에 대해서는 두려워할 이유가 전혀 없다고 생각했기 때문이다. 쇠데르블롬은 학문과 종교의 이상은 만약 그것이 모두 진실하다면 결국 만날 수밖에 없다고 보았다. 그래서 양자는 갈등을 느낄 필요도 없으며, 각자의 길을 그대로 걸어가면 된다고 보았다. 그리고 그는 자신의 취임강연에서 밝혔던 주장처럼 성실히 그의 삶을 살았다. 경건한 루터교 목사로, 그리고 개방적이고도 엄밀한 대학의 종교학자로서!

경건과 자유로움의 조화로운 동거

앞서 지적했듯이 쇠데르블롬은 학문적 개방성과 신앙의 경건성을 동시에 소유한 독특한 인물이었다. 어디서 이런 교묘한 동거가 가능하게 된 것일까? 멀리 갈 것도 없이 그의 부모들의 면면을 살펴보면 그 이유를 알 수 있을 것이다. 쇠데르블롬은 1866년 1월 15일 스웨덴 트뢰뇌(Trönö)라는 지역의 한 목회자 가정에서 태어났다. 그가 최초에 받은 이름은 우리가 익히 알고 있는 나탄이라는 것보다는 좀 길다. 그의 본명은 라르스 올로프 요나탄 쇠데르블롬(Lars Olof Jonathan Söderblom)이다. 하지만 그는 긴 본명 대신 애칭이기도 했던 '나탄'이라 불려지기를 원했다. 그의 아버지 요나스(Jonas Söderblom, 1823~1901)는 루터교회의 목사였고, 덴마크 출신인 어머니 소피(Sophie Söderblom, 1839~1913)는 의사 집안의 딸이었다. 아버지 요나스는 스스로에 대해 엄격한 규율을 지닌 인물이었다. 그리고 일이 생기면 무섭게 몰두하는 열정적인 스타일이기도 했다. 반면 그의 어머니 소피는 다정함과 친절함을 겸비한 사교적인 인물이었으며, 섬세한 유머감각과 뛰어난 음악적 재능을 지니고 있었다. 아버지 요나스는 경건주의로부터 많은 영향을 받았고, 자신과 가족들을 엄격한 경건주의적 규율로 이끌어가고자 하였다. 이처럼 경건한 아버지 요나스는 아들 나탄이 종국에는 자유주의 사상가가 될까봐 두려워하기도 했다고 한다. 아버지의 소망과 걱정 때문이었을까? 나탄은 자유로운 종교연구가로서 활동했지만 목사의 길 역시 포기하지 않았다. 여하튼 이런 부모 밑에서 쇠데르블롬은 어울리지 않을 것만 같았던 자유스러움과 경건함을 동시에 겸비하는 인격을 형성할 수 있었다.

쇠데르블롬은 1863년 웁살라대학에 입학한다. 그곳에서 그는 철학(1886)과 신학(1892)을 전공하고, 1893년에는 스웨덴 루터교회의 목사가 된다. 그리고 1년여 동안 웁살라에 있는 한 병원 소속 목사로 활동하고, 이듬해(1894) 파리로 건너가 그곳에 있는 스웨덴 공사관의 목사로 일한다. 그리고 같은 해 안나 포르셀(Anna Forsell, 1870~1955)을 만나 결혼한다. 쇠데르블롬과 안나는 4명의 딸과 8명의 아들의 부모가 되었다. 하지만 자녀 중 딸 하나는 아이였을 때 잃었다.

젊은 시절 학자의 길을 걷던 쇠데르블롬은 하르낙(Adolf von Harnakck, 1851~1930)과 리츨(Albrecht Ritschl, 1822~1889)로 대변되는 자유주의 신학자들에게 적잖은 영향을 받았다. 그는 그렇게 계몽주의라는 강을 주저 없이 건너갔다. 하지만 그는 결코 교회를 떠나지 않았으며 아울러 선교의 열정 역시 쉽게 포기하지 않았다. 그는 학생

선교를 위한 운동의 일원으로 활동하였고, YMCA 멤버 역할도 마다하지 않았다. 이러한 그의 종교적 열정은 미국 여행길에도 고스란히 드러난다. 그는 평생에 걸쳐 단지 세 번 유럽 이외의 지역을 여행하였는데, 그 중 두 번이 미국, 한 번이 터키였다. 이 여행 모두 학문적인 것이라기보다는 선교 목적으로 이루어진 것이다. 1890년 그는 미국으로 건너가 당시 세계적인 부흥 설교가였던 무디(Dwight L. Moody, 1837~1899)의 학생집회에 참석한다. 이 집회에 참석함으로써 쇠데르블롬은 국제적인 그리스도교계에 최초로 이름을 알리게 되었다. 여하튼 기이할 정도로 그는 자유주의적 학문 활동을 하면서도 자신의 종교적 열정을 거두어들이지 않았다.

그런 중에도 쇠데르블롬의 학문적 도전 역시 계속 이어졌다. 그는 1892년부터 학위논문을 시작하게 된다. 그가 최초로 구상했던 논문의 주제는 교회사나 조직신학에 관한 것이었다. 하지만 계획은 곧 바뀌었고, 결국 그는 종교학을 자신의 주 전공으로 삼는다. 쇠데르블롬이 연구하고자 했던 주제는 고대 이란의 종교에 관한 것이었고, 그는 예수와 자라투스트라를 예언자라는 범주 속에서 비교하고자 했다. 1894년부터 그는 앞서 언급한대로 파리에 있었다. 그곳에서 쇠데르블롬은 목사로 활동하면서 동시에 소르본느대학의 개신교 학부에 등록하여 1901년까지 학업을 지속하였다. 소르본느에서 그는 자신의 학문경력에 있어서 지대한 영향을 끼친 철학자요 신학자였던 오귀스트 사바티에(Auguste Sabatier, 1839~1901)를 만나게 된다. 사바티에에 대한 쇠데르블롬의 존경의 마음은 후에 펴낸 학위 논문을 그에게 헌정했던 것을 통해서도 잘 나타난다.

쇠데르블롬은 「자라투스트라교의 내세관」(*La vie future d'après le Mazdéisme*, 1901)이라는 제목이 붙은 440쪽이 넘어가는 장대한 분량의 학위 논문을 제출한다. 논문은 주로 자라투스트라교의 종말론을 비교적 시각에서 연구한 내용을 담고 있었다. 하지만 그가 학위 논문에서 사용한 이란 쪽 사료들은 40% 안쪽이었을 뿐이다. 당시 자라투스트라와 그의 종교에 대한 연구가 활발하지 못했던 유럽 학계의 사정상 어찌 보면 당연한 결과라 하겠다. 그의 연구는 풍성한 문헌학적 작업이라기보다는 소화할 수 있는 사료를 가지고 예언자 자라투스트라에게 보다 구체적인 형상을 부여하고자 했던 것이다. 즉, 쇠데르블롬은 신화 속의 자라투스트라가 자신의 연구를 통해 피와 살을 지닌 역사 속 예언자의 모습으로 새롭게 읽혀지기를 원했던 것이다. 이런 과정을 통해 그가 얻고자 했던 것은 자라투스트라를 역사적으로 복원시켜 역시 역사적 예수와 비교하여 고대 이란 종교와 그리스도교 간의 구체적인 영향관계를 탐구하는 것이었다. 쇠데르블롬은 이같은 연구가 오히려 그리스도교에 대한 이해를 더욱 깊고 분명하게 해줄 것이라 믿어 의심치 않았다.

학위를 받은 후 쇠데르블롬은 모교이기도 한 웁살라대학의 교수가 된다. 최초에 그가 임명받은 자리는 신학 예비학교 혹은 일반 신학을 위한 자리였다. 기존 신학계 입장에서는 익숙지 않은 이름의 교수 자리에서 그는 주로 일반 종교학과 관련된 수업을 했다. 이후 그는 1914년 웁살라의 대주교로 지명되기 전까지 맡겨진 교수직을 성실히 수행했다. 이 시기 쇠데르블롬은 종교학과 신학의 관계정립을 위한 노력을 쉬지 않았다. 그는 기존의 신학이 종교라는 보편성을 인간 경험의 한 범주로 받아들일 것을 끊임없이 주장하였다. 이런 점에서 당시 그는 이미 리츨을 떠나 슐라이에르마허 쪽에 좀 더 가까이 다가갔다고 볼 수 있다. 이는 쇠데르블롬이 행한 1899년 11월 11일 교수 초빙을 위한 시범 강연 주제를 봐도 알 수 있다. 당시 그는 「슐라이에르마허의 종교론이 가지는 의미」란 제목으로 공개강연을 하였다.

움살라대학에 교수로 재직하면서 그는 많은 저술활동을 하였다. 우선 1903년에 바빌론과 성서의 종교를 비교하는 『계시종교』(Uppenbarelsereligion)를 발표하였고 아울러 틸레의 『종교사 개요』(Kompendium der Religionsgeschichte)를 개정하는 작업에 참여하였다. 그가 이 일에 동참해 달라는 부탁을 받은 것은 학위 논문을 마치기 전이었다. 그리고 1908년에는 막스 뮐러의 『동방성전』과도 비교할 수 있는 3권짜리의 경전 번역서인 『세계종교들의 원전』(Främmande religionsurkunder)을 내어 놓았다. 1910년에는 가톨릭의 현대화에 대한 연구로서 『개신교와 가톨릭에서의 종교의 문제』(Religionsproblemet inom katolicism och protestantism)를 발표하였다.

그 사이 그의 교수 이력에 눈에 띄는 사건이 하나 생기는데, 그것은 1912년 라이프치히대학의 청빙이었다. 당시 라이프치히대학은 새롭게 종교학 교수 자리를 신설하였고 이를 쇠데르블롬에게 제안하였다. 하지만 움살라를 완전히 떠나고 싶지 않았던 쇠데르블롬은 움살라대학의 교수직을 유지한다는 조건으로 단 4학기만 (1912~1914) 라이프치히대학의 교수로 일하게 된다. 그 사이에도 그는 자신의 학문적 여정에 있어서 중요한 저작을 하나 발표하는데, 그것이 바로 『자연신학과 일반 종교학』(Natürliche Theologie und allgemeine Religionsgeschichte, 1913)이다. 결국 그의 교수 이력은 라이프치히대학뿐만 아니라 1914년 스웨덴 정부에 의해 대주교로 지명됨으로써 움살라대학에서도 끝나게 된다. 그 해 11월 8일 그는 대주교로 취임하게 되고, 이후 학자보다는 교회 지도자라는 새로운 인생을 살아가게 된다. 대주교로서 그의 삶도 성공적이었다. 그리고 이러한 그의 성공은 노벨 평화상 수상(1930)이라는 결실로 나타났다.

1931년 쇠데르블롬은 스코틀랜드의 〈기포드 강연[6]〉(Gifford Lectures)에 초빙 받았고, 이는 1932년 그가 죽은 뒤『살아계신 신』(Den levande Guden)[7]으로 출판되었다. 그의 최후는 너무도 급작스럽게 찾아왔다. 강연을 마친 후 스웨덴으로 돌아온 쇠데르블롬은 한 달 정도가 지난 뒤 장 수술을 받게 되었고, 이후 그는 돌아올 수 없는 영원한 잠에 빠지게 된다. 때는 1931년 7월 12일, 그의 시신은 그가 일하던 현장이기도 했던 웁살라 주교좌 성당에 안치되었다.

성스러움의 발견

쇠데르블롬에 대한 전기를 최초로 쓰기도 했던 토르 안드레(Tor Andrae, 1885~1947)[8]는 세상에는 두 종류의 학자, 즉 '조직적'인 학자와 '직관적'인 학자가 있다고 말한다. 조직적인 학자란 취급하는 사료를 철두철미하게 관찰하고 정리하며, 아주 사소한 것이라 할지라도 상세하게 설명하고 증명하려 애쓰는 성향을 말한다. 반면 직

---

6) 아담 기포드 경(Lord Adam Gofford)에 의해 설립된 연회 시리즈의 강연이다. 신학, 철학, 과학, 종교 등 다양한 전공의 학자들을 초빙하여 수차례의 강연을 진행하고, 후에 그 내용은 책으로 출판된다. 윌리엄 제임스(William James, 1842~1910)의 유명한『종교경험의 다양성』(The Varieties of Religious Experience: A Study in Human Nature, 1902)도 바로 이 강연의 결과물이기도 하다. 강연은 기포드의 출신지이기도 한 스콜틀랜드의 세인트 앤드류스대학, 글래스고대학, 애버딘대학에서 실시된다.

7) 이 책은 "The Living God"이라는 제목으로 1933년에 영역되었다.

8) 스웨덴의 정치가이자 종교학자이며, 이슬람 전문가이기도 하다.

관적인 부류의 학자는 유연하고 탄력적이다. 그래서 자신의 세계관 안에 서로 충돌되는 견해와 의미가 있다 해도 큰 소요 없이 그것들을 받아낼 정도의 여유와 너그러움을 지닌다. 이러한 직관적인 학자에게 특정한 시각만을 가질 것을 강요하는 것은 일종의 형벌이라 할 수 있을 것이다. 그들은 고정된 분야의 특정한 전문가로 남기에는 관심의 폭이 너무 넓고 다양하기 때문이다. 그들은 쉼 없이 자신의 관심에 따라 연구의 영역을 확장해 나간다. 안드레가 보기에 쇠데르블롬은 후자에 속했다. 아마도 동시대에 쇠데르블롬만큼 다양한 관심과 폭넓은 연구 영역을 가지고 있던 인물을 찾기란 무척 곤란할 것이다. 이러한 끊임없는 관심의 증폭이 그를 학자로서 대학에만 남아있지 못하게 했는지 모른다. 이런 점에서 쇠데르블롬의 대주교 활동은 그의 품성 안에 이미 내재되어 있던 또 다른 계획이었는지도 모른다. 아무튼 그의 지칠 줄 모르는 관심의 질주는 학위 논문 선택 과정에서도 그대로 드러난다. 사실 쇠데르블롬이 고대 이란 종교인 자라투스트라교에 관심을 갖게 된 것 자체가 당시로서는 무척 생경한 일이다. 왜냐하면 그 분야의 전문가가 많지 않았을 뿐만 아니라, 당시 웁살라대학에는 그와 관련한 과목이 개설된 일도 거의 없었기 때문이다. 불모지나 다름없던 분야에 그가 과감히 도전을 하게 된 것 자체가 기이한 일이며, 아울러 그의 직관적이고도 풍요로운 호기심이 없었다면, 그리고 그것을 헤쳐 나갈 적극적이고도 긍정적인 심성이 없었더라면 아마도 불가능했을 것이다.[9] 하지만 그렇다고 그의 학문적 역량이나 수준이 크게 떨어지는

---

9) 쇠데르블롬이 자라투스트라교를 그의 학위 논문 테마로 삼게 된 배경을 니베르크(H.S. Nyberg)는 세 가지로 정리하고 있다. 우선 그는 『자라투스트라는 이렇게 말했다』(*Also*

것은 아니다. 그는 당대의 저명한 자라투스트라교 전문가였고, 또 다양한 시도로 새롭게 일어서고 있는 종교현상학이라는 학문의 터전을 다진 인물이었기 때문이다.

그의 학문적, 특히 종교학 내에서의 업적을 정리하자면 빼놓을 수 없는 것이 바로 '성스러움'(Holiness)의 발견이다.[10] 그는 1913년 『종교윤리 사전』(Encyclopedia of Religion and Ethics)에 '성스러움'이라는 의미심장한 논문을 게재하는데, 옷토의 『성스러움의 의미』가 세상에 나오기 4년 전의 일이다. 이 글에서 쇠데르블롬은 '성스러움'이란 종교에서 가장 중요한 단어임을 주장한다. 심지어 그는 이 성스러움이야말로 신이라는 개념보다 더 본질적인 것이라 보았다. 신 개념이 없는 종교가 있을 수는 있겠지만 성스러움과 속됨에 대한 구분이 없는 종교는 존재하지 않는다고 보았다. 성스러움이란 쇠데르블롬에 의하면 신관을 형성하는 원초적 개념이다. 다른 그어떤 것으로도 대신할 수 없는 원초적인 경외감! 바로 그것이 성스러움이고, 따라서 그 어떤 신관이라 하더라도 그 안에 성스러움의

---

sprach Zarathustra)를 쓴 니체로부터 영향을 받았을 것이라고 본다. 둘째, 당시 웁살라대학의 명망 높은 교수였던 빅터 리드버그(Viktor Rydberg)의 영향을 꼽는다. 그는 플라톤주의에 경도된 그리스도교 학자로서 고대 스칸디나비아와 이란의 사상을 비교한 『독일 신화 연구』라는 걸작을 남겼다. 셋째, 아마도 순전히 우연한 기회에 쇠데르블롬이 자라투스트라교에 관심을 갖게 되었을 것이라고 본다. 그가 스톡홀름을 방문했을 때 〈사상가〉라는 잡지에 실린 자라투스트라교에 대한 논문을 읽은 것이 학위논문 주제를 결정하는데 중요한 역할을 했을 것이라고 보는 것이다. 이에 대한 자세한 정보는 다음을 참조하라. 에릭 샤프(윤이흠 외 역), 『종교학: 그 연구의 역사』(서울: 한울, 1986), 200쪽.

10) 물론 이 역시 그보다는 늦게 발표하긴 했지만, 독일의 종교 신학자 루돌프 옷토의 "성스러움의 의미"(Das Heilige, 1917)가 워낙 커다란 파장과 영향을 주었기 때문에 쇠데르블롬의 '성스러움'은 조금 김이 빠진 감도 없지는 않다. 하지만 역사적으로 학문계, 특히 종교를 연구하는 분야에 성스러움의 의미를 가장 먼저 부각시키고 제시한 인물은 바로 쇠데르블롬이다.

체험이 빠질 수는 없다고 보았다. 그리고 성스러움 자체는 차원이 다른 위험성을 내포하고 있다. 우리가 일상에서 만나는 것과는 질적으로 전혀 다른 '무언가'이다. 따라서 자동적으로 성스러운 것은 일상과는 분리된다. 만약 성스러운 것에 접근하길 원한다면 속된 인간을 정화시켜줄 마땅한 준비가 필요하다. 일상적인 것과 질적으로 다른 그 무엇이 주는 충격과 위험을 완충하는 장치나 의례가 바로 그것이다. 또한 성스러움이란 '마나'와도 같이 신비스럽고도 초월적인 힘을 의미하는 것이기도 하다. 그는 바야흐로 새롭게 고개를 들기 시작한 종교현상학을 위한 이론적 토대를 성스러움이라는 개념을 통하여 제시한다.

경계인 쇠데르블롬

에릭 샤프는 종교학사에서 쇠데르블롬의 의미를 다음과 같이 평가한다. 우선 쇠데르블롬은 종교를 종교로서 대하는 진지함을 지니고 있었다고 한다. 쇠데르블롬은 종교적 대상을 특정 종교전통의 신학적 관점에서 읽으려 하지 않고, 아직 정교한 이론으로 정립되지는 않았지만 현상학자들이 지니는 태도, 즉 "사상(事象) 그 자체로!"(Zur Sache selbst!)라는 자세에서 보려 했다는 것이다. 당시 그의 많은 동료는 그리스도교 이외의 종교를 바라 볼 때 '저것은 그리스도교보다는 열등하다'는 상당한 정도의 우월의식을 가지고 있었다. 따라서 그리스도교 전통을 벗어나는 종교나 사상은 그릇된 종교 혹은 그저 그런 인간 풍습 중 하나로 치부하고 있었다. 이런 분위기 속에서 개별 종교를 그 자체로 인정하고 접근하려한 쇠데르블롬의 태도는 상당히 진일보된 모습이라 할 수 있다. 이러한 그의 태도는 종교를 바라보는 그 자신의 관점에 기초한다. 그는 무엇보다도 개별 종교의 '본질적 특성'을 중시하였다. 그것이 바로 '성스러움'이다. 이 성스러움이란 인간의 본성 안에 뿌리 박혀 있는 '선험적'인 것이다. 이 점에서 그 역시 옷토와 마찬가지로 슐라이에르마허의 견해를 수용하고 있다 할 것이다.

하지만 좀 더 치밀한 현대적 의미의 종교학적 시각으로 쇠데르블롬의 연구를 반추해 보면, 그의 연구는 '종교학적'이라기보다는 '신학적'이라고 해야 할 것이다. 신학도 시절 그에게 지대한 영향을 주었던 리츨과도 같이 쇠데르블롬에게 신이란 '역사 과정 속에 자신을 드러내는 존재'이고, 그러한 신적 자기 현현의 유일했던 절정이 그리스도였던 것이다. 이런 시각을 통해 쇠데르블롬은 공정하고 성실한 역사 연구는 결국 그 안에 자신을 드러내고 있는 절대적 진리(신)에 이를 수 있는 길이 된다는 믿음을 결코 포기하지 않았다. 결국 그의 종교연구는 적극적이고 긍정적인 믿음, 즉 절대 진리인 신이 역사 안에 현현한다는 확신 속에 나온 또 다른 의미의 '신앙적 행위'였다고 할 수도 있다. 이 점에서 우리는 그의 종교학은 신학적이었다고 부를 수 있으며, 아울러 이런 맥락에서 그의 유언이 가지는 의미를 좀 더 분명하게 이해할 수 있게 된다.

"나는 신이 살아 계시다는 것을 알고 있다. 그리고 난 그것을 종교학을 통해 증명할 수 있다."

- 쇠데르블롬의 주요 저작 -

아쉽게도 쇠데르블롬의 경우 종교학사에 그가 끼친 영향에 비해 국내에
는 거의 소개가 되어 있지 않다. 여기 중요한 그의 대표 저술들을 소개
한다.

Les Fravahis, Paris, 1899.

La vie future d'après le Mazdéime, Paris, 1901.

Uppenbarelsereligion, Uppsala, 1903.

Die Religionen der Erde. Tübingen, 1906.

Främmande religionsurkunder, Stockholm, 1908.

Natüröoche Theologie und allgemeine Religionsgeschichte, Leipzig, 1913.

Gudstrons uppkomst, Stockholm, 1915.

Ur religionens historia, Stockholm, 1915.

Gudstrons uppkomst 1914

Einführung in die Religionsgeschichte. Leipzig, 1920

Den levande Guden, Stockholm, 1932.

9. 우리는 이미 종교적으로 태어났다

- 성스러움의 의미를 찾아 나선 한 개방적 그리스도인

루돌프 옷토(Rudolf Otto, 1869~1937)

"어떤 것을 '성스러운' 것으로 인식하고 인정하는 일은 무엇보다도 종교적 영역에서만 일어나는 하나의 고유한 가치평가의 행위이다. 이 가치평가는 곧 다른 영역으로, 예를 들어 윤리로 파급되어 가지만 그 자체는 다른 영역으로부터 발생하는 것은 아니다. 그것은 하나의 전적으로 특이한 종류의 요소를 지니고 있는 것으로서, 이 요소는 위에 말한 뜻에서의 합리적인 것을 벗어나며 개념적 파악으로는 전혀 접근할 수 없는 하나의 불가언적인 것이다."

(루돌프 옷토, 『성스러움의 의미』, 37쪽)

옷토가 서 있던 바로 그 자리에서

그날도 예외 없이 마르쿠스(Markus Miller)와 나는 박사과정 세미나가 열리는 카페에 앉아있었다. 언제나 그렇듯이 학기 중 목요일 오전 11시부터 대략 2~3시간 정도 이어지는 박사과정 세미나는 마르부르크대학 종교학과의 전통대로 시청 광장 모퉁이에 있는 한 카페에서 진행된다. 대략 6~7명 정도의 박사과정 학생들은 지도교수와 함께 그날 주제로 삼은 논문이나 책의 일정 부분을 읽고 토론한다.

세미나가 시작하기 전 참석자들은 각자 원하는 음료를 주문한다. 난 거의 변함없이 커피를 주문했다. 칙칙한 독일 날씨에 지속적으로 저혈압 증세를 보이고 있던 내게 일정 수준 혈압을 끌어올릴 수 있는 커피는 음료라기보다는 상용 약에 가까웠다. 또한 커피는 미끄러지듯 느슨하게 풀리는 나의 신경을 각성시켜 독일친구들과의 2시간여 토론을 마칠 수 있는 집중력을 제공해주기도 했다. 절친한 벗 마르쿠스는 그 날도 어김없이 검은 빛이 도는 말츠비어(Malzbier)를 주문했다. 이름에 맥주란 단어가 들어있는지라, 난 그것이 맥주의 한 종류로만 알고 있었다. 그런데 그날 무슨 바람이 불었는지 자꾸 그 친구는 자신의 말츠비어를 내게 권했다.

"자! 한번 마셔봐. 이거 알코올도 없고, 맛도 그만이야!"

그제야 난 그것이 알코올이 아니라 보리로 만든 음료라는 것을 알게 되었다. 친구 덕분에 난생처음 말츠비어를 한 모금 들이켜 보았다. 순간 한때 한국에서도 꽤 유행했었던 보리음료와 유사한 달콤한 맛이 입 안 가득히 맴 돌았다.

"맛 좋은데~"

의례적인 외교적 발언을 선사하며 말츠비어가 반쯤 담긴 컵을 돌려주는 내게 마르쿠스는 웃으면서 속삭인다.

"그런데 너 알고 있니? 루돌프 옷토네 집이 바로 이 말츠비어를 만드는 공장이었다는 걸?"

마르쿠스의 속삭임이 지나가자, 왜 이 친구가 오늘 그 음료를 내게 권했는지 눈치 챌 수 있었다. 그날 우리가 참여한 수업이 〈루돌프 옷토 세미나〉였던 것이다. 마르쿠스는 〈옷토 세미나〉가 본격적으로 시작하기 전 내게 옷토가의 체취를 맡게끔 해보고 싶었던 것 같다. 물론 당시 내가 얻어 마신 음료는 옷토의 집에서 직접 만든 것은 아니다. 요즘이야 공장에서 대량으로 생산하는 상표 붙은 음료가 대부분이기 때문이다.[1] 여하튼 그렇게 우리는 옷토 가문의 생계를 책임지던 생산품을 음미하며, 그가 종종 들러 커피와 음식을 즐기곤 했다던 그 자리에 앉아, 바로 옷토라는 학자가 남긴 학문적 결과의 공과를 따져 묻는 세미나를 하고 있었다. 옷토가 마르부르크에서 영면한 지 60여 년이 지난 후의 풍경이다.

---

1) 물론 여전히 독일에서는 가정집에서 소규모로 생산되는 다양한 음료가 있기는 하다.

옷토가 걸어온 길

옷토는 1869년 9월 25일 하노버의 파이네(Peine)에서 말츠비어 공장을 운영하는 집안에서 태어났다. 그가 성장한 파이네라는 곳은 보수적 성향이 강한 작은 시골 마을이었고, 동네 사람 대부분이 그러했듯이 옷토 가문 역시 경건한 루터교의 신심 깊은 일원으로 살아가고 있었다. 1882년 그의 가족은 힐더스하임(Hildersheim)으로 거주지를 옮기고, 그해 옷토가의 가장은 세상과 작별하게 된다. 아버지를 여읜 옷토는 12세에 그 지역에 있는 김나지움에 진학하여 본격적인 배움의 길을 시작한다.

1888년 5월 옷토는 에어랑엔(Erlangen)대학에 입학하였다. 당시 에어랑엔대학의 신학과는 보수적 전통이 강했다. 그의 에어랑엔 생활은 그렇게 오래가지 못했다. 곧바로 그는 괴팅엔Göttingen)대학으로 적을 옮긴다. 그가 에어랑엔을 떠나 괴팅엔으로 향한 것은 특별한 이유 때문은 아닌 것 같다. 학문적 혹은 정치적인 이유 때문이 아니라, 순전히 개인 사정으로 도시를 바꾼 것으로 알려져 있다. 당시 그가 옮겨간 괴팅엔대학은 보수적 학풍을 지닌 에어랑엔과는 전혀 다른 곳이었다. 독일 종교사학파의 중심지이기도 했던 괴팅엔대학은 당시 상당한 정도의 자유로운 사상을 꽃피우던 대학교였다. 그곳에서 옷토는 자유주의 신학의 세례를 받으며 학문의 여정을 시작하였다.

1898년 그는 '루터의 성령론'를 주제로 학위논문을 제출한다. 박사가 된 그는 조직신학과 종교철학을 강의하는 사강사(Privatdozent)로 자리를 잡는다. 이 자리를 얻기 위해 옷토는 공개 시범 강연을 해야 했는데, 그때 그가 선택한 주제는 바로 '칸트의 종교개념'에 대한 것이었다. 8년 동안의 사강사 생활 끝에 옷토는 1906년 괴팅엔대학의 원외 교수(Außerplanmäßiger Professor)로 부임한다. 그리고 1915년에는 브레스라우[2](Breslau)대학의 조직신학 교수로, 다시 1917년에는 빌헬름 헤르만(Wilhelm Hermann, 1846~1922)의 뒤를 이어 마르부르크대학 신학과의 조직신학 교수로 부임한다.

이 정도의 이력을 나열하면 대부분의 사람들은 전형적 학자의 모습을 지닌 옷토를 떠올릴 것이다. 하지만 그는 학자만의 경력을 갖고 있지는 않았다. 그는 계속 대학에 적을 두고 가르치고, 연구하며, 또 학문분야에 비중 있는 저술을 끊임없이 발표했지만, 사회 활동 역시 게을리 하지 않았다. 옷토는 교수직을 수행하는 한편 동시에 프로이센의 국회의원 신분을 유지하기도 했다.[3] 그리고 1919년에는 프로이센의 국가의회의 회원으로도 활동했고, 전쟁이 끝난 뒤에는 독일 내 의미 있는 3가지 프로젝트를 주도하는 인물이 되어 있었다. 우선 그는 〈종교인류연맹〉(Religiöse Menschheitsbund)이라는 조직을 설립한다. 이 단체는 종교를 매개로 사회적 공의와 국제사회의 평화 유지를 목적으로 하였다. 바이마르 공화국(Die Republik von Weimar, 1919~1933) 시대에 그는 독일 개신교회의 예전을 개혁하기 위해서도 노력하였다. 또한 그는 세계 여행[4]을 통해 얻은 다양

---

2) 1945년 까지는 독일 영토였지만 2차 세계 대전 이후에는 폴란드 영토로 귀속되었고, 폴란드에서는 이 지역을 '브로츠와프'(Wrocław)라 부른다.
3) 1913년부터 1차 세계대전이 종료되는 해(1918)까지 그는 국회의원직을 수행하였다.
4) 그의 세계 여행은 크게 두 차례 이루어진다. 1911부터 1912년 사이 인도, 중국, 일본, 북 아프리카로의 여행 그리고 1927년부터 1928년까지는 스리랑카와 인도 중동지역을 여행

한 종교적 예술품과 귀중품을 보관할 수 있는 〈종교 박물관〉(Reli-gionskundliche Sammlung)을 마르부르크대학에 설치하기도 하였다. 이렇듯 그가 보여준 사회활동 역시 학문활동 못지 않게 열정적이고 적극적이었다.

1924년 그는 미국 오벌린(Oberlin)대학에서 '동서의 신비주의'에 대하여, 그리고 1926년에는 웁살라대학에서 '인도의 자비종교와 그리스도교'라는 주제로 강연을 하였다. 그리고 이 강연 원고들은 후에 각각 단행본으로 출판되어 옷토의 주요 저서 목록에 포함되었다.[5] 건강상의 이유로 옷토는 1929년 3월 비교적 이른 나이에 공직에서 물러난다. 하지만 은퇴 후에도 그의 학문작업은 계속 이어졌다. 1931년 그는 윤리에 관한 논문집을 출판[6]하기도 했고, 1933년에는 〈기포드 강연〉에 초대 받아 '도덕률과 신의 의지'(Sittengesetz und Gotteswille)라는 강의를 하고자 했으나, 건강 문제로 취소되었다.

나치 시대 옷토의 행적에 대해서는 알려진 것이 많지 않다. 그리고 그가 정확히 나치에 대해 어떤 태도를 취했는지 판단하는 것도 쉬운 일은 아니다. 하지만 여러 정황상 옷토는 나치 이념의 많은 부분을 받아들였고, 이는 그의 민족주의적 성향을 통해 어느 정도 짐작할 수도 있다. 옷토는 타문화권의 다양한 종교들에 대하여 많은 관심을 보였지만, 국제주의자나 혹은 코스모폴리탄으로서의 자의

하였다. 이러한 여행을 통하여 옷토는 여러 종교들 중 특히 힌두교에 많은 관심을 갖게 되었고, 특히 북아프리카 모로코 지역의 여행은 그의 유명한 저서 『성스러움의 의미』를 탄생시키는 계기도 되었다.

5) *West-östliche Mystik* (Gotha: L. Klotz, 1926), *Die Gnadenreligion Indiens und das Christentum* (Gotha: L. Klotz, 1930).

6) *Aufsätze zur Ethik* (Ed. Jack Stewart Boozer. Munich: C. H. Beck, 1981) 참조바람.

식은 적었다. 오히려 그는 철저한 독일의 그리스도인으로 남아있었고 또 그렇게 살아왔다. 이러한 그의 민족주의적인 경향은 나치에 대한 애매한 태도를 낳게 한 하나의 원인이었는지도 모른다.

옷토는 1937년 3월 6일 폐렴으로 인해 그가 마지막까지 교수 생활을 하던 마르부르크에서 생을 달리하였다. 그가 사망하기 바로 직전 해인 1936년 10월 옷토는 구설수에 오를만한 사고를 당하게 되는데, 당시 그는 마르부르크 시 외곽에 있는 슈타우펜베르크 (Staufenberg)라는 작은 동네의 한 탑에 오르다가 그만 떨어지고 말았다. 노쇠한 옷토가 왜 작은 마을의 첨탑을 찾아 올라갔을까? 이는 호사가의 관심을 불러일으키기에 충분했고, 종국에는 옷토의 자살 시도가 만든 사고가 아닌가라는 의혹까지 생겨났다. 사고 후 후유증으로 옷토는 오래도록 병상에 누워있다 반년 정도 지난 뒤 사망하였다.

계몽주의를 넘어

루돌프 옷토는 신학자였다. 루터에 관한 논문으로 학위를 받았고, 이후 지속적으로 유서 깊은 마르부르크대학 신학부의 교의학 교수로 자리를 지켰다. 하지만 그의 영향은 신학계보다는 주변 학문(종교학, 종교철학, 종교심리학 등)에 더 크고 깊게 미쳤다. 그가 쓴 대표작인 『성스러움의 의미』는 1917년 초판이 나온 이래 지금까지 수십 차례 판을 바꾸어가며 무려 35개 이상의 언어로 번역되는 등 사람들의 극진한 대접과 반향을 받고 있다. 『성스러움의 의미』가 출판될 당시 이 책을 구매하지 않은 지식인이 없을 정도였고, 웬만한 서가에는 대부분 이 책이 꽂혀있을 정도로 동시대인에게 큰 반향을 불러일으켰다. 하지만 『성스러움의 의미』는 그리 만만한 책은 아니다. 아니, 무척 어렵고 난해한 책이다. 아무나 손쉽게 읽을 수 있는 종류의 책은 결코 아니다. 그런데도 그처럼 큰 반응을 얻었다는 것은 『성스러움의 의미』가 던진 아젠다가 그야말로 시의 적절했다고 하지 않을 수 없다. 그렇게 옷토는 『성스러움의 의미』를 통하여 자신이 속한 세대가 고민했던 문제의 해답을 찾기 위해 성실하게 고민했다.

　그렇다면 과연 무엇이 얼마나 그 시대에 적절했기에 동시대인들은 옷토의 작업과 결과물에 열렬한 환영과 호응을 보냈던 것일까? 그것은 바로 계몽주의의 파고를 넘어 그가 지속적으로 종교와 신학의 토대 구축을 위해 노력했기 때문이다. 옷토는 그리스도인이다. 그는 결코 신앙인으로서 자신의 정체성을 포기하지 않았다. 하지만 신앙인으로서 옷토는 자신의 학문적 목적을 동시대 다른 정통주의 신학자들과는 다른 방법으로 찾고 있었다. 옷토가 활동하던 때는 18세기 이후 서서히 자리 잡던 계몽주의 사조가 극성기를 맞이하던 때이다. 계몽주의란 단어가 등장하니 벌써 몇몇 독자는 식상한 반응을 보일 수도 있겠다. "그 놈의 계몽주의, 뭐가 어때서!" 푸념 같은 추임새 하나쯤 그 사이로 끼어들 만하다. 하지만 19~20세기 초반 유럽의 그리스도교 신앙인에게 계몽주의는 반드시 짚고 넘어가야 할 그 무엇이었다. 인간 이성의 우월성과 도구적 기능에 기반하고 있는 계몽주의는 서서히 다양한 모습으로 변형되며 사회전반의 주도적 이념으로 자리를 잡아갔다. 그것은 진화론으로, 발전주의로, 유물사관으로, 심리주의로, 과학주의로 다양한 자녀를 키워내며 바야흐로 전 지구적 차원에서 가장 중심적이고 주도적인 세계관으로 자리를 잡아갔었다.

이런 계몽주의의 권력화는 예민한 신앙인의 안테나에 걸려들지 않을 수가 없었다. 따라서 적잖은 수의 신앙인과 신학자는 계몽주의의 도전을 제대로 처리하고자 저마다의 방법을 가지고 노력하였다. 왜냐하면 계몽주의의 즉위는 곧바로 상대주의의 득세를 의미하며, 그것은 지금까지 독보적 지위를 누리던 그리스도교의 우월성이 포기된다는 것을 뜻하기 때문이다. 이제 그리스도교는 '유일하고도 참된 종교'에서, 세상의 수없이 많은 종교 중 하나로 전락할 지경에 서있는 것이다. 근대의 다양하고 막강한 과학적, 검증적, 역사적 지식으로 무장한 지식인들은 이러한 상대주의라는 무기로 그리스도교계를 압박하고 있었다. 이런 분위기 속에서 그리스도교의 탁월성이나 우월성을 주장하는 일단의 학자가 등장하게 된다. 그들이 바로 바르트, 불트만(Rudolf Karl Bultmann, 1884~1976), 브룬너(Heinrich Emil Brunner, 1889~1966) 등으로 대표되는 신정통주의 신학자들이다. 이들은 각자 차이는 있지만 서구 계몽주의 사조의 대강을 흡수하면서 정통적 그리스도교 신앙을 지키기 위해 최선을 다한 보수적 신학자들이다. 계몽주의의 도전을 적극적으로 수용한 트뢸치(Ernst Troeltsch, 1865~1923)를 대표로 하는 자유주의 신학자들은 그리스도교의 절대성을 포기하고 정통주의 신학자들과는 달리 상대성이라는 울타리 속에서 그리스도교를 평가하기 시작했다. 이런 구분에서 보자면 옷토는 자유주의파에 속한 학자였다.

하지만 옷토의 시선은 그들과는 달리 좀 더 먼 곳을 지향하고 있었다. 그는 계몽주의의 도전을 그리스도교에 대한 위협 혹은 방어라는 차원에서 해석하고 있었던 것이 아닌 것 같다. 아니 그보다 그는 계몽주의 사조의 만연은 아예 종교라고 하는 영역을 소멸시킬 수도 있다고 판단한 것이다. 그래서 옷토는 자신의 신학적 과업을 그리스도교에 대한 보호가 아니라 '종교의 수호'로 잡게 된다. 즉, 옷토는 계몽주의 지식인들 사이에 점차 조롱과 비웃음거리가 되어가는 종교를 다시 복권시켜야 할 필요성을 느낀 것이다. 옷토에게 이제 문제는 그리스도교가 아니라 '종교 그 자체'가 된 것이다. 종교를 종교로서 보지 않으려는 시각, 이제 종교는 미천하거나 지식이 떨어지는 야만인이나 원시인의 주술적 습관으로 치부해 버리는 서늘한 계몽주의적 판단에 대한 교정이 무엇보다 필요했고, 옷토는 그 교정 작업이 자신에게 맡겨진 시대적 과업이라 생각했다. 따라서 그에게 종교는 그리스도교보다 상위의 개념이었다. 종교를 종교라고 보지 않게 된다면, 그리스도교가 무슨 의미가 있겠는가! 옷토의 고민은 바로 그곳에 있었다. 따라서 그는 유사한 고민을 했었던 선배 신학자 슐라이에르마허의 작업에서 자신의 해답을 추적하기 시작한다.[7]

그렇게 찾아낸 것이 바로 종교의 '비합리적인 요소', 즉 경험에 대한 강조이다. 종교를 비웃는 교양인에게 종교란 합리성을 뛰어넘는 '절대의존의 감정'임을 전하는 슐라이에르마허의 설교는 옷토에게 무척 매력적이었을 것이다. 하지만 슐라이에르마허와 옷토의 동거는 그리 오래가지는 못했다. 물론 옷토가 이 위대한 자유주의 신학자로부터 많은 것을 물려받기는 했지만 당면한 목적을 위해서 옷토는 그의 스승을 뛰어넘어야만 했다. 옷토는 슐라이에르마허의

---

7) 옷토 자신이 슐라이에르마허의 『종교론』(*Über die Religion: Reden an die Gebildeten unter ihren Verächtern*, 1799)이 출판된 지 100주년 되는 해 새로운 판을 펴냈다는 것도 익히 알려진 사실이다.

'절대 의존의 감정'이 가지는 합리적이고 규범적 성격을 지적하였다. 옷토가 보기에 슐라이에르마허 역시 종교의 본질을 정확히 조망하지는 못했던 것이다. 옷토가 생각하는 종교의 본질은 절대성에 대한 원초적인 감정에 있고, 또한 그것은 철저한 자기 비하가 전제되는 '부정적 성격'의 것이다. 옷토는 그러한 감정의 속성을 '비합리적인 것'이라 보았다. 바로 이 점에서 그는 슐라이에르마허의 품을 떠나 새로운 길을 찾아 나서게 된다.

옷토의 새로운 개척길에는 그보다 앞선 또 다른 중요한 여행자가 있었다. 그의 이름은 야콥 프리드리히 프리스(Jacob Friedrich Fries, 1773~1843)이다. 당시 옷토는 칸트주의자이기도 했던 이 철학자를 괴팅엔 시절 그 대학의 철학과 강사였던 넬손(Leonard Nelson, 1882~1927)을 통해 알게 된다. 옷토는 다음과 같은 이유로 슐라이에르마허를 넘어 프리스를 선택한다. 우선 종교적 감정에 대한 묘사에서 프리스의 그것이 슐라이에르마허보다 훨씬 풍부하고 분명하다고 생각했다. 프리스는 이 감정을 확신, 인식 그리고 진리와 결부시켰다. 그리고 프리스 역시 종교와 도덕을 밀접한 연관 속에서 이해하긴 했지만, 칸트와는 달리 종교의 기원이 도덕적인 것에 근거한다고 보지는 않았다. 바로 이 점에서 옷토는 프리스를 스승삼아 그의 본격적인 성스러움으로의 탐구를 시작한다.

프리스는 칸트의 비판정신을 물려받고 있었다. 하지만 거기에서 멈추지 않고 좀 더 나아가 그것을 개선시키기 위해 노력했다. 칸트는 가능한 경험의 영역으로부터 선험적 인식을 증명하려고 했다. 프리스가 보기에 이것이 칸트의 실수였다. 인간이 할 수 있는 것은 인식과정이 이루어지는 특별한 방식을 해석해내는 것이다. 바로 이것이 각자의 이성 안에 존재하는 것이며, 아울러 그것은 선험적인 것이다. 예를 들어 우리는 신과 물질의 실존에 대해 증명할 수는 없다. 단지 우리는 각자의 궁극적 이성이 그 양자의 현존을 전제하고 있음을 묘사할 수 있을 뿐이다. 따라서 프리스는 선험적 진리가 아닌 '경험적 진리'만을 인정한다. 이런 전제하에 프리스는 인식방법으로서 세 가지(지식, 믿음, 직관)를 제시한다. '지식'이란 관찰을 통하여 대상을 알게 되는 완전한 인식에 대한 확신이다. '믿음'이란 순수한 이성으로부터 이루어지는 필수불가결한 확신이다. 즉, 개념이나 이념 속에서 의식화되는 것을 의미한다. 직관이란 순수한 감정으로부터 오는 필수불가결한 확신이다. 바로 이와 같은 직관을 통하여 우리는 아름다움과 숭고함을 인식할 수 있게 된다. 이와 같은 프리스의 방법론은 곧바로 옷토의 학문 작업에 큰 영향을 주게 된다.

옷토는 그리스도교의 절대적 진리나 혹은 종교들의 상대적 진리에 대한 증명에 몰두하지 않았다. 오히려 그보다 종교의 정신적 근거를, 즉 선험적 종교성이 무엇인지를 서술하고 싶어 했다. 이제 옷토가 추구하는 학문이 가지는 목적의 골격은 거의 다 드러난 셈이다. 이제 필요한 것은 거기에 옷을 입히는 일이다.

종교는 스스로 존재한다. 바로 우리 안에 경험 이전의 그 무엇으로!

이후 옷토는 종교를 비웃는 지식인들의 비웃음 속에서조차 종교는 성스러운 모습으로 태초부터 빛나고 있음을 증명하는 일에 집중한다. 이론-방법론적으로 프리스의 도움은 절대적이었다. 하지만 그의 본격적인 성스러움 연구는 우연한 여행에서 비롯되었다. 이

는 그의 자필 『여행록』[8]에서 살필 수 있다. 때는 1911년, 그의 대표
작 『성스러움의 의미』가 세상에 나오기 6년 전이다. 당시 그는 북아
프리카에 위치한 모로코의 모가도르[9](Mogador)라는 항구도시를 여
행 중이었다. 그때 그는 한 공회당에서 '거룩송'을 암송하고 있는
유대인 공동체와 조우하게 되었다. 그곳에서 옷토는 인간의 입술에
서 나오는 가장 성스러운 소리를 들었다고 그의 여행기에 적고 있
다. 아울러 그는 떨려오는 온몸의 변화를 느끼며 소위 성스럽다는
것의 본질을 경험적으로 알게 되었노라고 전한다. 이후 그는 다시
몇 차례 세계 여행을 통해 다양한 종교의 성스러움에 대한 체험을
확인하게 되었고, 결국 최종 목적지에 자신의 고단한 사유의 열차
를 멈춰 서게 하였다. 열차가 멈춘 곳, 바로 그 곳에는 다음과 같은
표지판이 서 있었다.

'성스러움'

바로 그것이 종교의 뿌리이다. 성스러움은 종교의 본질적 요소
이며, 그것은 무엇에도 영향을 받지 않는 본래적인 것이고, 독립적
인 것이고, 자류적인 것이다. 성스러움이란 후천적 경험이 구축해놓
은 구성물이 아니라 경험 이전에 우리 안에 이미 주어져 있는 특별
한 속성이다. 그러므로 종교는 조롱거리가 될 수 없으며 비웃음의
대상도 될 수 없다. 왜냐하면 어느 누구도 종교로부터 자유로울 수

---

8) Rudolf Otto, "Vom Wege", *Die Christliche Welt*, 25. Jg., Nr. 30 (1911).
9) 모로코의 서쪽 해안에 있는 도시로 지금은 엣사위이라(Essaouira)라 불린다.

없기 때문이다. 조롱하고 비웃는 사람조차 그 안에 선험적으로 무엇이 성스러운 것인가를 경험할 수 있는 코드가 프로그래밍 되어 있기 때문이다. 옷토의 확신은 결국 한 권의 책으로 집성되었다. 그것이 바로 『성스러움의 의미』이다.

앞서도 밝혔듯이 이 책은 상당히 까다로운 책이다. 그것은 이 책의 부제만 살펴봐도 금방 눈치 챌 수 있다. "신 관념의 비합리적인 요소와 그것의 합리적 요소와의 관계에 대하여"(Über das Irrationale in der Idee des Göttlichen und sein Verhältnis zum Rationalen). 옷토는 이 책을 통하여 우리가 신적인 것이라 인식하는 것들이 가지는 비합리적 요소를 밝히고 있다. 옷토는 비합리적인 것을 합리적인 논리 속에 담아 설명하려는 모순의 아이러니를 감행하고 있는 것이다. 여기서 신적인 것은 곧 성스러움 그 자체를 의미한다. 그리고 그것은 인간 안에 내장되어 있는 선험적 요소에 따라 경험적 세계에서 조우할 수 있는 성질의 것이다. 옷토에 의하면, 인간이 신적 요소를 경험할 때에는 '두려운 신비'(mysterium tremendum)와 '매혹의 신비'(mysterium fascinas)라는 두 가지 형식으로 받아들인다.

결국 옷토는 성스러움이라는 것의 비합리적인 요소를 '비밀'(mysterium)로 보았다. '성스러움'이란 전적으로 다른 그 무엇이다. 우리가 평소에 느끼는 '자연적 감정'과는 전혀 '질적으로 다른 그 무엇'이다. 따라서 그것은 우리가 이해할 수 있는 것도 우리에게 이해될 수 있는 것도 아니다. 우리는 그것을 '경험'하고 그것에 대해 '반응'할 뿐이다. 그리고 그 반응은 '두려움'과 '매혹적인 것'으로 나타난다. 당연히 성스러움은 인간에게 낯설고 두려운 것이다. 그래서 인간은 이 성스러움을 경험하게 되면 두려움과 경외를 느끼게 된다. 절대적 가치나 존재 앞에서 인간은 무한히 적어지는 소외감을 느끼게 된다. 그리고 그러한 비하(卑下)나 무화(無化)의 감정이 표출된다. 하지만 그것이 언제나 두려움으로 점철되는 것만은 아니다. 그 두려움 속에서 인간은 알 수 없는 평안과 구원의 즐거움을 맛본다. 그것이 바로 성스러움이라는 비밀이 주는 두 번째 선물이다. 옷토는 그것을 '매혹적인 신비'라 불렀다. 두려움 속에서 절대적 가치를 체험하는 것, 일종의 본질-구원체험이 바로 성스러움의 매혹적인 성격을 보여주는 것이다.

이렇게 옷토는 기존의 교의적 단어나 용어를 쓰지 않고도 종교의 본질적인 요소를 중립적으로 설명해내고 있다. 그렇게 함으로써 그는 계몽주의자들에게 종교란 거부할 수 없는 무엇임을 설득하고자 했다. 이런 점에서 결국 옷토의 『성스러움의 의미』는 또 다른 의미의 '신론'(神論)이라고 할 수 있겠다. 다만 기존 그리스도교 신학에서 언급되는 방식이 아니라, 모든 종교전통에 통용될 수 있는 객관적이고 보편적인 신론이었다. 그리고 이러한 자신의 목적을 위해 옷토는 기존 신학의 용어를 포기한다. 따라서 그는 신이라는 이름 대신[10] '성스러움'이라는 지극히 중립적인 용어를 선택한다. 그리고 관념 속에 빠질 수 있는 기존 신적 존재에 대한 증명보다는 그것을 만나고 경험하는 인간적 측면에서 그가 조우하는 절대적 존재나 성스러움을 분석 묘사함으로써 그만의 새로운 '신학'(theology)을 구성하고 있다.

옷토의 이러한 의도와 시도는 곧바로 신정통주의 신학자들의 비

---

10) 물론 옷토는 『성스러움의 의미』의 부제 안에 '신적'이라는 표현을 남겨둠으로 자신의 의도를 철저히 숨기고 있지는 않는다. 그것이 의도된 것이든 혹은 그렇지 않든 간에 말이다.

판에 직면한다. 제일 먼저 나선 이는 바르트였다. 신학이라는 학문을 고백의 영역으로 끌어올린 이 신정통주의 신학자는 신학의 보편화를 위하여 그리스도교적 구원의 독특성과 유일성을 희석시킬 가능성이 농후한 옷토의 시도를 편안하게 앉아 감상할 수만은 없었을 것이다. 그는 곧바로 옷토의 성스러움은 성서에서 말하는 신과는 다른 것이라 지적한다. 결국 옷토의 성스러움은 바르트가 보기에 자연의 힘을 추상화시킨 것에 지나지 않기 때문이다. 따라서 그것은 역사 속에서 은총과 구원으로 인간에게 '말씀'하시는 신은 아니다. 브룬너 역시 옷토에게 그렇게 호의적이지는 않았다. 브룬너는 자신의 책『교의학』(Dogmatik)에서 옷토의 성스러움은 '숨어버린 신'[11](deus absconditus)을 설명하고 있는 것이라 평가한다. 하지만 그렇다고 브룬너가 곧바로 옷토의 입장에 손을 들어준 것은 아니다. 왜냐하면 그러한 옷토의 '성스러움'(Das Heilige)은 결국 인격을 지닌 '성스러운 분'(Der Heilige)은 아니기 때문이다.[12] 즉, 브룬너는 옷토의 성스러움에서는 성서가 말하는 '계시하시는 신'(deus revelatus)은 찾아 볼 수 없다고 보았다. 불트만의 경우도 옷토에게 그리 호의적이지 않았다. 물론 두 사람 모두 신을 질적으로 다른 존재로 보았다. 하지만 옷토가 그러한 신적 존재를 경험할 수 있다고 본 반면, 불트만은 신을 그런 존재로서 생각하지는 않았다. 이 점에

---

11) 신은 인간의 인식이성으로 이해할 수 없는 존재임을 뜻한다. 이 용어는 이사야 45:15의 "구원자 이스라엘의 하나님이여 진실로 주는 스스로 숨어 계시는 하나님이시니이다."로부터 유래되었다.

12) 독일어의 경우 형용사가 중성 단수 정관사가 붙어 명사화되면 추상적인 의미를 지니게 된다. 그런 점에서 옷토의 '성스러움'은 중성관사가 붙어 '성스러운 것'으로 성서에서 말하는 인격적 신으로 보기는 어렵다는 것이다. 그걸 브룬너는 성스러움(Ds Heilige)과 성스러운 분(Der Heilige)으로 대비해서 설명하고 있다.

서 이들은 결코 함께 갈 수 없었다. 이들의 갈등은 곧바로 현실 세계에서도 드러났는데, 마르부르크대학에는 이와 관련된 오래된 이야기가 지금까지 전해지고 있다. 옷토가 세계 여행에서 돌아와 그때 수집한 다양한 종교전통의 예술품을 전시할 종교박물관을 마르부르크대학 내에 세우고자 할 때였다. 물론 이 박물관은 지금까지 대학 도시 마르부르크를 상징하는 중요한 건물로 남아있다. 당시 적잖은 수의 학생이 옷토가 수업하는 장소로 몰려와 박물관 추진 계획에 대해 분명한 반대 의사를 표명했었다. 주로 바르트와 불트만 신학에 매료되었던 학생들은 우상의 신전과도 같은 종교박물관을 건립하려는 옷토의 계획은 도저히 받아들일 수 없다고 따져 물은 것이다. 하지만 옷토는 중단 없이 자신의 학문과 신앙의 과제를 실행하였고, 이는 그의 학문세계 후반기에도 어김없이 이어졌다.

1차 세계대전이 끝난 후 옷토는 자신의 성스러움에 대한 분석 틀을 가지고 기존의 종교전통을 비교·연구하여 세계종교사를 통해 자신의 논제를 입증해 보이고자 했다. 그 결과물로 등장한 것이 『인도의 자비종교와 그리스도교』(*Die Gnadenreligion Indiens und das Christentum*)와 『동서의 신비주의』(*West-östliche Mystik*)이다. 『인도의 자비종교와 그리스도교』에서 옷토는 특히 수정된 불이론적 베단타(Vedānta)학파의 창시자이기도 한 라마누자(Rāmānuja, 1056~1137)에 주목한다. 라마누자는 아트만(Atman)과 브라흐만(Brahman)이 하나임을 강조한 샹카라(Sankara, 788~820)의 베단타 철학을 계승하고 있다. 하지만 '속성 없는'(nirguna) 브라흐만을 절대적인 것으로 바라본 샹카라와는 달리 그는 인격신(Īsvara) 개념을 과감히 수용한다. 더 나아가 라마누자는 브라흐만을 '주님'으로 섬기고 경배하는 것이 구원을 위한 최선의 길임을 주장하였다. 바로 이 점, 즉 신을 인격으로 파악한 라마누자의 신학을 옷토는 관심 있게 보았다.

『동서의 신비주의』라는 연구서에서 인도 베단타학파의 위대한 사상가 샹카라와 중세 그리스도교 신비주의자 엑카르트(Meister Eckhardt, 1260~1327?)를 비교하였다. 동서 신비주의에 대한 비교연구로서 기념비적인 이 책에서 옷토는 결론적으로 그리스도교의 손을 들어주었다. 즉, 금욕적인 에크하르트의 신비주의가 비금욕적이었던 샹카라의 그것보다 더 우월하다고 선언한 것이다. 이 점에서 그 역시 숨길 수 없는 그리스도교 신자였다. 하지만 옷토는 관심 분야인 인도의 종교를 연구하기 위해 산스크리트어를 공부하고, 연구대상의 중요한 경전을 직접 독일어로 번역하는 등 학자로서 성실한 자세를 잊은 것은 아니다. 이 점에서 옷토는 그리스도교의 상대성을 말하면서도 그리스도교 이외의 종교에 대해서 전혀 문외한이었던 트뢸치와는 분명히 비교된다.

그가 남긴 것들

『성스러움의 의미』가 출판되었을 때 세계로부터 받았던 뜨거운 반응 그리고 그 이후로도 지속적으로 이어져오는 관심과 열독률과는 달리, 지금의 옷토는 무척이나 외롭다. 옷토로 인하여 종교학은 커다란 후원자를 얻었고 그로 인해 상당한 정도의 학문의 진보를 이루기도 했지만, 이제 신학뿐만 아니라 종교학 내에서도 옷토는 더 이상 유통되는 뜨거운 이슈는 못된다. 그 이유는 이미 처음부터 옷토 안에 자리하고 있었다. 그가 줄곧 주장하던 성스러움이라는 것이 가지는 매우 '주관적인 특성' 때문이다. 옷토 이후 종교학의 흐름도 점차 딜타이의 생철학과 후설의 현상학적 방법을 수용하면서 다분히 심리분석적인 옷토 류의 연구방법과는 일정 부분 거리를 두게 되었다. 아무리 성스러움이 중요하고, 또 그것을 경험하는 것이 종교의 본질이라 하더라도, 그것이 바로 지금 여기라는 현장성과 동시대성을 넘어서는 순간 그것은 하나의 추상적 관념에 머물 수밖에 없기 때문이다. 현존하는 종교 이외의 고대 종교를 논할 때 우리는 종교인들이 경험했을 것이라 추정되는 종교경험에 대해서 구체적으로 발언할 권리를 갖고 있지 못하다. 즉, 구체적이고 다양한 종교의 역사 앞에 옷토가 찾아낸 성스러움은 제한적일 수밖에 없다. 모든 종교를 아우르는 개념으로 선택된 성스러움은 오히려 만족스럽지 못한 결과를 가져오게 된 것이다. 결국 옷토의 작업은 그가 그토록 거절하고 싶어 하던 진화주의자들의 종교기원 찾기와 유사한 한계를 가지고 있었던 것이다. 이 점 역시 서글픈 아이러니이다.

"옷토의 『성스러움의 의미』는 종교학 책도 신학 책도 아닙니다. 그건 차라리 문학서적으로 분류해야 할 겁니다! 근대적 의미의 학문방법이 제대로 구현된 구석을 이 책에서 찾아내기가 얼마나 곤란한지 아세요? 옷토의 『성스러움』은 말 그대로 '관념의 부산물'일 뿐입니다!"

극도의 역사 비평적 종교학을 지향하는 내 지도교수는 옷토 세미나 때마다 이렇게 일갈하곤 했다. 물론 지도교수의 발언은 어느 정도 과장이 포함되어 있다. 그 역시 논문이나 연구서적에서 옷토를 논하게 되면 저런 식의 혹평은 하지 않을 것이다. 하지만 제자들과의 꾸밈없는 토론 시간에 그의 속마음은 슬쩍 저런 식으로 노출되곤 하였다. 그렇다고 옷토의 성스러움이 곧장 사그라진 것은 아니다. 이는 좀 다른 모습으로 변형되어 현대 종교학의 또 다른 거장 엘리아데에게로 이어진다. 또한 그가 진화주의와 환원주의자들에게 보여주었던 단호한 태도 역시 여전히 유효한 종교학의 특성으로 자리하고 있다. 그리고 종교경험에 대한 주도면밀한 그의 묘사와 관찰은 여전히 종교심리학과 인류학 분야에서는 중요한 모범으로 기능하고 있다.

- 옷토의 주요 저작 -

옷토의 글 역시 국내에 소개된 것은 『성스러움의 의미』가 유일하다. 원래 이 책은 독일어의 형용사의 명사적 활용을 이용한 것으로서 엄밀히 번역 하면 『성스러운 것』이라고 해야 할 것이다. 허나 우리말 번역은 영어 제명 인 "The Idea of Holy"에서 힌트를 얻은 탓인지 '의미'라는 단어가 꼬리처 럼 달려있다.

Naturalistische und religiöse Weltansicht, Tübingen: J. C. B. Mohr, 1904.

Kantisch-Fries'sche Religionsphilosophie und ihre Anwendung auf die Theologie, Tübingen: J. C. B. Mohr, 1909.

Das Heilige: Über das Irrationale in der Idee des Göttlichen und sein Verhältnis zum Rationalen, Breslau: Trewendt & Granier, 1917. / 길희성 옮김, 『성스러움의 의미』, 분도출판사, 1999.

West-östliche Mystik, Gotha: L. Klotz, 1926.

Die Gnadenreligion Indiens und das Christentum, Gotha: L. Klotz, 1930.

Das Gefühl des Überweltlichen (Sensus Numinis), München: C. H. Beck, 1932.

Sünde und Urschuld, München: C. H. Beck, 1932.

Reich Gottes und Menschensohn, München: C. H. Beck, 1934.

Aufsätze zur Ethik, (ed. by Jack Stewart Boozer). München: C. H. Beck, 1981.

10. 검증적 종교학의 개척자

요아킴 바흐(Joachim Wach, 1898~1955)

"종교학의 과제는 검증 가능한 종교들에 대한 연구와 기술 (記述)에 있다. 따라서 종교학은 기술-이해적 학문이지 규범적 학문은 아니다. 구체적 종교의 형성을 역사적이고 체계적인 방법으로 연구함으로써 종교학의 과제는 완성된다."

(요아킴 바흐, *Religionswissenschaft: Prolegomena zu ihrer wis-senschaftstheoretischen Grundlegung*, 68쪽)

근대 종교학의 전환기에 서있는 한 거인의 쓸쓸한 그림자

"혹시 한국에도 요아킴 바흐가 소개되어 있나요?"

바흐 관련 세미나가 있던 날 지도교수가 수업을 마친 후 내게 던진 질문이었다. 수업이 있던 카페에서 교수의 연구실이 있는 건물로 가는 길에서 그 질문에 이렇게 답했다.

"많이 소개되어 있는 편은 아닙니다. 하지만 종교경험을 강조한 대표적인 종교학자로 알고들 있습니다. 그리고 그의 대표작인『비교종교학』[1]은 번역되어 있고요."

내 말이 채 끝나기도 전에 교수는 재빨리 자신의 의견을 내어놓는다.

"『비교종교학』은 바흐의 대표 저서라고 볼 수 없습니다! 물론 그 책은 바흐가 생전에 해왔던 강의록을 정리한 것이고, 나름대로 후기 바흐 사상을 잘 보여주고 있기는 하지만, 그의 검증적 종교학에 대한 세밀한 관심과 열정은『비교종교학』보다는 오히려 그의 초창기 저서인『종교학』[2]에서 찾아야 할 겁니다. 그리고 종교학의 역사

---

1) 바흐 사후에 세상에 나온 이 책의 원제는 *"The Compatative Study of Religions"*(ed. by J. M. Kitagawa, N.Y., London Columbia Univ. Press, 1958)이다. 독일어판은 1962년 "Vergleichend Religionsforschung"(비교종교연구)라는 이름으로 출판되었다. 그리고 한국어판은 김종서 교수에 의해『비교종교학』이라는 이름으로 1988년에 간행되었다.
2) 바흐의 교수자격(Habilitation) 논문이다. 정치적인 이유로 학문적인 영역 내에서도 많

에서 후기 바흐보다는 초기 독일 시절의 바흐가 더 크고 비중 있게 다뤄져야 합니다."

항상은 아니지만 지도교수는 바흐 이야기만 나오면 불을 뿜는다. 지도교수 자신이 유력한 바흐 전문가[3]이기도 하며, 그분이 가진 학문적 목표 역시 바흐가 꿈꿔왔던 검증적 종교학의 종합 내지 완성에 있기 때문이다. 따라서 지도교수의 바흐에 대한 각별한 애정을 제자인 내가 이해 못할 바는 아니다.

사실 바흐는 종교학사에서 전환기에 서있는 학자이다. 무엇보다도 그는 신학, 철학, 역사학 등과 같이 앞서서 종교를 연구하던 학문들로부터 종교학이라는 새로운 근대 학문을 독립시키려 했다. 하지만 바흐의 이와 같은 학문적 노력은 나치가 권력을 틀어쥠으로써 전망 없는 어둠 속으로 빠져들고 말았다. 독일 태생이긴 하지만 바흐는 유대인의 혈통을 이어받고 있었다. 따라서 인종주의적 정책을 고수하던 나치 치하에서 유대인이라는 그의 신분은 너무도 큰 장애 요소였다. 결국 바흐는 다양한 정치적 압박 속에서 자신의 학문 활동무대를 고국 독일로부터 미국으로 옮겨야 했고, 그곳에서 시카고학파 태동에 결정적 역할을 하는 등 학문과 개인생활에서 새

이 알려지진 못했지만 근대 검증적 종교학의 정초를 놓은 작품으로 평가받고 있는 기념비적인 저서이다. 원제는 "*Religionswissenschaft: Prolegomena zu ihrer wissenschaftstheorethschen Grundlegung*"(종교학: 학문이론적 토대를 위한 서설)이며 1924년에 출판되었다가 2001년 그룬드만(Christoffer H. Grundmann)에 의해 원판 그대로 재출간되었다.

3) 플라쉐 교수는 세계에서도 손꼽히는 바흐 전문가이다. 그의 교수자격논문이 바로 바흐에 대한 학문적인 연구서이다. Rainer Flasche, "*Die Religionswissenschaft Joachim Wachs*"(Berlin, 1978).

로운 부흥기를 맞이하였다.

하지만 동시에 그것은 검증적 종교학의 도래를 기다리던 이들의 입장에서는 안타까운 시기이기도 했다. 왜냐하면 미국에서 바흐는 이전과는 다른 학문적 태도를 보였기 때문이다. 신학이나 철학같이 종교를 규범적으로 연구하는 분과학문으로부터 해방된 검증적 종교학의 독립을 꿈꿔왔던 바흐의 구상은 미국생활 속에서 적잖이 변화되었다. 물론 그 역시 단수 종교, 즉 종교의 본질적 요소에 대한 관심을 이전부터 보여주긴 했지만, 그것을 추적하는 과정은 역사적이고도 검증적이어야 할 것을 강조했다. 하지만 어느 순간 그는 종교의 본질적 요소로서 '종교체험'을 강조하며, 아울러 그것에 대한 '선험적 설명'에 몰두함으로 초기와는 달라진 '종교신학자'[4]의 풍모를 풍기기 시작한 것이다. 미국이라는 새로운 환경이 생각의 변화를 강요한 것인가? 검증적 종교학의 탄탄한 등장을 기대하던 이들로서는 바흐의 변심이 무척 아쉬웠을 것이다. 하지만 그의 삶의 궤적을 끈질기게 추적하면, 그가 보여준 생각의 전환이 가지는 이유를 전혀 이해 못할 바도 아니다. 여기서 잠시 인간 바흐의 생애를 스케치해보자.

---

4) 이 점에서 종교신학자와 종교학자는 같은 종교를 연구하고 언급한다 하더라도 그 학문적 입장은 분명히 다르다는 것을 인식해야 한다. 종교신학자들의 종교들에 대한 언급은 어쩔 수 없이 선험적이고 규범적이다. 그리고 때로는 윤리적 필요(종교 간의 갈등을 해소하기 위한 목적 등)에 의해 종교 간의 대화나 언급을 하기도 한다. 이에 반해 종교학자들은 철두철미하게 학문적 대상으로서의 종교들을 '이해'하기 위한 위치에 서있다. 따라서 종교학자들에게 있어서 종교대화는 비중 있게 다뤄야만 하는 학문적 과제는 결코 아니다. 아니, 종교학자는 대화에의 임무로부터 자유로운 위치에 있다고도 할 수 있다. 그보다는 종교대화를 시도하는 개별 신학자들에게 대화의 상대가 되는 종교들에 대한 정확하고도 전문적인 정보를 제공하는 것으로 종교학자들의 임무는 종료된다고 볼 수 있다.

바흐는 캠니츠(Chemnitz)를 고향으로 1898년 1월 25일 펠릭스 박사(Dr. Felix Wach)와 카타리나의 아들로 세상에 인사를 한다. 그의 부모는 모두 멘델스존-바르톨디(Mendelssohn-Barthody)라는 유대 가문의 피를 이어 받았다. 당시 바흐의 가문은 저명인사들의 집합소와도 같았다. 할아버지 아돌프 바흐(Adolf Wach)는 라이프치히의 유명한 법률가였고, 아버지 역시 작센주의 추밀원 고문관으로 일하던 법학박사였다. 할아버지가 릴리 멘델스존-바르톨디(Lilly Mendelssohn-Bartholdy)와 결혼함으로써 법률적이고 예술적인 집안의 분위기가 농익기 시작하였고, 이러한 흐름은 그의 부모 대에도 계속 이어졌다. 이렇게 바흐는 어린 시절부터 치밀한 법학적 사고와 더불어 그것의 건조함을 보완해 줄 수 있는 심미적 감수성을 그의 조부모와 부모로부터 물려받을 수 있었고, 이와 같은 성장기의 경험은 그의 학문적 여정을 이끄는 훌륭한 자양분이 되었다.

아버지를 따라 캠니츠에서 드레스덴으로 옮긴 바흐는 1916년 그곳에서 김나지움을 마친다.[5] 그후 바흐는 2년 동안 장교로 전쟁에 참여한다. 1918년 제대 후 바흐는 라이프치히에서 본격적으로 대학생활을 시작한다. 다음 해 뮌헨으로 학교를 옮긴 바흐는 한 학기 정도 머문 후 다시 프라이부르크대학으로 옮겨간다. 그곳에서 바흐는 후설(Edmund Husserl, 1859~1938)이라는 당대의 거장과 조우한다. 그후 다시 바흐는 프라이부르크를 떠나 베를린 행 열차에 몸을 맡긴다. 베를린에서 바흐는 그의 학문생애에 있어서 적잖은 영향을 끼치게 되는 두 명의 거장을 만나게 되는데, 하르낙과 트뢸치

---

5) 하지만 그의 김나지움 졸업은 정상적인 것이라기보다는 전쟁 동안에 치러지는 특별한 대입자격고사(Notabitur)였던 것으로 알려졌다.

가 바로 그들이다. 1920년 겨울 다시 바흐는 라이프치히로 돌아온다. 그곳에서 바흐는 종교학자 하스(Hans Haas, 1868~1934), 동양학 교수인 침머른(Heinrich Zimmern, 1862~1931)과 피셔(Otto Fischer) 그리고 철학자 폴켈트(Johannes Volkelt, 1848~1930)로부터 많은 영향을 받는다. 이들과 함께 한 신학과 철학 그리고 동양학에 대한 연구는 1922년 「구원사상의 현상학적 기초들」(Grundzüge einer Phänomenologie des Erlösungsgedankens)이라는 학위 논문으로 결실을 맺게 된다.

학위를 받은 후 바흐는 다시 하이델베르크로 자리를 옮겨 그곳에서 2년여 연구생활을 이어간다. 하이델베르크 생활 역시 바흐의 학문적 여정에서는 대단히 중요한 시기라고 할 수 있는데, 그곳에서 그는 군돌프(Friedrich Gundolf, 1880~1931), 리케르트(Heinrich Rickert, 1863-1936), 알프레드 베버(Afred Weber, 1868-1958) 등과 학문적으로 밀접하게 교류하며, 그의 일생의 역작 『종교학』을 저술했기 때문이다. 그는 이 논문을 1924년 6월 3일 라이프치히대학의 종교학과 교수자격논문으로 제출하였고, 그후 〈문화-보편사 연구소〉(Institut für Kultur-und Universalgeschichte)의 사강사로 임명되었다. 사실 애초에 바흐의 계획은 이 논문을 종교학뿐만 아니라 철학전공 교수자격논문으로도 제출하는 것이었다. 하지만 그러한 바흐의 계획은 몇몇 철학과 교수의 거센 반대로 무산되었다. 그의 종교학 교수자격논문 심사 시에도 적잖은 우여곡절이 있었다. 바흐는 이 기념비적인 논문을 통하여 종교학이라는 학문이 가져야 할 새로운 방향과 개념 그리고 길을 제시하고자 했다. 하지만 전통적 방법에 몰두하고 있던 학자들로서는 바흐의 새로운 시도는 무척 낯설고 또 어색해 보였다. 이런 기존 선배 학자들의 따가운 비판과 의혹에 맞서 바흐는 힘겨운 씨름을 해야만 했다.

사강사 시절 바흐는 복잡한 해석학적 문제에 천착해 들어갔고, 이는 또 하나의 기념비적인 저작인 『이해: 19세기 해석학 이론사의 기초』[6]로 열매를 맺는다. 1927년 6월 스승 하스의 도움으로 바흐는 라이프치히대학 종교사회학과의 사강사가 되었다. 당시 라이프 치히대학의 종교사회학과는 독일로서는 최초로 설치된 것이기도 했다. 바로 그해 저명한 신학자인 틸리히(Paul Tillich, 1886~1965)가 같은 대학 신학부에 부임했고, 이들의 조우는 이후 장소를 옮겨 미국 시카고대학에서 또 한 차례 이루어진다. 그리고 1929년 바흐는 같은 대학의 종교학 전공 원외 교수로 청빙을 받는다. 이때까지만 해도 바흐의 학문여정은 순풍을 단 듯이 보였다. 그리고 기대에 부응이라도 하듯이 이 기간 동안 바흐는 매우 열정적인 학문 활동을 한다. 그는 1924년부터 1935년 사이 앞서 언급한 그의 기념비적인 저술인 『종교학』과 더불어 3권으로 구성된 그의 해석학적 방법론의 핵심을 이루는 『이해』 시리즈 그리고 또 하나의 중요한 저작인 『종교사회학 입문』(Einführung in die Religionssoziologie, 1931) 등을 세상에 내어 놓았다. 전문적인 저술활동 외에도 바흐는 학교를 대표하는 종교학자로서 다양한 국제회의에 참석하였으며, 『선교-종교학 학술지』(Zeitschrift für Missionskunde und Religionswissenschaft)의 공동 편집자(1934-1938)로도 활동했으며, 아울러 『현대 종교학 사전』

---

6) 이후 이 책은 세 권의 시리즈로 완성되고, 바흐의 해석학적 입장을 조명해 볼 수 있는 주요한 저작이 된다. *Das Verstehen: Grundzüge einer Geschichte der hermeneutischen Theorie im 19. Jahrhundert. I. Die großen Systeme*(Tübingen, 1926), *Das Verstehen: Grundzüge einer Geschichte der hermeneutischen Theorie im 19. Jahrhundert. II. Die theologische Hermeneutik von Schleiermacher bis Hofmann*(Tübingen, 1929), *Das Verstehen: Grundzüge einer Geschichte der hermeneutischen Theorie im 19. Jahrhundert. III. Das Verstehen in der Historik von Ranke bis zum Positivismus*(Tübingen, 1933)

(*Religion in Geschichte und Gegenwart*, 축약하여 R.G.G.로 불림)의 편찬에
도 관여하였다.

하지만 나치가 등장하면서 어둠의 그림자가 바흐의 발목을 잡
고 말았다. 나치의 일관된 반셈족 인종주의 정책이 유대인 혈통을
타고난 바흐의 활동을 그냥 놔두지 않았다. 그 결과 바흐는 1935
년 4월 10일 모든 공적 자리에서 물러나야만 했다. 그의 교수 지위
는 박탈되었고, 후에는 박사 학위까지 취소(1943년)되는 불운을 겪
게 된다. 하지만 이와 같은 독일에서의 불운은 미국 종교학계로서
는 하나의 희망이기도 했다. 독일로부터 배척받기 시작한 이 외로
운 학자를 미국의 벗들은 그냥 내버려두지 않았다. 결국 바흐는
1935년 미국 브라운대학의 초빙교수가 되어 독일을 떠나 신대륙으
로 터전을 옮기게 된다. 1945년까지 종교학 과목을 강의하면서 바
흐는 유럽과는 상이한 미국의 종교 환경을 몸소 체험하게 된다. 그
리고 당시의 경험은 그때까지 바흐 자신이 갖고 있었던 종교에 대
한 생각과 그것을 이해의 영역으로 담아내는 기술학으로서 종교학
에 대한 시각의 변화를 가져오는 한 원인이 되었다.

정치적 압력으로 고국을 등지고 찾아온 신대륙 미국에서 바흐
는 전혀 새로운 분위기의 교회를 만난다. 유럽과는 달리 매우 역동
적이고 활발한 미국인의 종교 활동에 강한 인상을 받은 바흐는 점
차 종교에서 '경험적 요소'가 차지하는 비중의 중차대함을 깊게 인
식하게 되었다. 이후 바흐는 종교학의 보다 중요한 과제는 '종교의
본질'을 밝히는 것이라 생각하게 된다. 이는 애초에 그가 주장했던
낯선 종교를 이해하기 위한 기술로서 종교학을 독립시키려 했던 계
획과는 많이 달라진 것이다. 이와 같은 초점의 이동은 바흐로 하여
금 점점 '종교체험'에 집중하게 만들었다. 이제 바흐에게 종교체험

이야말로 종교의 가장 본질적 요소가 되었다.

이 와중에 바흐는 시카고대학으로부터 청빙을 받는다. 브라운대학의 교환교수로 재직 시 몇 차례 시카고대학으로 강의를 나섰던 것이 계기가 되어 결국 그는 그곳으로 자리를 옮기게 되었고, 그것은 유명한 시카고학파의 출범을 알리는 신호이기도 했다. 시카고대학 종교학과의 주임교수로서 바흐는 규범학문과 검증학문의 가능한 연결고리로서 종교학을 독립시키는 작업을 쉼 없이 진행하였다. 그리고 이 시기 그의 활동은 『종교 사회학』(Sociology of Religion, 1949)이라는 저술로 결실을 맺는다. 1952년 그는 인도에서 '배로우 강연'(Barrows Lecture)을 하였는데, 이를 통해 바흐는 종교학 방법론과 이론적 관점을 새롭게 조망할 수 있는 좋은 기회를 얻었다. 그 당시 바흐가 받은 영감은 안식년 동안(195~55) 보완되었고, 그가 사망한 후에 키타가와에 의해 『비교종교학』(The Comparative Study of Religions, 1958)란 이름으로 출판되었다.

1955년 바흐는 로마에서 개최된 7차 국제 종교학회에 참석하였고, 귀국길에 마르부르크에 들렀다. 당시 마르부르크대학으로부터 신학부 정교수로 와줄 것을 요청받았지만, 바흐는 이를 정중히 거절하였다. 그해 8월 27일 가족들과 함께 휴가를 보내고 있던 스위스 로카르노 근처 오르젤리나(Orselina)에서 바흐는 갑작스런 심근경색으로 영욕의 인생을 마감하게 된다. 검증적 종교학을 위해 좀 더 많은 역할을 해줄 수 있는 거인의 급작스러운 사망은 당시 종교학계뿐만 아니라 지금으로서도 매우 안타깝고 아쉬운 손실이 아닐 수 없다.

종교학의 독립을 위하여!

바흐의 등장은 새로운 정신과학 분야로 막 고개를 들기 시작한 당시 종교학으로서는 무척 반가운 일이었다. 왜냐하면 바흐만큼 신학, 철학 등 인근 분야의 학문들로부터 종교학을 독립시키기 위해서 투신한 학자를 찾아보기가 쉽지 않았기 때문이다. 그의 학문여정의 초반부는 사실 이를 성취하기 위한 경주였다. 지속적으로 그는 규범적 학문과 구별되는 검증적 학문으로서 종교학의 독립을 위해 최선을 다했다. 그리고 그것의 결과물이 바로 『종교학』이란 제목이 붙어있는 그의 교수자격논문이다.

『종교학』은 총 5장으로 구성되어 있다. 책의 첫 번째 장에 '종교학의 독립'이라는 제목이 붙어있는 것만 보아도 이 책을 쓰고 있는 바흐의 의도를 단번에 눈치챌 수 있다. 물론 바흐가 이 논문을 쓰기 이전에도 뮐러나 틸레 같은 저명한 종교연구가들이 있었다. 하지만 바흐는 아예 종교연구의 새로운 판을 짜려고 하였다. 그래서 기존의 신학, 철학, 문헌학, 민속학, 역사학 등에서 이루어지던 종교연구와는 다른 새로운 개념의 연구방법론을 제시하며, 그러한 종교연구만을 위해 따로 전념할 수 있는 새로운 분과학문의 독립을 주장하였다. 그것이 바로 '검증적 종교학'이다. 이는 종교연구의 모태가 되는 기존의 규범적이고 절대적인 종교연구 분야(신학, 철학)와 해석학적인 종교연구에 전념하는 종교역사학과는 다른 새로운 길이다. 바흐가 주장하는 검증적 종교학은 연구의 대상이 되는 종교들이나 종교현상들을 규범적으로 조망하지도 않으며 아울러 그것에 특정한 의미부여에 몰두하지도 않는다. 다만 순수하게 검증적으로 연구의 대상이 되는 종교현상들을 정확히 이해하고 기술하는 것에 만족하는 분과학문이었다. 이런 점에서 바흐야말로 본격적인 근대 종교학의 토대를 쌓은 개척자라고 할 수 있다.

『종교학』의 두 번째 장은 그렇게 자리매김을 한 검증적 종교학의 과제에 대해서 논하고 있다. 이 장에서 바흐는 종교학의 두 가지 방향에 대해서 논한다. 우선 '통시적'으로 종교학은 종교들의 역사적 전개와 그것의 과정에 주목한다(종교역사학). 그렇다고 종교학이 순수한 역사적 관점에만 머물러있지는 않는다. 종교학은 역사적으로 종교들과 종교현상들을 추적하지만, 그것과 더불어 또 한 가지 구비하고 있는 추적 장치가 있는데, 그것이 바로 '체계적인 관심'이다. 이것이 바로 종교학의 '공시적' 기능이라고 볼 수 있다(종교체계학[7]). 종교학자는 종교를 연구할 때 바로 이러한 두 개의 관점을 갖고 있어야 한다. 우선 역사적으로 종교현상을 추적해야 하지만, 그것을 체계적이고 구조적으로 이해할 수 있는 관점 역시 동시에 가지고 있어야 하는 것이다. 하지만 이런 체계적이고 구조적인 문제는 곧바로 '규범'이라는 매혹적인 덫에 걸려 넘어질 수도 있다. 따라서 바흐는 이에 대한 또 하나의 안전장치를 마련한다. 바흐는 연구를 통하여 얻어진 결과물들은 언제나 다시금 구체적인 경험을 통하여 점검되고 또 교정되어야 한다고 주장한다. 여전히 바흐에게 있어서 중요한 것은 '구체적인 현실'이었지 그것을 초월하는 규범적 원칙은 아니었다.

세 번째 장에서 바흐는 종교학의 한 분류로서 종교역사학에 대해서 언급하고 있다. 하지만 바흐가 언급하고 있는 종교역사학은

---

7) 보통 우리는 이것을 현상학적 종교연구 혹은 종교현상학이라고 부르기도 한다.

헤겔의 그것과는 많은 점에서 다르다. 헤겔의 역사철학에서 논구되는 것처럼 보편적 관계의 구성에 관심을 두기보다는 바흐는 구체적인 종교들이 보여주는 역사적 발전의 재구성을 위한 도구로서 종교역사학을 바라보고 있다. 즉, 그에게 중요한 것은 역사에 있다고 여겨지는 궁극의 관심이나 목표가 아니라, 구체적인 종교의 '생성과정'이었다. 또한 당시 많은 종교연구가들이 종교심리학적 방법에 대해 호감을 지니고 있었던 것에 반해 바흐는 그것을 거절하는 편에 서게 된다. 바흐가 보기에 종교심리학은 종교현상에 대한 검증적 연구라기보다는 오히려 종교철학 쪽에 가까운 종류의 것이었기 때문이다. 따라서 종교학 내에 심리주의적 방법을 도입함으로 생겨날 수 있는 (종교에 대한 검증적 연구에 방해가 될 수도 있는) '주관주의'라는 위험한 요소를 제거하는 것이 검증적 종교학의 우선적 과제라 생각했고, 바로 이 때문에 바흐는 동시대 다른 종교연구가들로부터 적잖은 비판을 받게 된다.[8]

『종교학』의 네 번째 장은 주로 방법론적인 문제에 집중하고 있다. 하지만 이 장에서 바흐가 취한 태도는 방법론 자체에 대한 이론적인 논구라기보다는 종교학과 종교철학 사이에 놓인 경계를 보다 분명히 함으로써 해결하고 있다.

그리고 마지막 다섯 번째 장에서는 '체계적인 종교학'에 대해서 언급하고 있다. 바흐가 보기에 지금까지 종교학적 연구는 역사적인 방법에 너무 치중해 있었다. 하지만 독립된 학문으로서 종교학은 그보다는 좀 더 나아가야 한다. 바흐는 이 장을 통해 역사적 연

---

8) 실제로 이 문제로 인하여 바흐는 그의 교수자격논문심사에서 매번 곤란한 반대에 직면하곤 하였다. 그만큼 당시 심리주의의 영향력은 막강하였다.

구로 얻게 된 결과물에 대한 유형적 연구의 필요성을 제기하고 있는 것이다. 다양한 종교현상들의 역사적 결과물들, 예를 들어 '기도', '의례', '황홀경', '구원' 등등 다양한 수확물로부터 그것이 가지는 규칙과 법칙성을 찾고 기술하는 것 역시 무시할 수 없는 종교학의 과제라는 것이다.

바흐는 종교학적 연구가 가지는 궁극의 목적은 종교의 본질문제에 대한 답변에 있다고 보았다. 하지만 이 부분에 대한 만족스러운 답변을 얻기 위해서는 역사적이고 체계적인 종교연구뿐만 아니라 종교철학 역시 자연스레 요청된다. 바로 이 점이 후기 바흐가 종교체험에 몰두하며 자신의 종교학적 작업을 검증적이 아니라 규범적으로 몰고 가는 이유가 되기도 한다. 그만큼 그에게 있어서 '종교의 본질' 문제는 반드시 풀어야 할 집요하고도 지난한 숙제였다.

종교의 본질을 이루는 궁극의 체험

한국에서 바흐는 시카고학파의 수장으로 종교체험의 보편적 요소를 밝힌 현상학적 종교연구가 혹은 비교종교학자로서 기억되고 있다. 하지만 그전에 그가 얼마나 철저하게 검증적 종교학의 독립을 위해 투신하였는가를 우리는 잊지 말아야 한다. 이제 간략하게 독일과 미국으로 이어지는 그의 사상 변화의 추이과정을 살펴보도록 하자. 우선 바흐의 사상을 구성하고 있는 학문적 배경을 살펴보면 다음과 같다. 우선 그는 신학적으로는 트뢸치의 영향을 받고 있다. 특히 신학을 과학적인 근대학문으로 만들고자 했던 트뢸치의 시도는 바흐에게서도 고스란히 이어지고 있다. 바흐 역시 종교학을 그렇게 만들고 싶어 했기 때문이다. 철학적으로 바흐는 빌헬름 딜타이(Wilhelm Dilthey, 1833~1911)의 영향을 많이 받고 있다. 특히 딜타이의 사상은 바흐의 해석학적 시각에 많이 수용되고 있는데, 종교학 역시 다른 정신과학들과 마찬가지로 경험 속에 주어지는 검증적 연구방법을 받아들여야 한다는 딜타이의 주장은 그대로 바흐의 입장이 되고 있다. 그리고 종교사회학적으로는 짐멜(Georg Simmel, 1858~1918)과 베버(Max Weber, 1864~1920)의 영향을 간과할 수 없다. 특히 바흐는 종교현상의 내면 역시 사회학적 관찰에 포함할 수 있다고 본 짐멜로부터 큰 영감을 받는다. 이 점에서 상대적으로 사회현상의 내면을 소홀히 취급했던 베버는 바흐의 비판을 피해가기 어려웠다.

이러한 학문적 배경 속에서 바흐는 그의 전 생애를 통해 적어도 세 번의 변화과정을 거치게 된다. 우선 첫 번째 시기의 바흐는 무엇보다도 신학, 철학 그리고 역사학으로부터 종교학의 독립을 이끌어내고자 했다. 이때 바흐의 과제는 이들 학문과 종교학이 지향하는 학문 목적의 차이를 부각시키는데 있었다. 따라서 이 시기 바흐는 '이해를 위한 학문'을 지속적으로 강조하였다. 종교학은 낯선 종교와 그 현상에 대한 '학문적인 이해'를 추구하는 분과학문이다. 이처럼 바흐가 바라보는 종교학은 '설명'을 위한 학문이 아니라 '이해'를 위한 학문이었다.[9] 두 번째 시기의 바흐는 종교의 본질을 이룬

---

9) 이 점에서 그는 지속적으로 딜타이의 시선을 따르고 있다. 딜타이는 '설명'을 요하는 자연과학적 방법론과는 달리 정신과학은 '이해'를 추구한다고 보았다.

다고 생각한 종교체험의 표현양식에 대한 연구와 그 성격의 규명에 집중하였다. 따라서 바흐의 종교경험에 대한 집착은 이미 이 시기에 시작되었다고 하겠다. 그는 종교경험이야말로 인간 공동체를 구성하는 가장 본질적 요소로 보았다. 바흐는 자신의 학문여정 세 번째 시기에 이르러 본격적으로 종교체험의 문제에 집중하였다. 바흐에게 이제 종교체험은 방법론적 출발임과 동시에 학문적 목표가 된 것이다. 이 시기 바흐는 종교체험의 외형적 표현에 대한 연구가 아니라 곧바로 종교체험에 집중하게 된다. 이후 그는 그토록 주장해 마지 않았던 검증적 방법을 포기하고 규범적인 방법을 통하여 종교체험에 접근한다. 그 결과가 바로 종교체험의 유형에 대한 그의 선험적 분석이다.

우선 바흐는 종교체험이 가지는 보편적 특성을 강조한다. 즉, 인간은 어디에서든지 영원성을 체험할 수 있다고 보았다. 다만 그것이 표현되는 문화적 환경에 따라 어느 정도의 차별이 생길 수 있을 뿐이다. 그렇다면 그와 같은 보편적 종교체험의 유형적 요소는 무엇인가? 바흐는 이를 4개로 요약하여 설명한다. 우선 종교체험은 인간이 할 수 있는 체험들 중 가장 '궁극적인 것'(ultmacy)이다. 이는 궁극적 존재를 체험하기에 가능하다. 다음은 '전체성'(totality)이다. 종교체험은 전인적인 것으로 인간을 전체적으로 묶어주는 체험이다. 세 번째는 '강렬함'(intensity)이다. 종교체험은 인간이 할 수 있는 경험 중에는 가장 강렬한 것이다. 따라서 진정한 종교체험을 한 이는 모든 것을 포기할 수 있는 헌신을 감행하게 되는 것이다. 마지막으로 바흐는 종교체험의 유형적 특징으로 '행위'(action)를 들고 있다. 종교체험은 실제적이며 또한 인간을 행동하도록 만든다. 종교체험 때문에 인간의 삶과 행위가 변화된다는 것이다. 바흐는 이 모든 요소를 가지고 있어야만 진정한 의미의 종교체험이라 할 수 있다고 보았다.

이와 같은 종교를 구성하는 본질적 요소인 종교체험은 삼중의 모습으로 외부에 표출된다. 사상적, 행위적, 공동체적 표현이 바로 그것이다.[10] 종교체험의 개념적 표현, 즉 신화, 교리, 신앙관 등이 바로 '사상적 표현'이라고 할 수 있다. 그리고 종교의 의례나 기도, 명상 수행 등을 일컬어 '행위적 표현'이라 한다. 마지막으로 앞서 언급한 사상, 행위적 표현을 공유함으로써 생기는 종교체험의 '사회적 표현', 즉 공동체의 형성을 종교체험의 마지막 표현양식으로 꼽는다.

이러한 종교체험에 대한 바흐의 규범적 탐구는 사후에 출판된 『비교종교학』에 잘 나타난다. 바흐의 다른 논문을 살펴보아도 그는 이와 같은 '비교적 종교연구'를 체계적인 종교학의 완성으로 이해한 것 같다. 하지만 아이러니하게도 바흐의 최종 결론은 그가 애초에 시도했던 검증적 종교학의 토대 세우기와는 전적으로 다른 모습이었다. 즉, 『비교종교학』에서 바흐가 말하는 바는 그가 교수 자격논문에서 줄기차게 주장했던 종교학의 검증적 특성을 포기하는 것이고, 그 때문에 바흐의 종교학은 종교신학적 혹은 역사신학적인 모습으로 바뀌고 말았다.

그렇다면 바흐에게서 무슨 일이 있었던 것인가? 도대체 무엇이 바흐로 하여금 기존의 입장을 바꿔 전혀 반대의 위치에 스스로를 서게 했던 것인가? 그의 진리에 대한 집착, 그리고 종교의 본질에

---

10) 이것을 좀 더 현대의 종교학적 개념에 맞추어 표현하자면, '신앙조직', '의례조직', '공동체조직'이라고 할 수 있다.

대한 포기할 수 없는 집념을 그 이유로 제시할 수 있을 것이다. 그리고 바흐의 변심(?)의 배후에는 정치적 이유로 들어온 두 번째 고향 미국에서 조우한 유럽과는 확연히 다른 역동적 종교 활동과 활발한 체험적 신앙생활도 적잖은 역할을 했을 것이라 생각해볼 수 있다. 그러한 강렬한 인상과 종교체험에 대한 활발한 관찰은 바흐를 무척이나 조급하게 만들었을지도 모른다. 아니 조급하다기 보다는 그것들은 바흐를 더욱 분명한 학문적 확신 속으로 밀어 넣었을 수도 있었을 것이다. 이제 바흐는 빙빙 주변부를 헤맬 필요가 없었을 것이다. 그가 그토록 궁금해마지 않던, 또 언제고 분명한 답변을 내리길 원했던 질문으로 직접 진입해 들어갈 수 있는 용기를 두 번째 고향에서 얻을 수 있었다. 그것이 바로 '종교의 본질에 대한 탐구'이다.[11]

바흐에 대한 아쉬움 그리고 새로운 기대

여러 모로 바흐는 아쉬운 거인이다. 분명 그에 의해 새로운 검증적 종교학의 활로가 트였건만, 그것이 조국 독일에서 꽃을 피우기도 전에 정치적인 이유로 사장되었다는 것은 몇 번이나 말해도 안

---

11) 바흐는 다양한 종교현상들 안에는 분명 그것들을 가능케 하는 본질적 요소가 똬리를 틀고 있다고 보았다. 최초에 바흐는 그것들의 외부적 표현들을 천착해 들어가며 그것들에 대한 이해도를 높여가다보면 결국 종교를 이루는 본질적 요소를 만날 수 있을 것이라 믿었다. 하지만 이제 그런 돌아가는 길로만 만족할 수는 없다. 이제 그는 곧바로 종교표현의 본질적 요소를 이루는 것을 궁극적인 종교체험이라 진단하고, 이제 그 종교체험 자체에 대한 규범적 논의를 수행하게 된다. 그리고 그렇게 함으로써 모태가 되는 주변의 규범적 학문들로부터의 독립을 선언했던 바흐 자신이 스스로 검증적 종교학을 다시 역사신학화 혹은 종교철학화하는 아이러니를 감행하게 된다.

타까움이 쉬 가시지 않는다. 이는 그의 초기 주요한 저작 중의 하나인『종교학』의 운명만 봐도 알 수 있다. 물론 당시로서도 이 연구서의 내용을 그대로 수용하기란 쉽지 않았겠지만, 책은 이후 지속적으로 학문적인 영향을 주지 못하고 정치적 이유로 학계의 외면을 받고 있었다. 반면 미국에서의 활동은 강한 영향력을 얻게 되어 오히려 학자로서의 바흐를 대표하는 연구서는 초기『종교학』이 아니라 미국에서 출간된 저작들이라는 점 역시 아쉬움을 더하게 한다. 결국 바흐는 그의 전모 중 반쪽 모습만 사람들에게 남긴 채 급작스레 세상을 뜨고 만 셈이다. 그래서 그가 최초로 던진 학문적 문제 제기는 옅어지고, 종교체험의 유형적 특성을 밝힌 규범적 연구가로 바흐를 떠올리게 된다.

이러한 단편적인 바흐의 이해는 그의 조국 독일에서도 마찬가지였다. 하지만 최근 들어 의미 있는 변화가 일기 시작했다. 우선 꼽을 수 있는 것은 고작 300여 권 정도 밖에 남아있지 않은 그의 중요한 저작『종교학』이 원본과 동일한 판으로 재간되었다는 점이다.[12] 세상에 모습을 드러낸 지 70여 년이 넘어가는 지점에 새롭게 학문적 논의를 불러일으키고 있다는 것 자체가『종교학』이 가지는 학문사적 가치를 상징적으로 보여주는 대목이라 할 수 있을 것이다. 그만큼 1924년에 바흐가 제기한 검증적 종교학의 독립 요청은 당시로서도 매우 시의 적절했고 매우 정밀하고 엄정했으며, 아울러

---

12)『종교학』의 푸대접은 미국에서도 마찬가지이다. 미국에서는 바흐의 제자이자 동료이기도 했던 키타가와의 주선으로 1988년 영어로 번역이 되긴 했지만, 번역의 질이 너무 낮고『종교학』에 대한 이해도도 상대적으로 낮은 편이라 아니 한만 못한 결과를 낳고 말았다. J. Wach(ed. by J. M. Kitagawa), *Introduction to the history of religions* (New York: Macmillan, 1988)

현대 종교학으로서도 지속적으로 풀어야 할 과제라 하겠다.

- 바흐의 주요 조작 -

Der Erlösungsgedanke und seine Deutung, Leipzig: Hinrichs, 1922.

Religionswissenschaft: Prolegomena zu ihrer wissenschaftstheoretischen Grundlegung, Leipzig: Hinrich, 1924.

Meister und Jünger: zwei religionssoziologische Betrachtungen, Leipzig: Pfeiffer, 1924.

Das Verstehen: 1. Grundzüge einer Geschichte der hermeneutischen Theorie im 19. Jahrhundert, Tübingen: Mohr, 1926.

Die Typenlehre Trendelenburgs und ihr Einfluß auf Dilthey: eine philosophie- und geistesgeschichtliche Studie, Tübingen: Mohr, 1926.

Das Verstehen: 2. Die theologische Hermeneutik von Schleiermacher bis Hofmann, Tübingen: Mohr, 1929

Einführung in die Religionssoziologie, Tübingen: Mohr, 1931.

Typen religiöser Anthropologie: ein Vergleich der Lehre vom Menschen im religionsphilosophischen Denken von Orient und Okzident, Tübingen: Mohr, 1932

Das Verstehen: 3. Das Verstehen in der Historik von Ranke bis zum Positivismus, Tübingen: Mohr, 1933

Sociology of religion, Chicago: Univ. of Chicago Press, 1949.

Types of religious experience, Christian and non-Christian, London: Routledge & Kegan Paul, 1951

The comparative study of religions, New York: Columbia Univ. Press, 1958. / 김종서 옮김, 『비교종교학』, 민음사, 1988.

종교학사에서 바흐가 차지하는 위상을 생각할 때 우리나라에 소개된 그의 작품은 『비교종교학』이 유일하다는 것은 그가 한국 학계에서 얼마나 소홀히 다뤄지는가를 보여준다. 독일어로 쓰인 초기 바흐의 뛰어난 해석학적 저작이 소개되고 있지 않다는 것은 큰 아쉬움이다. 그의 교수자격논문이기도 하고, 초기 그의 대표작이기도 한 『종교학』은 오랜 전부터 필자가 번역중이긴 하다. 필자의 바흐에 대한 관심이 줄어들지 않는 가장 큰 이유는 바로 나의 지도교수가 세계적인 바흐 전문가였다는데 있기도 하다. 유학 시절 내내 선생은 내게 바흐를 '전도'하기 위해 무척 공을 들였다. 그리고 선생이 쓴 교수자격논문인 바흐에 대한 연구서(Rainer Flasche, *"Die Religionswissenschaft Joachim Wachs"*, Berlin: Walter de Gruyter, 1978)가 제자에 의해 한국에도 소개되기를 은근히 기대하고 있었다. 그리고 선생의 기대는 제자의 부담이 되어 지금도 앞서 언급한 바흐의 『종교학』과 더불어 이 책을 번역해내기 위한 땀 흘림은 계속되고 있다. 바흐와 플라쉐 교수의 책이 번역되어 한국 학계에 바흐에 대한 재평가가 속히 이루어지도록 최선을 다하고자 한다.

11. 고대인의 눈으로 현대를 조망한 호모 렐리기오수스

미르체아 엘리아데 (Mircea Eliade, 1907~1986)

"따라서 음식을 먹는 것도 단순한 생리작용이 아니라 사귐을 새롭게 하는 것이며, 결혼과 집단적으로 난가난무하는 질탕한 주연도 신화적인 원형을 반향하고 있는 것이다. 그런데 그러한 것들이 반복되는 것은 다른 이유 때문이 아니라, 태초에 신들이나 조상들이나 영웅들에 의하여 그러한 것들이 성별되었기 때문이다. '원시인', 곧 고대인은 그의 의식적인 행위 하나 하나를 어떤 타자, 즉 사람이 아니었던 어떤 다른 존재에 의하여 이전에 이미 정착되었고 경험된 것이 아니면 그 어떤 행동도 인정하지를 않는다."

(엘리아데, 『우주와 역사』, 16쪽)

The Bus that stops at Eleusis ···

위에 적힌 영어문장은 어떤 책의 한 항목에 제목으로 사용된 것이다.

'엘레우시스 앞에 멈춰선 버스'

제목만으로는 필력 넘치는 작가의 수필이나 소설의 제목같아 보인다. 하지만 저 말이 붙어있는 서적은 소설이나 수필집 그리고 시집이 아니다. 저 글귀가 적혀있는 책은 누가 썼을까? 저자는 한 학파의 수장으로서 종교학이라는 분과학문을 대중화, 세계화하는데 큰 공을 세운 엘리아데라는 학자이고, 그가 평생을 걸고 연구하여 출간한 『세계종교사상사』[1](*A History of Religious Ideas*, 1982)이다. 엘리아데의 급작스런 죽음이 아니었다면 총 4권으로 출간되었을 이 책은 아쉽게도 3권으로 마무리되었고, 위에 인용된 멋들어진 작은 제목은 2권 맨 마지막 장의 끝 귀퉁이에 걸려있다. 고대 이교도의 몰락과 그리스도교의 승리를 언급하고 있는 2권의 30장 「신들의 여명」(*The Twilight of the Gods*)의 끄트머리에 엘리아데는 1940년에 있었던 아테네 신문에 나온 에피소드 하나를 제시하며 저 문장을 사용하고 있다. 엘리아데가 보기에 위에 인용한 문장은 농업의 여신인 데메테르[2](Demeter)가 어떻게 그리스도교 신화로 변해가는

---

1) 책에 대해서는 이 장 후반부의 대담록을 참조하기 바란다.
2) 그리스 신화에 등장하는 곡물과 수확의 여신이다. 계절과 결혼을 주관하는 여신으로 알려져 있고 올림포스 12신 중 하나이기도 하다.

가를 보여주는 매우 상큼한 사례였던 것이다. 이런 식이다. 그는 이렇게 어렵고, 골치 아프고, 고민스러운 학문의 내용을 수려한 문학적 상상력에 담아 깔끔하게 표현해내는 감수성 풍부한 '예술가적 학자'였다. 그래서였던가? 그는 열정적으로 학자의 인생을 사는 중간 중간에도 소설 및 자서전 쓰기를 멈추지 않은 문학가로도 이름을 알렸다.

난 독일 유학시절 박사과정에 함께 있던 한 여학생으로부터 엘리아데에 대해 많은 이야기를 귀동냥할 수 있었다. 엘리아데와 같이 루마니아 출신인 그 학생의 이름은 한나였고, 그의 학위논문 주제도 엘리아데였다. 유창한 독일어를 구사했던 한나는 유난히 말랐고, 또 유난히도 번득이는 눈빛을 지니고 있었다. 한나는 루마니아에서 엘리아데에 대한 평판은 어떠냐라는 나의 질문에 이렇게 답해 주었다.

"루마니아에서 엘리아데? 글쎄 그의 고향사람은 그가 유명한 소설가인줄 알지."

옅은 미소와 함께 한나는 고향 루마니아에서 엘리아데를 어찌 평가하는가를 단박에 정리해주었다.

엘리아데는 1907년 3월 9일 부카레스트(Bucharest)에서 태어났다. 어린 시절 엘리아데는 곤충과 식물에 관심이 많던 소년이었다. 그러다 그는 동경해마지 않던 독일의 대문호 괴테(Johann Wolfgang von Goethe, 1749~1832)가 그러했던 것처럼 관심의 폭이 점점 더 넓어져만 갔다. 엘리아데의 관심은 세계 문학을 거쳐 문헌학과 철학을 넘어 종교학으로까지 이어졌다. 1925년부터 그는 자신의 고향인 부카레스트에서 철학을 전공함으로 본격적인 대학생활을 시작하였고, 1928년 르네상스기의 철학자 피치노[3](Marsilio Ficino, 1433~1499)를 주제로 석사과정을 마친다. 석사를 마친 해부터 1931년까지 그는 인도에 머물며 매우 중요한 인생의 시기를 보내게 된다. 우선 그는 캘커타에서 다스굽타(Surendranath Dasgupta, 1887~1952)라는 대가로부터 산스크리트어와 인도철학을 공부한다. 다스굽타와의 인연은 엘리아데가 이탈리아를 방문했을 때로 거슬러 올라간다. 이탈리아 여행 중 그는 우연히 다스굽타가 저술한 『인도철학사』(A History of Indian Philosophy, 5 vol., 1922~1955)를 접하여 읽게 되고 큰 감명을 받는다. 먼 타지에서 책으로 만난 스승의 사상에 엘리아데는 주저 없이 인도행을 결심한다. 다스굽타의 가르침을 받은 후, 그는 히말라야의 리시케쉬(Rishikesh)에 있는 작은 암자에 6개월가량 머물게 되는데, 바로 그곳에서 엘리아데는 쉬란다(Swami Shiranda)의 도움으로 요가수행에 전념한다. 당시 수행은 후에 학문 작업으로 이어져 결국 부카레스트로 돌아온 엘리아데는 요가에 대한 논문[4]으로 박사학위를 취득한다.

학위 후 엘리아데는 다양한 학문 활동과 함께 열정적 사회활동

---

3) 플라톤의 책을 라틴어로 번역한 이탈리아의 인문주의자이자 철학자이다. 의사이기도 했던 그는 메디치 가문의 후원으로 설립된 플라톤 아카데미를 주도하였다. 메디치 가문은 13세기에서 17세기까지 막강한 영향력을 자랑하던 이탈리아의 명문 집안이다. 특히 이 가문은 레오 10세, 클레멘스 7세, 레오 11세 등 세 명의 교황을 배출한 것으로 유명하다.

4) "YOGA: essai suir les origines de la mystique indienne"(1936), 이 책의 영역본은 다음과 같다. M. Eliade, "Yoga: Immortality and Freedom" (Princeton, Princeton Univ. Press, 1969)

을 시작한다. 뛰어난 문장가인 그는 학자로서 뿐만 아니라 문학가 [5]로도 활동하였고, 또한 신문평론가로서 이름을 높이고 있었다. 그 즈음 엘리아데는 루마니아의 한 우익단체[6]에 열성적 회원으로 활동하였다. 적어도 신문평론가로서 엘리아데는 그 우익단체에 대한 서포터 역할을 마다하지 않았었다. 그러나 서서히 공산화의 길을 걸어가던 루마니아의 정세 속에 엘리아데의 우익활동은 자신의 정치적 입지를 상당부분 축소시키는 원인이 되었다. 1938년 이 문제 때문에 어려움을 당한 엘리아데는 1940년 런던에 있는 루마니아 연락사무소로 파견된다. 그리고 1941년부터 45년까지 포르투갈의 리스본 주재 루마니아 대사관에서 근무한다. 당시 그는 루마니아 민요의 수집에 전념할 수 있는 기회를 얻게 되었고 '환상문학'에 속하는 몇 권의 소설을 발표하며 나름대로는 의미있는 시간을 보내게 된다.[7]

1945년 엘리아데는 프랑스 파리에 정착한다. 당시 루마니아는 공산화가 되었고, 따라서 우익활동 전력이 있던 엘리아데가 조국에서 활동하기란 곤란한 상황이 되었다. 다행히 그는 파리 소르본느 대학의 방문교수라는 신분을 얻을 수 있었고, 그곳에서 계속하여 중요한 종교학적 저술을 발표한다.[8]

---

5) 당시 그는 『마이트레이』(Maitreyi)라는 소설을 1933년도에 발표하면서 문학계에도 분명한 족적을 남겼다.

6) 그 우익단체는 'Erzengles Michaels의 부대' 혹은 'Eiserhe Garade'라는 이름으로 불렸다.

7) 당시 엘리아데가 발표한 소설로는 『세람포르의 밤』(Noptzi la Serampore, 1940)이 유명하다. 이 책 역시 앞서 발표했던 소설 『마이트레이』와 같이 엘리아데 자신의 인도 체류 시 얻은 경험에 대한 문학적 가공으로 알려져 있다.

8) 이때 나온 종교학 저술들은 다음과 같다. 『종교의 역사』(Traite de l'histoire des religions, 1949), 『영원회귀의 신화』(Le Mythe de l'eternel retour, 1949), 『샤머니즘-고대의

1957년 급작스레 스위스에서 운명한 요아킴 바흐의 후임으로 엘리아데는 시카고대학의 종교학 전임교수로 초빙받는다. 그후 그는 세계적인 종교학자로서 열정적으로 학문 활동을 펼친다. 시카고 시절의 엘리아데는 세 가지 커다란 계획을 갖고 있었다. 첫 번째가 〈종교학〉(History of Religions)이라는 학술지의 창간이었고, 이는 1961년 1호를 간행함으로써 목표를 달성하였다. 다음은 그의 필생의 역작이라고 할 수 있는 『세계종교사상사』였는데, 아쉽게도 이 계획은 미완으로 마무리되었다. 1976년 불어로 1권이 출판된 이후 3권까지는 출판되었지만, 마지막을 장식할 4번째 책은 끝내 그의 죽음이라는 장벽 앞에 세상의 빛을 볼 수가 없었다. 엘리아데의 세 번째 계획은 『종교백과사전』(Encyclopedia of Religion)의 완간이었지만, 이 사전편찬의 책임 편집자이기도 했던 그는 완간까지 지켜볼 수 없었다. 사전의 마지막 시리즈인 16번째 책이 출간되기 1년 전인 1986년 4월 22일 그는 시카고에서 자신의 고단한 삶의 여정에 마침표를 찍었기 때문이다.

illud tempus : 고대인의 눈으로 세상보기

흡사 시간 여행자와도 같이 엘리아데는 현대에 살고 있었지만 그의 눈은 언제나 과거를 바라보고 있었다. 하지만 그가 지향하던 과거는 단순히 기억 속에 남아있는 시간의 단편만은 아니었다. 그

접신기술』(*Le chamanisme et les technoques archnoques archaiques de l'extase*, 샤머니즘, 1951). 당시 엘리아데의 저작 대부분은 프랑스어로 출간되었다.

가 꿈꾸고 지향하는 과거는 멀고도 먼 참으로 먼 옛날이었다. 하늘이 열리고 땅이 뒤틀리고 바람이 물을 가르던 개벽의 시대를 엘리아데는 언제나 가슴속에 묻고 있었다. 그처럼 그는 '그때'(*illud tempus*)를 지향하고 있었고, 또 언제나 그는 '그때'를 현대인에게 소개하였고, 혹은 망각 속에 파묻힌 '그때'의 기억이 떠오르도록 애써 설명하고 또 설명하였다. 엘리아데에게 '그때'를 설명하기 위한 도구는 반드시 학술적인 것만은 아니었다. 그는 다양한 방법으로 그가 지향하던 세계를 현대인에게 소개하려했고, 때론 소설 같은 문학작품도 좋은 창구역할을 하였다. 그렇다면 그는 왜 '그 옛날'을 그처럼 지독하게 골똘히 바라보고 있었을까? 이 같은 엘리아데의 '그때'의 집착에서 그가 생각했던 '종교의 본질'이 읽혀진다.

이미 밝혔듯이 엘리아데는 고대인의 자기이해와 세계이해를 자신의 연구 주제로 삼았다. 그는 이를 '고대의 존재론'이라 부른다. 그렇다면 엘리아데가 바라보았던 고대인은 어떤 사람들이었을까? 그리고 그들의 특징은 무엇일까? 엘리아데는 '시간'을 중심으로 고대인과 현대인을 나눈다. 엘리아데는 고대인들에게 역사는 공포의 대상이었음을 지적한다. 흘러가는 시간을 제어하거나 붙잡을 수 없는 인간에게 역사는 공포일뿐이다. 시간의 축적이란 인간에게는 소멸과 직결되기 때문이다. 그래서 어떤 식으로든 인간은 시간을 잊고자 하며, 그것을 거슬러 생명이 넘쳐나는 최초로 '회귀'하고자 한다. 그제야 인간은 일상 속에서 자신을 괴롭히는 시간의 저주와 공포에서 벗어날 수 있게 된다.

그러나 현대인은 고대인과는 다르다. 세속화된 시공 속에서 현대인은 시간의 두려움을 잊고 산다. 아니, 어떤 점에서 현대인은 시간의 주체적 창조자로 스스로를 인정하기도 한다. 엘리아데는 이러한 현대인의 역사친화적인 태도를 '유대-그리스도교적 역사이해의 부산물'이라 보았다. 신적 존재가 역사에 개입함으로써 인간은 바야흐로 시간의 의미와 가치를 긍정적으로 받아들이게 되었다는 것이다. 역사는 인간을 소멸시키고 사장시키는 공포의 괴물이 아니라, 신의 의지가 실현되는 긍정의 마당이 되었고, 바로 그 현장에서 인간은 신의 섭리에 따라 역사의 창조적인 활동가로 자리매김하게 되었다. 이제 인간은 역사를 두려워할 필요가 없다. 역사의 사건은 그것이 무엇이든, 긍정적이든 부정적이든, 적극적이든 소극적이든 간에 더 이상 인간을 공포의 구렁텅이로 몰아넣을 수 없게 되었다. 이제 인간은 역사를 피해 멀리 도망칠 필요도 없이 자신에게 주어진 혹은 사회적으로 맞닥뜨린 개별적 사건이 지니는 신적 의지 혹은 섭리, 즉 역사적 의미를 쿨하게 해석해내면 될 뿐이다. 인간은 역사가 주는 무서움을 그렇게 잊을 수 있게 되었다.

과연 그런 것일까? 현대인은 고대인이 지녔던 역사의 공포를 완전히 떨쳐낸 것인가? 이제 더 이상 현대인은 역사 때문에 무서워하지 않으며, 매 순간 역사의 창조자로서 초역사적 시공에 대한 존재론적 동경을 망각했고, 또 그것을 다시 기억할 필요도 없는 존재가 되어버린 것인가? 그렇다면 세속과 일상에서 경험되는 종교현상은 무엇인가? 왜 무서움이 사라진 세속에서, 역사의 공포를 망각한 일상의 공간에서 사람들은 '단절적 시공의 드러남'을 그리워하고 또 그것에게 매혹 당하고 있는가? 현대인을 향한 엘리아데의 물음은 끊임없이 터져 나온다.

엘리아데의 진단은 인간은 여전히 고대인의 '세계 이해'를 지니고 있다는 것이다. 제 아무리 인간이 역사친화적 존재가 되었다 하더라도, 꾸준히 만나는 일상 속의 초역사적인 체험은 인간 안에 본질적 속성으로 자리 잡은 고대의 존재론을 반증한다는 것이다. 그런 점에서 어느 누구도 '종교적 인간'(homo religiosus)이라는 인간의 본질에서 자유로울 수 없다! 생각해보시라, 일상에서 얼마나 많은 '이질적 시공'의 침범을 당하고 있는지! 무언가에 몰두하고 있는 이의 모습을 살펴보라. 좋아하는 소설이나 영화에 빠져 시간의 흐름조차 망각한 이들의 즐겁고 유쾌한 경험을 생각해보라. 때론 음악에 몰두하여 시간의 축적을 완전히 잃어버리고 행복해 하는 현대인들의 모습을 보라. 일상적이고 무료한 시공에 그처럼 낯설고 이질적인 시공의 접목이 가능한 이유는 도대체 무엇이란 말인가? 『해리 포터』를 읽고 있는 한 소년의 모습을 생각해보라. 책을 가득 채운 현란한 포장과 화장술에 빠져 넋을 잃고 열독하던 아이가 부모에게 달려가 '호그와트 마법학교'의 학생이 되어 해리 포터의 모습을 지켜보고 있었노라 이야기할지라도 우리는 그것이 무척 낯선 풍경이라 단정하며 아이의 정신 상태를 의심하는 우를 범하지는 않는다. 그런 아이를 보며 우리는 시간의 축적에서 해방되어 일상적 시공과는 전혀 다른 이질적 존재를 체험하는 것이 여전히 현대인에게도 유효한 것임을 알게 된다.

바로 그러한 일상적 공간에 전혀 낯선 세력이 등장하는 것! 그것이 바로 '성현'(hierophany)이다. 일상의 시공에 침투하는 참 존재의 모습. 이것이 성현이며 엘리아데는 이를 '존재의 드러남'(ontophany)이라고도 부른다. 존재하는 것, 실재하는 것이 자신의 참 모습을 드러내는 것. 바로 그것이 성현이고, 그것을 담고 있는 것이 종교 현상이다.

자, 이제 문제는 정리되었다. 고대의 존재론은 고대인만의 것은 아니다. 그것은 인간 안에 선험적으로 주어진 '세계를 이해하는 가장 본질적인 한 방식'이다. 따라서 우리는 고대인의 존재론을 보다 인내심 있게 설명할 수 있는 자세를 지녀야 한다. 여기서 엘리아데의 '고대로의 여행'은 더 탄력을 받게 된다. 그처럼 무서운 역사를 고대인은 어떻게 이겨냈는가? 엘리아데는 이와 같은 질문과 함께 세밀한 관찰자의 시선으로 고대의 문명, 문화, 종교적 흔적에 집중한다. 그리곤 하나의 중요한 단서를 찾아낸다. 고대인의 문화 속에 빈번히 등장하는 '반복'의 표상들. 그것이 바로 열쇠다! 그들은 자꾸 무언가로 돌아가려고 하는 행위를 의례적으로 반복하고 있다. 그리고 그 지향하는 바의 꼭짓점에는 바로 '그때', 즉 '태초의 순간'이 있다. 무섭고 떨리는 역사의 공포로부터 탈출하기 위해서는 역사의 시초로 돌아가는 것이 현명한 해결책이었을 것이다. 그래서 고대인은 일상을 깨고 태초의 시간으로 돌아가고자 했다. 그렇다면 어떻게 고대인들은 최초의 시간을 회복할 수 있었을까? 엘리아데의 질문은 꼬리에 꼬리를 문다. 그때 엘리아데의 안테나에 잡힌 것은 바로 '그때'의 모습을 담고 있는 고대인의 문화유산이었다.

신화!

바로 그것이다. 고대인의 신화는 '그때'를 담고 있다. 그래서 하늘이 어떻게 만들어졌는지, 산은, 계곡은, 바다는 …. 종국에는 인간을 비롯한 모든 만물이 어떤 경로를 통해 지금과 같은 모습을 지니게 되었는지를 신화는 설명한다. 이런 점에서 신화는 단지 꾸며낸 이야기가 아니며, 작위적인 거짓도 아니다. 고대인은 신화라는 양식을 통해 그들이 이해하고 있던 세계와 존재를 설명하고 있었을 뿐이다. 고대인은 세계를 신화라는 장르를 통해 보존 가능한 문화

유산으로 만들었다. 이제 고대인은 신화를 들으며 '그때'로 돌아갈 수 있게 되었다. 그리고 신화는 제의와 결합되어 더 큰 생명력을 얻게 되었다. 고대인에게 매년 새해에 반복되는 신화적 제의는 역사의 공포를 잊게 해주는 '세계관적 시스템'이었다. 신화라는 그릇에 담긴 세계이해는 고대인의 행위에도 모범 역할을 하였다. 고대인은 신화가 제공해주는 '그때'의 세계이해에 기초하여 문명이라는 부산물을 만들어갔다. 사원이나 도시 그리고 인간이 거주하는 집은 하늘을 본받아 만들어졌고, 인공적으로 축조된 건축물의 안정과 존속을 위해 치러지는 각종 다양한 제의는 세계 창조의 구조를 모방하게 되었다.

이처럼 엘리아데는 고대인의 눈으로 세계를 읽고자 했다. 그런 점에서 그는 스스로 그렇게 불리길 원했던 것처럼 '종교사학자'이기도 했다. 하지만 그의 역사는 일반적 의미의 역사와는 너무도 달랐다. 왜냐하면 그의 역사는 지금을 넘어선 저 태초의 역사, 바로 '그때'에 고정되어 있었기 때문이다.

종교학은 창조적 해석학

혹자는 나무나 돌을 보고 절하며 그것을 숭배의 대상으로 삼은 이들을 손가락질한다. 그러면서 냉철한 계몽주의적 시선을 가진 양, 돌과 나무도 제대로 구분 못하는 그들의 지적 능력의 비루함을 흉보기도 한다. 기원하는 것을 듣거나 해결해줄 수도 없는 일개 무기질이나 단순 생명체에 지나지 않는 돌과 나무에게 왜 만물의 영장인 인간이 머리를 조아리고 있느냐는 일종의 비아냥거림이다. 하지만 엘리아데의 눈으로 본다면, 우리는 이들의 독선이 오류일 수밖에 없음을 알게 된다. 어떤 이라도 단순한 나무나 돌을 경배의 대상으로 삼지는 않는다. 그들 역시 그것이 나무나 돌이라는 것을 잘 알고 있다. 하지만 그런데도 여전히 돌과 나무에게 절하는 이들이 있다. 왜일까? 그들이 나무와 돌을 둘러싼 시공에 '성현'이 이뤄지고 있기 때문이다. 사람들은 나무와 돌을 통해 드러나는 '존재의 본질'과 또 그러한 성현 때문에 형성되는 '시간 없음'을 체험하고 그에 대한 반응으로 '종교적 행위'를 하는 것이다. 이렇게 행간의 문화적 맥락과 존재론적 의미를 잡아내고 끌어내어 설명하는 것이 엘리아데가 생각한 종교학이라는 분과학문이다.

엘리아데는 종교의 의미를 주도면밀하게 잡아내지 못하게 되는 상황을 심각하게 우려한다. 그는 문헌학·역사학·철학 혹은 사회학적 관점으로만 해석된 종교는 그 본래의 모습이라 할 수 없다고 생각했다. 엘리아데는 종교현상의 의미를 그러한 세속적 관점만으로 잡아낼 수 없다고 단언한다. 환원주의적 종교연구는 종교현상을 나름대로 분석할 수는 있겠지만, 정작 종교의 본질(근원으로의 회귀)은 제대로 보지 못할 것이라 엘리아데는 지적한다. 역사주의라는 토대 위에 진행되는 현대 사회과학적 종교연구는 종교의 본래적 의미를 훼손할 수 있다고 엘리아데는 우려하고 있다. 따라서 종교를 대하는 연구자는 우선 종교현상이 가지는 '비일상적 특성'을 그 누구보다도 잘 이해하고 있어야만 할 것이다.

종교연구가들은 무엇보다도 인간이 '종교적 인간'임을 직시해야 한다. 인간은 종교 행위를 통해 근본으로 돌아가려는 성향을 지녔고, 결국 종교란 그런 과정의 문화적 현상이다. 따라서 종교학은 종교를 기준으로 인류의 종교현상을 기술하고 설명하는 해석학적 작업을 본류로 삼는 분과학문이 되어야 한다. 그리고 종교는 창조적으로 해석되어야 한다. 왜냐하면 눈에 보이지 않는 의미를 잡아내야 만하기 때문이다. 이런 점에서 엘리아데는 생리학, 심리학, 사회학, 경제학, 언어학 등과 같은 환원주의적 학문을 가지고 종교 현상을 해부하는 것에 극도로 민감한 반응을 보인다. 무엇보다 종교학은 종교현상이 가지는 본질적 특성과 또 초역사적인 의미를 잡아낼 수 있어야만 한다. 적어도 엘리아데가 생각하는 종교학은 그렇다. 그리고 그런 점에서 종교학은 환원주의적 학문이 보지 못하는 종교현상의 본질 의미를 축출해내는 '창조적 해석학'이 되어야 한다. .

엘리아데는 학문적 작업 못지않게 문학적 활동을 통하여 종교현상의 본질적 의미를 전달하고자 했다. 따라서 그의 문학 활동은 취미생활 그 이상의 것이다. 단순히 학술연구 중간중간 무료함을 달래기 위한 작품 활동이 아니라, 현대인에게 고대의 종교적 인간이 가졌음직한 실존적 상황을 일깨워주는 효율적 도구로서 작가 생활을 한 것이다. 따라서 넓게 보아 그의 문학 활동 역시 창조적 해석학의 연장 속에 있다고 봐야 할 것이다. 아니 어쩌면 엘리아데 자신은 학술적인 글을 쓰는 것보다 더 큰 즐거움으로 자신의 고대 존재론을 소설에 담아 현대인에게 소개하려 했는지 모른다. 이런 점에서 엘리아데는 학문과 문학의 장벽을 허문 인물로 봐야 할지도 모르겠다. 그리고 그럴만한 자격과 결과물을 그는 충분히 가지고 있다.

비판과 칭송 사이에 서서

엘리아데에 대한 평가는 극과 극이다. 그의 영향력은 지금도 여전하다. 하지만 다른 편에 서있는 학자들의 평가는 그에게서 종교학자라는 지위를 떼어내야 한다고 할 정도로 매섭고 싸늘하다. 이 엇갈리는 평가 사이에 엘리아데는 여전히 살아있는 종교학자로서 우리에게 남아있다.

엘리아데의 옹호자는 여전히 창조적 해석학으로서 종교학에 매력을 느끼고 있다. 종교적 인간의 종교 현상을 제대로 잡아내는 기술적 학문으로 엘리아데의 종교학은 여전히 유효하다고 본다. 최소한의 규범 장치 없이 어떻게 다양한 인간의 종교현상을 해석해낼 수 있겠는가란 물음이 여전히 힘을 받고 있는 것이다. 그리고 더들리(Guilford Dudley)라는 학자는 엘리아데가 역사가가 아니라는 비판에 오히려 더 그를 옹호한다. 그 자신도 엘리아데가 일반적인 의미의 역사가는 아니라고 못을 박는다. 아니 더 나아가 엘리아데는 '반(反)역사가'로서 봐야만 하며, 오히려 그 점이 엘리아데의 큰 장점이 된다고 주장한다. 검증적이고 실증적인 역사주의의 요구대로 엘리아데를 구속할 것이 아니라, 그가 우리에게 보여주었던 창조적 해석학이라는 새로운 종교연구방법을 더 끌고나갈 필요가 있다고 더들리는 주장하고 있다.[9]

엘리아데에 대한 비판은 그의 종교학이 검증적 학문이라 할 수 없다는 점을 부각시킨다. 그들은 엘리아데가 지극히 규범적인 학문 전제를 가짐으로써 현장에서 만나는 다양한 종교현상을 제대로 이해할 수 없다고 단언한다. 그런 점에서 엘리아데의 연구는 종교신학이나 철학 쪽으로 경도되었다고 지적한다. 마르부르크대학

---

9) Guilford Dudley, "Mircea Eliade as the Anti-Historian of Religions" *in Journal of the American Academy of Religion* No.44 (1976), p.352.

의 루돌프[10](Kurt Rudolph, 1929~) 교수도 이런 입장을 대표한다. 물론 루돌프 교수도 엘리아데가 가진 매혹적 부분을 부정하지는 않는다. 하지만 엘리아데식의 종교이해는 억지로 현대인을 고대 종교의 세계로 끌고간다고 보았다. 이러한 엘리아데식 연구는 종교학이 지니는 역사비평적이고 문헌학적 기초를 뿌리째 뽑아버릴 수 있다. 루돌프 교수는 좀 더 목소리를 높여 엘리아데의 규범적 종교연구 방법을 비판한다.

> "역사와 시간을 지양하기 위해 우주적인 성스러움에 철저히 천착
> 해 들어가는 그런 류의 호모 렐리기오스는 결코 존재하지도 않았고,
> 그리고 존재하지도 않을 것이다"[11]

엘리아데를 두고 이처럼 첨예하게 양 진영이 대립하고 있는 것은 오히려 그의 매력이 여전하다는 반증일 것이다. 그가 제시한 종교연구를 위한 선험적 조건('성현', '근본으로의 회귀', '원형으로서 신화', '고대의 존재론' 등등)은 여전히 더 많은 탐구와 논의가 필요한 지금도 뜨거운 논쟁거리라고도 할 수 있을 것이다.

끝으로 한나의 이야기를 다시 꺼내려 한다. 엘리아데의 조국인

---

10) 독일 드레스덴 출신의 종교학자로 영지주의 연구로 세계적인 명성을 얻었다. 라이프 지히대학을 거쳐 마르부르크대학에서 은퇴하였다. 대표작으로는 *Die Gnosis-Wesen und Geschichte einer spätantiken Religion* (Leipzig, 1977)와 *Geschichte und Probleme der Religionswissenschaft* (E. J. Brill, 1992)가 있다.

11) K. Rudolph, "Eliade und die Religionsgeschichte", in: H.-P. Duerr(Hg.), *Die Mitte der Welt*, p.69.

루마니아에서 온 소녀. 그녀는 아이러니하게도 엘리아데의 종교연구를 강하게 비판하는 루돌프 교수 밑에서 학위 논문을 쓰고 있었다. 그것도 엘레아데를 주제로. 비판자의 밑에서 비판을 받는 이의 나라에서 온 학생이 그 비판의 대상을 가지고 학위논문을 쓰는 이 아이러니! 난 세미나를 끝내고 집으로 돌아가는 길에 한나와 마주칠 때면 어김없이 다음과 같이 묻곤 했다.

"요즘 루돌프 교수와 잘 지내? 그리고 너와 루돌프 교수의 엘리아데는 아직 별 문제는 없니?"

장난기 섞인 내 질문에 한나 역시 잊지 않고 웃음을 보이며 대답을 돌려주곤 했다.

"그분이 엘리아데를 왜 싫어하는지 역으로 추적해가면 정말 엘리아데가 어떤 사람이었는지 잘 알게 돼!"[12]

---

12) 엘리아데는 국내에 많이 알려진 종교학자이다. 종교학뿐만 아니라, 민속학과 인류학 등에서도 그는 잘 소개되어 있고, 또 그의 많은 저술이 한국어로 번역되어 소개되어 있다. 엘리아데에 대한 소개서로 다음의 책들을 추천한다. 정진홍, 『M. 엘리아데: 종교와 신화』(살림, 2003), 더글라스 알렌(유요한 옮김), 『엘리아데의 신화와 종교』(이학사, 2008).

엘리아데의 『세계종교사상사』에 대한 평가[13)]

대담자 : 이 길용(마르부르크대학교, 종교학 박사)

이 호영(런던대학교 동양아프리카 연구원, 철학박사)

최 수빈(서강대학교, 종교학 박사)

엘리아데. 참으로 쉽지 않은 이름이다. 만 79세 짧지 않은 인생을 살았고, 그동안 그가 해놓은 일 역시 만만치 않다. 이렇게 쉽지 않은 인생이 엘리아데인데 그가 평생의 역작으로 구상하여 저술한 『세계종교사상사』를 평가한다는 것은 무척 곤란하고 난감한 일이라 하겠다.

한국에서 엘리아데는 복 받은 사람이다. 이런 말을 하면 최근 들어 엘리아데 다시 보기 움직임이 일고 있는 한국 종교학계의 경향이 못내 마뜩찮은 몇몇 분은 어이없는 표정을 지을 수 있을 것이다. 하지만 실제로 엘리아데는 한국에서는 적잖은 혜택을 누리는 몇 안되는 '세계적인' 종교학자이다. 이 말이 의심스럽다면, 지금 당장 외출하여 서점에 들려보시라. 그리고 그곳에서 엘리아데란 이름이 박혀있는 책을 손으로 꼽아보시라! 아마도 당신의 열손가락만으로도

---

13) 이 대담록은 필자에 의해 작성되어 "종교적 인간의 학문적 자서전- 미르치아 엘리아데의 『세계종교사상사』"라는 제목으로 『기독사상』에 게재되었던 것을 수정 보완하여 이곳으로 옮겼다. 『기독교사상』 2006년 1월호(통권 제565호), 82-92쪽.

부족할 것이다. 번역된 그의 책은 줄잡아 20여 권을 헤아리며, 거기에는 학술서적, 소설 그리고 논문집 등이 총망라되어 있다. 이제 그의 마지막 역작이라고 평가받는 『세계종교사상사』 3권까지 젊은 종교학자들에 의해 완역되어 나왔으니 한국의 엘리아데 대접은 극진하다 하지 않을 수 없다.

한국에서 종교학이라는 분과학문을 접할 때 제일 먼저 만나는 이름이 바로 이 사람, 엘리아데이다. 그리고 언제나 그렇듯이 그의 이름 앞에는 20세기 최고의 종교학자라는 별칭이 딱지처럼 붙어 다닌다. 물론 엘리아데는 위대한 종교학자이다. 그리고 종교학을 세계적으로 알리는 데 큰 공을 세우기도 했다. 그렇다고 엘리아데는 자신이 속한 분야에서 오로지 칭송만을 받는 사람 또한 아니다. 그렇기 때문에 이 땅에서도 그에 대한 균형 잡힌 시각은 필요한 덕목이다. 그러니 지금 한국 종교학계에서 시도되는 엘리아데에 대한 재평가는 있어야 할 일이고, 또 그렇게 짚고 넘어가는 것이 학문의 발전에도 필요한 것이라 하겠다. 이에 대해 못마땅한 기분을 피력하는 것이 오히려 더 문제라면 문제라 하겠다.

여기 엘리아데에 대해서, 그리고 그의 책에 대해서 이야기를 나눌 수 있는 학자들이 모였다. 번역된 그의 책에 붙어있는 제목에 시비를 거는 것으로 우리의 엘리아데 품평회는 시작되었다.

제목이 주는 의미

길용 : 책에 붙어있는 한글 제목이 『세계종교사상사』네요. 본래 이 책은 불어로 쓰여졌는데, 거기에 달려있는 제목은 "*Histoire des croyances et des idées religieuses*"이죠. 직역해 보면,

『종교적 신앙과 이념의 역사』 정도겠네요. 이것이 영어로 옮겨질 때, "*A History of Religious ideas*"가 되었고, 다시 한국어로는 『세계종교사상사』가 되었군요. 일본어 번역도 이미 나와 있죠?

수빈 : 예. 일본어 번역은 『세계종교사』로 되어 있구요. 일본어의 경우 엘리아데 사후 그의 제자들이 펴낸 나머지 부분, 즉 『세계종교사상사』의 4권[14]에 해당하는 부분까지 이미 번역되어 있습니다.

호영 : 그런데 여기서 단순히 〈사상사〉라 해버리면 본래 엘리아데가 생각했던 〈종교적 이념〉이라는 부분이 조금 희석되지는 않을까요?

길용 : 그렇죠. 그 부분이 문제가 되죠. 그래서 일본 학자들은 그냥 『세계종교사』라는 타이틀로 가지 않았나 싶어요. 사실 엘리아데에게 '이념'(idea)은 무척 중요한 개념이잖아요. 어쩌면 그의 사상을 관통하는 것이기도 하고, 그가 생각하는 종교의 본질적 요소를 담고 있는 개념이기도 하니까요.

수빈 : 엘리아데는 문화를 '성스러움'이라는 카테고리로 읽어내야만 한다고 보죠. 엘리아데는 그렇게 역사 속에서 지속적으로 반복되는 성스러움의 나타남, 즉 성현을 환원적으로 보려고 한 것이죠. 그런 점에서 이념이란 용어는 유의미함을 유지하게 되죠. 그렇다면 〈사상사〉라는 번역은 자칫 엘리아데가 추

---

14) 엘리아데는 자신의 역작인 이 역사서를 총 4권으로 기획하였다. 하지만 1986년 그의 죽음이 그 계획을 멈추게 하였다. 그러나 그의 제자들이 모여 남겨진 엘리아데의 자필 원고들과 수업용 노트 등을 참조하여 스승의 필생의 소원을 이루어 놓았다.

구하고자 했던, 그러니까 다양한 문화적 현상 속에 반복되고 있는 종교적 이념 혹은 본질적 원형을 잡아내고자 했던 의도가 잘못 전달될 수도 있겠죠.

호영 : 보통 사상사라 하면 개별 종교의 교리 혹은 신학적 내용을 떠올리게 하니까 좀 더 세심한 제목달기가 필요하지 않았을까 싶네요. 사실 엘리아데가 추구하고자 했던 것이 단순한 교리나 신학적 내용은 아니었을 테니까요.

길용 : 그런 점에서 엘리아데는 우리가 생각하는 그런 평범한 역사가라고는 보기 힘들죠. 엘리아데가 이야기하는 역사는 오히려 '반(反)역사' 혹은 '역사 없음'에 더 가깝다고 볼 수 있죠. 보통의 경우 역사란 시간의 축적과 변화과정이라 볼 수 있겠지만, 엘리아에의 역사는 '최초의 역사', 즉 역사가 시작되던 '그때'(illud tempus)를 의미하니까요. 따라서 그가 말하는 역사에는 인류 최초의 기억이 담겨있고, 그것이 표상화된 것이 신화이고, 그것은 의례적 성격을 지니게 되고, 따라서 최초의 역사로 돌아가는 것은 인간이 경험해야 하는 지겨운 세속의 역사를 잊을 수 있는 유일한 통로가 되는 것이죠.

호영 : 거진 헤겔리안이구만요! (웃음)

길용 : 엘리아데는 사실 그 점에서 검증적 종교학자라기보다는 철학자나 신학자로서 발언하고 있다고 볼 수 있어요. 적어도 그가 말하는 '역사'란 일종의 규범적 성격을 지니고 있기 때문이죠.

수빈 : 그렇죠. 그러다보니 엘리아데는 역사를 종교로 환원시키려는 웅대한 계획을 가지게 되고, 그것이 구체화된 것이 바로 이 책이라고 볼 수 있겠죠. 그는 모든 인간의 일상사마저 종

교적인 것으로 치환할 수 있다고 보고 있으니까요.

길용 : 그러다보니 그의 『세계종교사상사』는 기존의 종교사와는 서
술방식부터 차이가 많아요. 철저히 그의 〈성속 변증법〉에 의
해 여과된 내용이 문학적 치장을 통해 독자와의 만남을 기
다리는 거죠. 그러다보니 독자는 상당한 관심과 흥미를 가
질 수 있겠지만. 검증적 역사가에게는 이런 식의 작업이 그리
탐탁치는 않을 겁니다.

수빈 : 그런 점에서 엘리아데는 지속적으로 지적을 받고 있죠. '너무
편향적인 기술이 아니냐' 그리고 '역사적 사료를 선택하는데
도 공정하고 폭넓은 수렴보다는 자신의 종교관에 적당한 사
료만을 취사선택하고 있는 것은 아니냐' 라는 등의 비판이
떠나지 않고 있습니다.

엘리아데에 대한 평가들

길용 : 그렇다면 이즈음에서 엘리아데에 대한 여러 평가에 대해서
이야기를 나눠 보는 것은 어떨까요? 게다가 여기 모인 사람
들이 각각 다른 국가에서 학위를 했으니 각 나라의 평가를
들어보는 것도 재미있겠네요. 먼저 이 박사께서 공부하신 영
국에서는 엘리아데를 어떻게 평가하나요?

호영 : 아무도 엘리아데에 대해서 이야기하고 있지 않죠.(웃음) 제가
그 동네에서 8년여 있었지만, 이쪽 전공에서 엘리아데에 대
해서 진지하게 이야기를 나눈 기억은 별로 없습니다. 물론
엘리아데가 완전히 학문적 토론의 장에서 사라진 것은 아니
지만, 종교를 과학적으로 보고자하는 이들의 논의에서 엘리

아데는 이전보다 눈에 띄게 줄어들었다고 해야겠죠. 오히려 극작가들이 엘리아데에 대해 더 많은 관심과 흥미를 갖는 것 같아요. 종교를 역사로 보는 엘리아데의 시각은 종교를 드라마로 보는 것과 진배없다고 생각하기 때문이겠죠. 특히 신화에 집중하는 엘리아데는 아무래도 문학이나 극작가의 관심 영역 안에 있다고 볼 수 있습니다. 하지만 종교학계에서는 확실히 언급이 줄고 있어요.

길용 : 그럼 한국에서는 어때요?

수빈 : 한국의 종교학은 크게 두 흐름이 있다고 볼 수 있겠죠. 우선 서울대의 종교현상학과 서강대의 종교사학적 전통을 꼽을 수 있겠죠. 물론 근래 들어서는 꼭 그렇지도 않지만, 이전에 두 학교를 이끌던 종교학자라면 서울대는 엘리아데, 그리고 서강대는 월프레드 캔트웰 스미스를 들 수 있습니다. 서울대의 경우는 은퇴하신 정진홍 선생님에 의해 엘리아데가 본격적이고 구체적으로 소개되었다고 볼 수 있습니다. 아니, 서울대만이 아니라 한국에서 엘리아데 소개는 정선생님께 많은 빚을 지고 있다고 볼 수 있습니다. 그리고 엘리아데가 소개될 당시 한국의 종교학은 이제 막 기지개를 펴고 있을 때였으니까, 한국의 종교학은 엘리아데라는 자양분으로 이만큼 성장했다고도 할 수 있겠네요. 그만큼 한국 종교학계에서 엘리아데는 상당한 영향력을 지닌다고 할 수 있습니다. 반면 엘리아데에 대한 균형 잡힌 비평은 그리 활발한 편은 아니었습니다. 엘리아데가 어느 정도 소개된 이후 다른 선생님들이 한두 명씩 학위를 받고 국내로 복귀하면서 상황이 조금씩 바뀌긴 했죠. 그래서 엘리아데 이외의 종교학자들,

예를 들어 요아킴 바흐나 캔트웰 스미스, 니니안 스마트 그리고 조너선 스미스 등과 같은 이들이 소개되고, 또 그들에 의해 엘리아데에 대한 서구 학계의 비판을 접하게 되면서 차차 엘리아데 종교학의 본모습을 살필 수 있는 기회를 얻게 되었죠. 그러면서 점차 엘리아데의 역사기술이 가지는 반역사성, 혹은 작위적인 사료 선택 등에 대한 비판의 목소리가 높아지게 되었습니다. 엘리아데 종교학이 전부였다고 생각하다가 이제 다양한 종교학자들을 접하면서 엘리아데의 종교학 역시 그런 방법론 중 하나였다는 것을 알게 된 거지요. 엘리아데에 대한 혹독한 비판이 있기도 하지만 전 그의 종교학이 나름대로 가치는 지닌다고 봅니다. 특히 현대 학문이 지표를 상실하고 파편화·도구화되어가는 상황에서 엘리아데가 던지는 거대담론은 인문학에 대한 전통적 기대치를 유효하게 할 수 있다는 점에서 여전히 매력적인 요소가 있지 않나 싶습니다.

길용 : 엘리아데에 대한 평가에서는 나라별로 큰 차이는 없는 것 같군요. 독일 같은 경우도 대동소이해요. 우선 독일이라는 나라가 역사비평적인 방법이 강하다보니, 그런 시각에서 엘리아데의 역사기술 방법을 비판하죠. 다들 알고 계시겠지만, 기왕의 엘리아데가 보여주는 사료 선택의 작위성은 계속 비판의 대상이 되었죠. 그리고 엘리아데가 생각하는 종교적 패턴에 대한 강렬한 집착 역시 피해갈 수 없는 비판의 표적이기도 합니다. 그러니까 엘리아데의 생각으로만 제한되어져야 할 '패턴'이 막강한 생명력을 얻어 그렇게 생각하지 않는 종교인의 행위나 문화적 유물을 엘리아데 식으로 해석해버리

고, 마치 그것이 정답인 양 강요하는 것은 학문이 아니라는 태도이지요. 이런 맥락에서 제가 공부한 마르부르크대학 종교학과의 한 교수님은 엘리아데를 무척 위험한 인물로 언급하기도 하죠. 엘리아데가 테러리스트라 위험하다는 이야기가 아니라,(웃음) 검증적 종교학의 근간을 허물 수 있는 사람이라는 점에서 위험하다는 거죠. 종교학도 근대학문으로서 객관적인 학문(Wissenschaft)이 되어야 하는데, 자꾸 그 경계에서 위험한 줄타기를 하는 엘리아데의 곡예를 독일학자들은 편안하게 관람할 수 없었던 것이죠.

하지만 그렇다고 독일식 종교학이 꼭 매력적인 것만은 아니죠. 종교학을 그렇게 검증적이고 실증적인 학문으로만 고집하다 보니, 종교학자의 포지션이 역사학자나 사회학자의 그것과 크게 달라지지 않는다는 거죠. 그렇다면 과연 종교학의 특성이 뭐냐? 그런 질문이 생기게 되는 거죠.

수빈 : 대부분 현 엘리아데를 비판하는 사람들의 시각이 좀 그런 편이죠. 그들은 종교학이라고 하는 학문 자체가 '환원'되어야 한다고 주장하니까요. 그러니까 이전의 종교학자들이 종교라고 하는 것의 가치를 극상시켜서 모든 문화현상의 궁극에 있는 것으로, 그러니까 마치 천상에 있는 것처럼 종교에 대한 언급은 인류 문화의 극점에 대한 것으로 인식하는 것을 탈피해야 한다는 것이죠.

호영 : 근데 제 생각은 좀 달라요. 문제는 엘리아데에게 있는 것이지 종교학에 있는 것은 아니라고 봅니다. 종교학, 그러니까 근대에 형성된 학문으로서의 종교학은 역시 과학(science)입니다. 그렇게 본다면 엘리아데의 종교학은 과학적 학문이라

고는 보기 힘들죠. 따라서 비판의 화살은 엘리아데의 학문 방법론을 지향하고 있어야지, 종교학이라는 학문 자체로 돌릴 필요는 없겠죠.

길용 : 예 물론 그렇죠. 하지만 종교에 대하여 냉담한 현대인이나 태초의 꿈을 상실한 세속인에게 사실 엘리아데의 서술은 상당히 매력적이고 또 자극적이거든요. 그런 점에서 엘리아데의 역할은 또 어느 정도 기능하고 있는 것 같아요.

호영 : 그렇지만 그것이 과학은 아니죠. 소설이나 연극은 될 수 있어도 근대정신이 배태한 과학적 사고의 영역에서 이야기될 성질의 것은 아니죠. 그런 점에서 엘리아데는 전혀 다른 패러다임을 가지고 종교연구를 하고 있다고 볼 수 있습니다. 예를 들어 과학철학 세미나를 하고 있는데 어느 한 도사가 등장해서 '내가 지금부터 기공을 보여주겠는데, 이게 모든 사상, 종교, 문화의 시금석이 되는 것이다!'라고 이야기한다면, 그 자리에 있던 학자들은 어떤 태도를 취하겠어요. 아마 대부분 소통의 불가함을 느끼고 그 자리를 뜨게 되겠죠. 문제는 그렇게 모두들 과학적 마인드로 종교를 대하려고 하는데, 엘리아데는 전혀 다른 시각으로 접근했다는 점, 바로 그것이 지금 엘리아데가 비판받는 가장 큰 요인이라고 생각합니다. 물론 신화나 설화 이야기를 할 때는 엘리아데의 담론이 여전히 유효하긴 하겠죠. 하지만 종교를 연구할 때는 좀차원이 다르다고 생각합니다. 따라서 지금 엘리아데는 과학적 학문을 하는 이보다는 방송국 PD나 극작가, 문학가의 지지를 받는 존재라 할 수 있겠죠.

수빈 : 그런데도 표류하는 현대 학문의 방향을 잡아줄 수 있다는

점에서 엘리아데는 여전히 가치가 있지 않을까 생각합니다. 그러니까 지금은 거의 의미를 상실했다고 여길 수 있는 '신', '종교', '인간' 등을 아우르는 거대 담론이 주는 안식도 완전히 거부하기는 좀 그렇지 않나 싶어요. 그런 점에서 좀 전에도 말씀드렸지만, 표류하는 현대 학문에 속해 있는 사람으로서 저는 오히려 엘리아데가 던지는 거대 담론의 필요성을 느끼고 있습니다.

호영 : 그렇다면 종교학자는 어떻게 호구지책을 할 수 있나요? (웃음) 그러니까 종교학자가 과학자임을 포기하게 된다면 종교인으로 남아야 할 터인데, 어떻게 자신의 연구대상을 포기하고 입에 풀칠을 할 수 있겠어요? 현대 학문은 과학화하면서 각자의 영역에 대한 분명한 구별을 갖게 되었는데, 종교학의 이름으로 그런 거대 담론을 끌어안고 간다면 결국 종교학이 모든 것에 다시 지나친 참견을 하겠다는 것인데, 그 이야기는 오히려 종교학자이기를 포기하고 종교인의 길로 간다는 것을 의미하기도 하는데, 그건 다시 시계를 뒤로 돌리는 일이 아닐까요? (다시 웃음)

영원으로의 회귀

엘리아데는 역사를 그렇게 우호적으로 조망하지 않는다. 물론 이때 이야기되는 역사는 선형적인, 즉 직선적으로 특정한 목적을 지향하고 있는 유대-그리스도교적인 역사이다. 엘리아데에 의하면 본래 인간은 이런 식의 목적을 지닌, 즉 지향점을 가진 역사관을 가지고 있지 않았다. 오히려 자연스러운 문명의 때가 묻지 않은 고대의 인류는 역사를 피하고 싶어 했다. 역사는 지겹고, 무섭고, 허무한 것이다. 역사의 무게에 짓눌려 소중한 생명의 힘을 잃기보다는 역사를 초극하여 최초의 넘치는 에너지를 회복하기를 원한다. 바로 그러한 꿈이 신화를 만들고, 그 신화는 최초의 시간을 담고 있으며, 그것이 의례화되고 거기에 참여함으로 인간은 시간과 역사의 공포를 극복하여 '다시 태어나게 된다'(rebirth)고 보았다. 그것이 바로 죽음과 재생이며, 영원회귀의 흔적이다.

과연 이러한 엘리아데의 해석이 정당한 것인가? 물론 현대의 많은 학자들은 그런 역사관은 너무 제한적이라고 이야기한다. 하지만 그렇다고 엘리아데가 쉽게 물러서는 것도 아니다. 그는 현대인에게 남아있는 고대인이 지녔음직하다고 여기는 역사이해의 흔적을 찾아내어 자신만만하게 들이댄다. 도대체 사람들은 왜 핸드폰에 집착할까? 왜 젊은 친구들은 모바일 게임기를 들고 전철과 버스 그리고 기차 안에서 무료한 시간을 죽이고 있는 것일까? 아이들은 왜 동화와 전설 이야기를 듣기 원하고, 그리고 어른들은 잊지 않고 컴컴한 홀 안에 들어가 스크린에 비치는 영상에 적잖은 시간을 소비하는 것일까? 그들이 느끼는 그 무료함, 지겨움, 답답함, 때로는 잊고 싶어 하는 그것의 정체는 도대체 무엇인가? 이럴 때 엘리아데의 친절한 설명이 고개를 든다. 그것은 바로 인간 저 깊은 내면에 똬리를 틀고 있는 시간에 대한 이해 때문이라는 것이다. 그 지겨움을 이기기 위해 인간은 성스러움을 찾게 된다. 그 무료함과 무서움을 극복하기 위해 속된 것들 속에 숨어있는 성스러움을 발견하는 것이다. 엘리아데의 속삭임은 여전히 현대 인간이 보여주는 문화의 한 면을 설명해주는 흥미로운 분석틀로서 역할하고 있다고 할 수 있다. 그것이 정밀한 과학이든 아니든 간에, 여전히 엘리아데의 매력은 현

후기 산업사회 속에서 살아있는 셈이다.

이렇게 엘리아데는 인간 안에 내장되어 있다고 여기는 종교의 패턴을 다양한 세계종교의 역사에서 찾고 있다. 이렇게 다양한 종교적 이념을 추적함으로 자신의 이야기가 틀리지 않았음을 그는 장장 2천 페이지가 넘게 제시하고 있다. 그것도 꼼꼼하게 자신의 필터에 걸린 사료들을 가지고, 그가 생각하기에 적절한 단어들로 포장하여 학술적인 연구서를 마치 하나의 소설처럼 포장한 것이 바로 그의 『세계종교사상사』이다. 때로 독자들은 그가 뽑아놓은 현란한 타이틀 때문에 놀라기도 할 것이다. 그만큼 엘리아데는 매우 적절한 표제어를 선택하여 그가 생각하는 종교적 이념들을 설명해주고 있다. 그런 점에서 그는 경험 많은 여행 가이드와 같이 자기 그룹을 알리는 깃발을 높이 들고 열심히 앞장서 나가고 있다. 누가 뭐라 하든, 그는 자신이 생각하는 종교의 본질적 요소를 이렇게 종교사를 통해 소개하고 있는 것이다.

그의 책은 석기시대로부터 시작하여 서구의 종교개혁시기까지 이어지고 있다. 총 3권 39장 318항목에 이르는 지극히 문학적이고 현란한 타이틀을 달고 있는 이 책은 엘리아데란 가이드가 기획한 훌륭한 길 안내서이기도 하다. 독자들은 엘리아데의 설명에 의지하여 세계의 다양한 종교를 접할 수 있을 것이다. 그의 활력 넘치는 필력은 수천 년 전으로 거슬러 올라갈 법한 종교의 유물이 마치 지금 내 앞에 와있는 것 같은 착각에 빠져들 정도로 생생하게 소개해준다. 그런 점에서 엘리아데의 책은 참으로 재미있다. 흥미진진하다. 인문학 책이 이렇게 재미있을 수가 있다니! 때론 경탄스럽기도 하다. 하지만 너무도 엘리아데적인 이 책은 그렇기 때문에 반드시 다른 이의 시각과 교차하면서 꼼꼼히 챙겨봐야 할 부담도 아울러 독자에게 강요한다. 즉, 엘리아데가 기술하고 있는 개별 종교가 '과연 해당하는 신앙인에게도 유의미한 것이 되는가?' 우리는 계속해서 물으며 그의 길안내를 따라가야 한다. 그런 점에서 엘리아데의 『세계종교사상사』는 세계종교를 이해하기 위한 완결서가 아니라 그곳으로 들어가기 위한 '입문서'로 삼아야 할 것이다.

영원으로 돌아가고 싶어 했던 고대인처럼, 그의 역사서는 지금도 영원을 지향하고 있다. 그런데 이런 그의 영원에 대한 열정은 어디에서부터 오는가? 호사가들은 엘리아데의 열정적인 연애 경력에서 적잖은 이유들을 찾아낸다. 그리고 사실 엘리아데의 일생에서 에로틱은 빼놓을 수 없는 그림자이기도 하다. 어떤 이는 그의 학문적 작업의 힘은 줄어들지 않는 그의 에로틱 에너지에서 온다고 보는 이들도 있다. 그만큼 로맨스는 그의 학문과 맥을 같이 한다 하겠다. 사실 그가 세상에 내놓은 많은 소설도 로맨스의 결과물이다. 인도 체류시절 스승이었던 다스굽타의 딸과 사랑에 빠져 결국 스승 곁을 떠나야 했던 사실은 유명하다. 그리고 그의 사랑은 소설이 되어 '영원'으로 남았다. 그런 식이다. 엘리아데는 그렇게 학문과 생활 그리고 사랑이 분리되지 않았다. 현대 세속의 시대를 살면서도 그는 고대의 낭만과 열정을 고스란히 간직한 종교적 인간이었다. 그리고 그의 책 『세계종교사상사』는 그런 종교적 인간의 '학문적 자서전'이라 할 수 있을 것이다.

엘리아데와 그의 연인이기도 했던 스승 다스굽타의 딸 마이트레이

- 엘리아데의 주요 저작 -

엘리아데는 국내에서는 가장 많이 알려진 종교학자라 할 수 있다. 그가 남긴 대부분의 저작이 우리말로 옮겨져 있고, 엘리아데에 관한 연구서 역시 다른 종교학자에 비해서는 풍성한 편이다.

Cosmos and History: The Myth of the Eternal Return, 1954. / 정진홍 옮김, 『우주와 역사』, 현대사상사, 1976.

Yoga, Immortality and Freedom, London: Routledge & Kegan Paul, 1958. / 정위교 옮김, 『요가』, 고려원, 1989.

Rites and Symbols of Initiation (Birth and Rebirth), London: Harvill Press, 1958.

Patterns in Comparative Religion, London: Sheed and Ward, 1958. / 이은봉 옮김, 『종교형태론』, 한길사, 1996.

The Sacred and the Profane, London: Harcourt Brace Jovanovich, 1959. / 이은봉 옮김, 『성과 속』, 한길사, 1998.

Myths, Dreams and Mysteries: the Encounter between Contemporary Faiths and Archaic Realities, London: Harvill Press, 1960. / 강응섭 옮김, 『신화·꿈·신비』, 숲, 2006.

Images and Symbols: Studies in Religious Symbolism, London: Harvill Press, 1961. / 이재실 옮김, 『이미지와 상징』, 까치, 1998.

Myth and Reality, New York: Harper and Row, 1963. / 이은봉 옮김, 『신화와 현실』, 성균관대출판부, 1985.

Shamanism: Archaic Techniques of Ecstasy, London: Routledge and Kegan Paul, 1964. / 이윤기 옮김, 『샤마니즘』, 까치, 1992.

The Quest: History and Meaning in Religion, London: University of Chicago Press, 1969.

The Myth of the Eternal Return: Cosmos and History, Princeton University Press, Princeton, 1971. / 심재중 옮김, 『영원회귀의 신화』, 이학사, 2003.

A History of Religious Ideas, vol. I, From the Stone Age to the Eleusinian Mysteries, Chicago, IL: University of Chicago Press, 1978. / 이용주 외 옮김, 『세계종교사상사 1: 석기시대에서부터 엘레우시스의 비의까지』, 이학사, 2005.

A History of Religious Ideas, vol. II, From Gautama Buddha to the Triumph of Christianity, Chicago, IL: University of Chicago Press, 1982. / 이용주 외 옮김, 『세계종교사상사 2: 고타마 붓다에서부터 기독교의 승리까지』, 이학사, 2005.

A History of Religious Ideas, vol. III, From Muhammad to the Age of the Reforms, Chicago, IL: University of Chicago Press, 1985. / 이용주 외 옮김, 『세계종교사상사 3: 무함마드에서부터 종교개혁의 시대까지』, 이학사, 2005.

12. 종교도 결국 사람의 일

윌프레드 캔트웰 스미스(Wilfred Cantwell Smith, 1916~2000)

"인간은 전 역사를 통하여 세계 어디서나 '종교'라는 한 특정한 용어의 도움 없이도, 그리고 그 용어가 함축하고 있는 지적 분석 없이도 종교적일 수 있어 왔다. 사실 나는 어떤 면에서는 아마도 종교라는 개념이 없어야 더 쉽게 종교적일 수 있으며, 종교라는 관념이 인간의 경건성에 오히려 적이 될 수 있다고 느끼게 되었다."

(『종교의 의미와 목적』 44쪽)

종교학의 개인화

윌프레드 캔트웰 스미스는 그의 제자들[1]이 한국 종교학계의 주요 인사로 활동해서인지는 몰라도 몇 차례 한국을 방문하였다. 그 덕에 나도 지근거리에서 그를 보고 질문할 수 있는 기회를 얻을 수 있었다. 북미 사람 같지 않게 자그마한 키에 약간은 통통한 몸집의 스미스는 친절한 자세가 몸에 배인 듯 연신 은은한 미소를 머금고 서투른 영어로 질문을 해대는 학부생에게도 또박또박 답을 건넸다. 그때 난 사람에 대한 스미스의 이해와 애정이 매우 각별함을 막연하게나마 느낄 수 있었다. 사람에 대한 애정과 진지한 자세. 바로 그것이 스미스가 말하는 인격주의적 종교연구의 핵심이고, 이는 이미 그의 삶 속에 녹아있던 것은 아닐까 하는 생각이 들게 했던 경험이었다.

해밀턴 깁

스미스는 1916년 7월 21일 캐나다 토론토에서 태어났다. 어린 시절 그에게 특별한 경험은 어머니와 함께 이집트의 카이로에서 지낸 6개월여의 시간이었을 것이다. 그곳에서 스미스는 아랍세계에 그리스도교

---

1) 서강대 명예교수로 있는 김승혜 교수와 길희성 교수가 하버드 시절 그의 제자이다.

를 전하는 선교사가 될 것을 다짐했다고 한다. 그후 스미스는 토론토대학에서 고전 셈어와 역사학을 전공하며 동시에 캐나다 기독학생 운동의 대표직을 수행하기도 했다. 1938년 학부를 졸업한 그는 영국으로 건너가 캠브리지대학 등에서 신학을 공부했고, 그 당시 저명한 이슬람학 연구자인 해밀턴 알렉산더 로스켄 깁(Hamilton Alexander Rossken Gibb, 1895~1971) 교수를 만나 가르침을 받았다. 1939년에는 자신을 찾아 영국까지 날아온 연인 머리엘(Muriel MacKenzie Struthers)과 평생의 가약을 맺는다. 결혼 후 1940년부터 1945년까지는 〈캐나다해외선교회〉(the Canadian Overseas Mission Council)의 일원으로 인도에서 선교활동을 한다. 스미스는 그의 아내가 의학을 공부하는 동안 라호르(Lahore)에 위치한 포먼 기독대학(Forman Christian College)에서 이슬람과 인도의 역사를 강의하였다. 이때부터 그는 이슬람에 대한 관심과 연구를 이어갔고, 1944년에는 안수를 받고 장로교 목사가 된다.

2차 세계대전이 끝난 뒤 스미스는 토론토로 돌아왔고, 곧바로 미국으로 건너가 프린스턴대학에서 박사과정을 시작하였다. 1948년 마침내 그는 히티(Philip Khuri Hitti, 1886~1978)의 지도로 박사학위를 취득하고, 논문은 후에 다듬어져 『이슬람 현대사』(Islam in Modern History)란 이름으로 출판되었다. 1949년부터 스미스는 맥길대학(McGill University)에서 비교종교학을 가르치기 시작하였고, 1951년에는 록펠러재단의 도움으로 대학 내 이슬람학 연구소(McGill's Institute of Islamic Studies)를 설립하는데 큰 역할을 하며 초대 소장까지 맡았다. 맥길대학 시절의 스미스는 중요한 두 권의 저술을 출간하는데, 그것이 바로 앞서 언급한 『이슬람 현대사』와 『종교의 의미와 목적』(The Meaning and End of Religion, 1962)이다. 그의 학문여정 내내 관심의 중앙에 있던 이슬람연구와 비교종교학을 대표하는 연구서가 바로 이즈음 세상에 나온 것이다.

1964년 스미스는 미국 하바드대학의 신학대학원으로 자리를 옮긴다. 그곳에서 9년 동안 교수직을 수행하여 〈세계종교연구센터〉(Center for the Study of World Religions)의 소장을 역임하였다. 1973년에서 1978년까지는 캐나다의 핼리팩스(Halifax)에 위치한 댈하우지대학(Dalhousie University)의 교수로 있으면서 종교학과를 창설하기도 하였다. 1978년 다시 하버드대학으로 돌아온 스미스는 1984년에는 석좌교수가 되었고, 1985년 은퇴 후에는 토론토대학 트리니티 칼리지 신학부에서 연구 활동을 이어가다 2000년 2월 7일 숨을 거두었다.

국내에서는 스미스의 종교연구를 흔히 '인격주의적(personalistic) 종교연구'라 부른다. 그러나 스미스의 의도를 보다 엄밀히 표현하자면 인격주의적이라기보다는 '개인적'이라 하는 것이 더 적절할 것이다. 물론 인격주의적이라는 표현이 잘못된 것은 아니지만, 우리말의 뉘앙스로 보자면 그 말의 철학적·윤리적 가치가 강해 스미스의 본의와는 다르게 받아들여질 수도 있기 때문이다. 스미스가 종교를 인격주의적으로 연구해야 한다고 말한 요점은 '사람을 떠난 종교는 있을 수 없다'는데 있다. 흔히 우리는 그리스도교, 불교, 유교, 힌두교 등등이 사람과는 상관없이 따로 독립적으로 존재한다고 생각한다. 다양한 종교전통들을 각각 독립된 실체로 보려는 것이다. 스미스는 이를 종교 개념의 '물상화'(reification)라 부른다. 스미스가 보기에 종교를 그처럼 이해하는 것은 문제가 있었고, 사실을 제대로 반영한 것도 아니었다. 한 가지 예를 들어보자, 모든 그리스도교

신자가 동일한 신앙체계와 믿음의 대상을 견지하고 있을까? 그리고 특정한 종교전통의 경전은 객관적으로 그의 가치를 모든 이에게 인정받을 수 있을까? 더 구체적으로 그리스도교의 성서를 생각해 보자. 그리스도교 신자는 성서를 진리의 책으로 받들고 그 안의 내용을 생활 속에 실천하기 위해서 최선의 노력을 다할 것이다. 그러나 그리스도교를 받아들이지 않거나 심지어 거부하는 이에게도 성서는 그러한 가치를 동일하게 지니고 있을까? 스미스의 고민은 바로 이 지점에서 시작된다. 성서에 대한 이해와 가치부여가 사람마다 다를 수 있듯이 같은 종교라 해도 대하는 이들에 따라 전혀 다른 의미를 지닌다는 것이 우리의 현실이다. 그렇다면 종교는 인간과 분리해서 생각해서는 안 된다. 바로 이것이 스미스 종교학의 출발점이다.

스미스는 이전의 많은 종교연구가들은 종교전통을 명사처럼 하나의 실체로 생각하고 그것에 대한 객관적 정보를 수집하고, 분석하고, 해명하는 작업에 매진하였지만, 이것은 되레 종교의 참모습을 이해하는데 장애가 된다고 보았다. 그렇다면 종교를 연구할 때 무엇을 먼저 고려해야 할까? 스미스는 무엇보다 '사람'을 강조한다. 결국 중요한 것은 사람이다. 그가 어떻게, 왜 그 종교전통을 따르고 숭앙하고 있는가가 무엇보다 중요하다. 따라서 종교를 객관적이고 역사적인 유물로만 국한해서는 안 된다. 종교는 살아있는 사람의 일이기 때문이다. 이렇게 스미스는 사람에 집중한 종교연구야말로 제대로 된 것이라고 보았다. 그러니 특정 종교의 전문적 학자라도 해당 종교에 속한 신자의 언어에 귀를 기울이지 않는다면 그의 연구 결과물은 큰 의미가 없다고 보았다. 이런 점에서 스미스의 종교학을 인격주의적 종교연구보다는 '종교학의 개인화'로 옮기는 것이 더 적절할 것이다.

스미스의 개인화된 종교학은 서구중심의 제국주의적 시선을 포기하는 것을 전제로 한다. 사실 종교에 대한 객관적 연구는 계몽주의적 세례를 받은 세속적 서구학자에 의해 주도되었다. 그들은 자신의 학문적 전제를 가지고 낯선 종교나 문화를 분석하고 설명하려 했다. 그런 과정에 정작 연구의 대상이 되는 종교전통에 속한 이의 발언은 무시되는 게 다반사였다. 과연 그것이 정당하고 올바른 것인가란 반성이 스미스의 새로운 종교연구방법을 불러냈다고 봐야 할 것이다. 종교연구가는 종교인을 가르치려 해서는 안 된다. 종교연구가는 질문을 던지는 이들에 지나지 않는다. 그들은 자신의 기준으로 남의 종교를 재단하고, 심지어 신자를 떠나 독립된 실체로서 특정 종교전통이 존재하는 것인 양 주장할 수도 없다.

스미스가 이처럼 사람 중심의 종교연구를 주장하던 즈음의 종교연구는 크게 두 흐름으로 정리되는데, 하나는 종교적 사실에 기초한 객관주의적 연구요, 다른 하나는 종교현상의 본질적 구조와 의미를 묻는 종교현상학적 연구이다.[2] 스미스가 보기에 이 두 흐름 모두 종교만을 위한 연구였다. 그는 이렇게 신앙인의 입장이 빠진 종교만을 위한 종교연구로는 종교의 참된 모습을 이해하는데 문제가 있다고 보았다. 이 점에서 스미스의 인격주의적 종교연구 혹은 종교학의 개인화는 인간 이해를 중심에 두고 있다고 하겠다. 스미스는 이렇게 사람 중심의 종교를 살펴보아야만 정말 생활세계 속 종교의 참된 의미를 이해할 수 있다고 본 것이다.

---

2) 길희성, "인간적 학문: 스미스 종교학과 인문학의 미래" 『종교연구』 13호, 한국종교학회, 1997, 48쪽.

종교란 무엇일까?

이런 관점으로 스미스는 그동안 사람들이 사용하던 종교란 단어와 그것의 쓰임새를 매우 꼼꼼하게 분석한다.[3] 그 결과 그는 우리가 흔히 사용하는 종교란 말에는 두 개의 층이 있음을 발견한다. 그것이 바로 '축적된 전통'(cumulative tradition)과 '초월에 대한 신앙'(faith in transcendence)이다. 축적된 전통은 세대를 통해 전승되는 것을 말한다. 지금껏 많은 이들이 종교라는 이름 아래 생각했던 것들이 여기에 속한다. 종교전통의 문화적 유산을 비롯하여 제도, 관습, 경전, 신조, 의례, 신학, 철학 등을 말한다. 사실 우리가 흔히 종교를 연구한다고 할 때 이런 축적된 전통에 대한 공부를 생각하는 것이 일반적이긴 하다. 하지만 스미스는 그것만으로, 즉 축적된 전통만으로 종교를 제대로 이해할 수 없다고 본다. 이는 종교의 외적 측면일 뿐, 사실 그보다 더 본질적인 것은 내부에 있다. 그것이 바로 초월에 대한 신앙이다. 이는 개인적이며 공동체적이기도 하다. 이 신앙이야말로 앞서 언급한 축적된 전통을 있도록 한 본질적인 것이다. 옷토식 표현을 빌리자면 이는 '누멘의 체험'이라 할 수 있고, 인간 본성에 보편적으로 자리 잡은 '초월에 대한 신앙'이라고도 할 수 있겠다. 그러니 제대로 종교를 읽고자 하는 이들은 반드시 개인의 신앙에 집중해야 한다. 역사적 사료나 문화적 유물을 살피고 해석하는 것으로 만족한다면, 그는 종교를 제대로 이해하는 연

---

3) 이 과정을 담고 있는 연구서가 바로 스미스의 대표작 중의 하나인 『종교의 의미와 목적』이다.

구자라고 할 수 없다. 무엇보다 종교를 연구하는 이들은 생활세계 속 신자들이 축적된 전통과 어떻게 관계하며 그것을 어떻게 운영하는지에 집중해야 한다. 이런 점에서 스미스의 종교이해는 다분히 본질주의적이다. 왜냐하면 그는 눈에 보이는 종교적 축적물보다 개인의 내적 신앙을 더 중시하고 있기 때문이다.

사정이 이러하니 이제 더 이상 스미스에게 기존 종교란 단어는 쓸모가 없게 되었다. 게다가 물상화된 종교개념은 본래 종교의 모습을 제대로 보여주지 못한다고 보았다. 이제 연구자는 종교란 단어 대신 '축적된 전통'과 '신앙'을 사용하면 될 뿐이다. 이런 맥락에서 스미스의 『종교의 의미와 목적』이란 책은 종교란 단어의 역사적 맥락을 밝혀 그것의 용도를 끝내기(end) 위한 안내서라고 할 수 있겠다.

어떻게 연구해야 하나?

스미스는 축적된 전통을 통해 개인의 신앙을 규명해야 한다고 보았다. 그리고 이러한 태도는 요아킴 바흐와 매우 닮아 있다. 바흐 역시 종교에서 경험이 매우 중요하다 보고 또 본질적인 것을 인식하고 있었지만 종교를 연구할 때 경험보다는 그것이 표현된 것으로부터 시작해야 한다고 보았다. 이 점에서 바흐와 스미스는 일치한다. 다만 '종교경험의 표현'은 '축적된 전통'으로, '종교경험'은 '개인의 신앙'으로 이름만 바뀌었을 뿐이다.

종교경험이나 개인의 신앙은 내적이고 주관적인 것이라서 관찰의 대상이 되기에 어려움이 많다. 따라서 종교를 연구하는 이들은 경험과 신앙이 원인이 되어 외부로 표출된 다양한 문화적 결과물로부터 시작해야 할 것이다. 스미스 역시 이런 전제에 따라 종교연구의 세 단계를 제시한다. 그것을 정리하면 '외형적 사실의 발견 → 종교적 의미 파악 → 일반화'라고 할 수 있다.

우선 외형적 사실의 발견을 위해 종교연구가는 연구의 대상이 되는 종교의 대부분을 이해할 수 있는 준비를 해야 한다. 해당하는 종교의 기본을 이루는 언어를 익히는 일은 필수적이다. 그래야 해당 종교전통의 핵심을 이루는 경전을 제대로 이해할 수 있을 것이다. 경전에 대한 이해도 가급적 체계적인 역사비평적 방법을 통해 접근할 수 있어야 한다. 그래서 경전의 형성 연대나 본문의 구성 등에 대한 깊이 있는 이해가 이루어져야 한다. 해당 종교전통의 의례와 공동체 그리고 그것이 실존했던 사회구조에 대한 이해 역시 게을리 해서는 안 된다. 그 밖에도 연구의 대상이 되는 종교와 관련된 다양한 사료들을 수집하여 분석해야 하는 지난한 수고가 수반되어야 한다. 따라서 스미스의 방법을 따르자면 종교학자는 역사가여야 한다. 어느 정도 축적된 전통에 대한 정보가 정리되면 이제 그것에 대한 의미 파악이 진행되어야 한다. 이를 위해선 여러 종교학자의 해석과 이론 그리고 연구자 자신의 공감능력이 중시된다. 이렇게 객관적 연구 결과에 대한 종교적 의미 파악이 정리된 이후에야 연구가는 일반화 작업을 시작할 수 있게 된다. 그러나 종교연구가의 일반화 작업은 폐쇄적이어서는 곤란하다. 종교연구의 결과물은 언제든지 수정될 가능성이 열려있을 수밖에 없기 때문이다.

스미스 자신은 이러한 기준에 따라 성실히 학문의 길을 수행했다. 우선 그는 이슬람에 대한 전문가로 활동하였다. 게다가 그의 이슬람연구는 무슬림조차 수용할 정도로 역사적이고 객관적인 입장을 잃지 않았다. 스미스는 무엇보다 해당 종교인이 수용할 수 없는 결과물에 큰 의미를 두지 않았다. 무엇보다 연구대상이 된 종교의 신앙인에게 자신의 결과물을 인정받는 것이 중요하다고 생각했다. 그러나 사실 이 문제도 그리 간단치는 않다. 왜냐하면 특정한 종교전통에 속한 사람이라고 해서 모두 균일한 신앙을 소유한 것은 아니기 때문이다. 예를 들어 같은 그리스도교 신자라 하더라도 각자의 선이해와 이념의 차이에 따라 신앙의 지향점은 완전히 달라질 수 있기 때문이다. 진보적이고 자유로운 정신을 가진 신앙인과 보수적 색채가 강한 신자의 접촉점 찾기는 같은 종교전통 안에서도 쉽지 않은 것이 현실 아닌가. 그럼 자신이 아무리 역사적으로 객관적인 연구결과를 내놓았다 하더라도 신앙인의 입장에 따라 수용 여부는 확연히 달라질 수 있다. 그럼 연구 결과물의 인정 여부의 기준은 무엇일까? 여기서 스미스는 매우 제한적인 답변을 제시할 뿐이다. 스미스는 어느 정도 교육받은 신앙인이 수용할 수 있을 정도의 결과물이어야 유의미하다는 정도의 방어적인 기준을 제시할 뿐이다.[4] 어쩌면 스미스의 태도는 그가 보편적 진리론보다는 사람 중심의 종교이해를 강조했다는 점에서는 충분히 예견된 것이라 볼 수 있겠다. 따라서 이 지점에서 그가 생각한 진리에 대해 살피는 것이 순리라 하겠다.

---

4) 길희성 교수는 미국 유학시절 이와 같은 질문을 직접 스미스 교수에게 던진 적이 있다고 한다. 이에 대해 스미스 교수는 대학의 학구적 지성인에 의해 받아들여지는 정도의 진술을 기준으로 제시하였다고 한다. 이에 대해서는 다음 글을 참조하라. 길희성 외, "윌프레드 캔트웰 스미스의 인격주의적 종교연구에 대하여"『종교신학연구』1집, 서강대학교 종교신학연구소(1988), 72쪽.

인간적 진리관

스미스는 역사가이다. 그는 역사가의 눈으로 종교를 바라보고 있다. 그리고 그가 조망하고 있는 종교는 사람을 떠나 물상화된 객체가 아니다. 스미스에게 중요한 것은 종교인이지 이념화된 종교 그 자체는 아니었던 것이다. 그는 이런 관점을 진리관에도 이어가고 있다. 스미스의 눈에 종교와 관련된 진리는 객관적이고 보편적 성격을 지닌 철학의 그것과 같을 수가 없었다. 종교는 무엇보다 그 것을 믿고 따르는 신앙인을 배제하고 생각할 수는 없기 때문이다. 따라서 종교의 진리는 그가 제시했던 개인의 신앙만큼이나 주관적이고 개별적이며 상대적이다. 그러니 종교적 진리는 객관적일 수 없다. 스미스는 이를 '인간적 진리관'(a human view of truth)라 부른다. 스미스의 눈에 종교는 인간의 일이며, 인간과 무관한 종교란 있을 수 없으며, 자연과학의 관점으로 종교를 바라봐서는 종교의 본질을 제대로 이해할 수 없다고 보았다. 따라서 그의 진리론은 철학에서 말하는 보편적이고 초월적인 궁극적 실재에 대한 논의라기보다는 '참됨', '진실 됨'(thruthful)에 더 가깝다고 봐야 하겠다. 즉, 종교에서의 진리는 개인마다 다를 수밖에 없다는 스미스식 진리이해이고, 이를 그는 '인간적 진리관'이라 불렀다.

스미스의 빛과 그림자

무엇보다 종교란 개념의 물상화를 지적한 스미스의 견해는 신선

했다. 그리고 종교를 연구하던 대부분의 서구권 학자의 오만과 제국주의적 시선을 깨는데 그의 주장은 효과가 있었다. 그 덕분에 종교연구가의 눈에 신앙인이 들어오기 시작했다. 그리고 세심한 개념사적 고찰을 통해 종교란 용어의 용례를 살핀 것도 그의 공헌 중 하나이다. 종교란 낱말의 잘못된 사용이 본래의 의미를 뒤틀 수도 있기에 스미스는 축적된 전통과 개인의 신앙을 대체어로 제시하였고 심지어 그의 책에서 종교(religion)란 단어가 머지않아 사용되지 않을 것이라 희망 섞인 예언까지 감행한다. 하지만 그의 예언은 빗나갔다. 물론 종교란 단어의 물상화에 대한 그의 지적이 잘못된 것은 아니지만, 대체어로 내세운 '개인의 신앙'이 가지는 주관적 특징은 객관적 학문을 위한 용어로 자리 잡기에 곤란한 것 또한 사실이었기 때문이다.

게다가 스미스가 제시한 개인의 신앙은 또 하나의 '본질 찾기'가 될 수도 있으며, 이는 그가 극복하기 원했던 규범적이고 신학적인 딜레마에 다시 들어가는 오류가 될 수도 있다. 종교의 핵심을 축적된 전통보다 개인의 초월에 대한 신앙에서 찾고 있기에 그가 비교 대상으로 삼는 세계종교'들'에서 그러한 요소를 찾는 하나의 규범으로 작동할 수도 있다는 것이다. 즉, 모든 종교의 핵심을 이루는 개인적 신앙을 찾으려는 것이 스미스에게는 또 다른 모습의 신학적 규범이 될 수도 있다는 것이다.

이러저러한 지적이 있긴 하지만 종교연구에서 인간의 중요성을 확인시켜주었다는 점에서 종교학에서 그의 위치는 각별하다. 스미스 때문에 우리는 그리스도교, 불교, 힌두교, 이슬람을 넘어서는 나와 너의 신앙을 인지할 수 있게 되었다. 그런 점에서 아래 인용문들은 종교 간의 갈등이 유발될 수 있는 상황에 깊게 음미해볼 만한 스미스의 발언들이다.

"그리스도교적 신앙 일반, '불교 신앙', '힌두교 신앙', '유대교 신
앙'이란 것은 존재하지 않는다. 오직 나의 신앙, 너의 신앙 그리고
나의 신도(神道) 친구의 신앙과 나의 한 유대인 이웃의 신앙만이 있
을 뿐이다. 우리는 모두 개인 인격체들이다."[5]

"내가 지녀야만 하는 이상적 신앙이란 존재하지 않는다. 내가 보
아야 하는 하느님이 존재하고, 내가 사랑해야만 하는 이웃이 존재할
뿐이다."[6]

---

5) Wilfred Cantwell Smith(길희성 옮김), 『종교의 의미와 목적』, 254쪽.
6) 위의 책, 254쪽.

- 윌프레드 캔트웰 스미스의 주요 저작 -

국내에서 스미스에 대한 소개는 그의 제자들이 교수로 재직했던 서강대를 통해 주로 이루어졌다. 그리고 서강대에 제출된 종교학 박사 논문 중에 스미스의 연구방법론을 수용한 것들이 제법 있다. 그 중 대표적인 것은 아래와 같다.

오지섭, 「한국 유·불 공존 의식의 배경에 관한 연구: 윌프레드 캔트웰 스미스의 종교이해에 근거하여」, 서강대학교 박사학위 논문, 2002.

류제동, 「하느님과 다르마: 윌프레드 캔트웰 스미스의 불교관과 대승기신론을 중심으로」, 서강대학교 박사학위 논문, 2004.

Modern Islam in India: A Social Analysis, 1943, 1946, 1963

Islam in Modern History: The tension between Faith and History in the Islamic World, 1957

The Meaning and End of Religion, 1962 / 길희성 옮김, 『종교의 의미와 목적』, 분도출판사, 1991.

The Faith of Other Men, 1963 / 김승혜 옮김, 『지구촌의 신앙』, 분도출판사, 1989.

Questions of Religious Truth, 1967

Religious Diversity: Essays, 1976

Belief and History, 1977

Towards a World Theology: Faith and the Comparative History of Religion, 1989

What is Scripture?: A Comparative Approach, 1993

Patterns of Faith Around the World, 1998

Faith and Belief, Princeton University Press, 1987

Believing, Oneworld Publications, 1998

13. 이웃의 세계를 이해하기 위한 종교학

니니안 스마트(Ninian Smart, 1927~2001)

"주위를 살펴보면 이내 우리는 우리의 삶이 의미로 가득 차
있으며, 모든 것이 상징적인 의미를 담고 있고, 그 의미는 종종
시대와 지역에 따라 달라진다는 것을 알 수 있게 된다. 종교와
상징에 대한 교차 문화적 연구는 이 의미의 세계를 이해하기
위한 하나의 방법이다."

(『종교와 세계관』 57쪽)

그의 삶과 길

니니안 스마트는 영국이 낳은 세계적인 종교학자이다. 사실 영국은 국제적 명성을 갖춘 종교학자를 오래도록 배출하지 못했다. 종교학이란 신생 학문은 네덜란드와 독일 등 주로 유럽 대륙에서 학문적 방법론이 꽃피웠고 이후 미국으로 건너가 만개했기 때문이다. 그러다 스마트의 등장으로 영국의 종교학, 특히 그로 인해 시작되고 번성하기 시작한 랭커스터학파의 종교학이 세계적으로 알려지기 시작했다.

세계종교학계에 니니안 스마트가 남긴 공헌과 역할은 막중하다. 허나 상대적으로 우리나라에는 충분히 소개되지 못한 아쉬움이 있다. 그런대로 그의 대표저술인 『종교와 세계관』(*Worldviews: Crosscultural Explorations of Human Beliefs*, 1981)이 꽤 오래전 번역[1]되어 소개되었긴 했지만 앞서 살펴본 엘리아데에 비하면 미흡하기 이를 데가 없다. 그런 점에서 각 전공별로 주로 언급되는 이들이 정해져 있는 우리나라 학문계의 편식현상은 좀 심한 편이다. 서양철학에서는 칸트, 헤겔이고, 중국철학에서는 공자, 주자를 빼놓고는 이야기가 되지 않으며, 신학으로는 바르트와 틸리히, 그리고 종교학에는 엘리아데와 캔트웰 스미스 등이 주로 언급되고 논의될 뿐이다.

그런 점에서 스마트는 더 많이 국내에 소개되고 알려져야 할 학

---

[1] 이 책의 우리말 번역본은 두 종류가 있다. 강돈구 옮김, 『현대 종교학』(청년사, 1986), 김윤성 옮김, 『종교와 세계관』(이학사, 2000). 그 외의 국내에 소개된 스마트의 책으로는 *The World's Religions: Old Traditions and Modern Transformations.*(Cambridge: Cambridge University Press, 1989)을 번역한 윤원철 옮김, 『세계의 종교: 동굴 벽화에서 현대 다원주의까지』(예경, 2004)가 있다.

자이다. 특히 그가 강조했던 '교차 문화적 종교현상학'은 다원화된 현대종교문화를 해석하기에 매우 매력적이기도 하다. 또한 그의 '차원적 종교이해'도 종교를 입체적으로 살필 수 있는 기회를 제공하기에 스마트에 대한 학문적 필요는 더 긴박하다고 할 수 있겠다. 물론 내 짧은 식견 탓에 이곳에서도 스마트는 아주 개략적으로만 전달될 것이다. 부디 진지하게 그를 살피는 학인들이 뒤를 이어 스마트가 남긴 종교학적 유산이 우리 학계에도 풍성히 전달되기를 기대해 본다.

니니안 스마트는 1927년 5월 6일 영국 케임브리지에서 태어났다. 그의 부모 모두 스코틀랜드인이었고 부친이었던 윌리엄 마샬 스마트(William Marshall Smart, 1889~1975)는 케임브리지대학의 천문학자로 일했다. 스마트는 1940년대 중반 스리랑카에 있는 영국 육군 정보부대에서 군복무를 하게 된다. 18세 어린 나이였던 스마트는 이 부대에서 처음으로 중국어를 배우며 유교와 불교를 접하게 된다. 그의 세계종교체험이 학문이 아니라 군복무라는 현실을 통해 이뤄졌다는 것이 흥미롭다. 아무튼 이때 테라바다 불교를 경험한 스마트는 그리스도교 외의 종교에 대해 관심을 갖게 되었고, 이후 옥스퍼드대학교에서 언어, 역사, 철학을 공부하게 된다.

스마트의 강의 경력은 다채롭고 화려하다. 그는 1952년에서 1955년까지 웨일즈대학에서 철학을 강의하였고, 1956에서 1961년까지는 런던왕립학교에서 종교의 역사와 종교철학을 가르쳤다. 1961년에서 1966년까지는 버밍햄대학에서 신학을 강의하였다. 이때까지 주로 그는 철학과 신학을 가르쳤는데, 1967년 주요한 계기가 그를 찾아왔다. 개교된 지 얼마 되지 않은 랭커스터대학(Lancaster University)에 종교학과를 설치하는데 참여하게 되는 기회가 주어진 것이다. 이후 스마트는 그곳에서 경험과학적 종교학을 주도하며 이른바 랭커스터학파의 수장으로 활동하게 된다. 그러다 1976년부터는 미국의 산타바바라 캘리포니아 주립대학교(University of California, Santa Barbara, 줄여서 UCSB로도 불림)에서도 교수로 일하게 된다. 이후 스마트는 한 학기씩 영국과 미국을 오가며 종교학 전도자의 길을 역동적으로 수행하게 된다. 그러면서도 예일대학, 런던대학, 바나라스 힌두대학, 위스콘신대학, 프린스턴대학, 오타고대학 등에서 강의와 강연을 하는 등 국제적으로 왕성한 학술 활동을 펼쳤다.

스마트는 1982년 랭커스터대학, 그리고 1998년에는 산타바바라에서 공식적으로 은퇴하였다. 은퇴 후에도 스미스는 명예교수로서 꾸준히 학문 활동을 하고 있었는데, 2001년 1월 9일 산타바바라에서 랭커스터로 돌아온 지 얼마 되지 않아 급작스런 뇌졸중으로 73세를 일기로 세상을 등졌다.

교차문화적 분석의 대상인 세계관

현대 종교학의 흐름은 대략 세 갈래 정도로 정리한다. 엘리아데와 조너선 스미스로 대표되는 '시카고학파', 윌프레드 캔트웰 스미스의 '하버드학파' 그리고 마지막으로 니니안 스마트의 '산타바바라학파'(혹은 랭커스터학파)를 들 수 있다. 속칭 니니안 스마트의 종교학은 '교차문화적 종교현상학'이라 불린다. 흥미롭게도 시카고와 하버드대학은 개신교 배경 하에 설립된 반면, 산타바바라 캘리포니아대학은 공립학교로서 앞의 두 학교와는 달리 특정 종교전통으로부터 자유로웠다. 이런 대학의 설립 배경이 스마트의 입장에서는 보다 중립적이고 자유로운 지점에서 다학문적으로 종교현상을 분석할 수 있도록 하였을 것이다.

종교학자로서 스미스는 종교를 연구하는 것이 얼마나 고단한 작업인가를 누구보다 잘 알고 있었다. 많은 이들이 하나의 종교전통을 생각하고 그것의 대표적인 교리나 상징을 이해하면 끝이라고 생각할 수 있겠지만, 정작 종교 전문가는 그것만으론 종교를 절대 이해할 수 없다는 사실을 누구보다 잘 알고 있다. 한 가지 예로 그리스도교를 떠올려보자. 그러면 각자 경험하고 알고 있는 그리스도교에 따라 채워지는 내용이 달라질 것이다. 우선 국가별로만 봐도 이 차이는 확연해진다. 독일의 정통 루터파 교회와 한국의 오순절 계열의 교회를 생각해보라. 모양과 용어는 비슷할지 모르겠지만 아무런 선이해 없이 양 교파나 교회의 종교의례를 참여하게 되면 이것이 같은 종교라는 것을 파악하기가 쉽지 않을 것이다. 심지어 같은 국가나 민족이라도 시대별로 얼마나 다른 모양의 전통이 유지되고 있는지를 보면 종교의 본질이나 구조를 한마디로 잘라 말하는 것이 얼마나 위험한 일인가를 통감하게 된다.

이런 점에서 종교는 삶이다. 역사 속에 수없이 다양한 인간의 삶이 있듯이 종교 역시 그러하다. 살아있는 종교를 특정한 용어나 개념 그리고 정의로 구속하는 것은 옳은 일이 아니다. 따라서 종교에 대한 엄격한 정의 내리기는 잠시 멈춰야 한다. 대신 종교에 대해 보다 유연하게 접근할 수 있는 탄력적 이해가 필요하다. 이런 맥락에서 스마트가 제시한 용어는 '세계관'[2](Worldviews)이다. 종교와 세속적 이데올로기[3] 그리고 다양한 문화현상을 아우를 수 있는 개념으로 스마트가 제시한 것이 바로 세계관이다. 이 점에서 스마트는 기존 종교전통 연구에만 국한되던 종교학의 영역을 상당한 정도로 넓혀놓았다.

스마트가 생각하는 종교학은 바로 이 세계관, 즉 타인의 세계관을 이해하기 위한 학문이다. 그리고 이는 타인에 대한 이해로만 멈추지 않고 종국에는 자기 자신에 대한 이해를 추구한다. 현대에서 세계관 분석이 중요한 것은 결국 이것은 이웃에 대한 정밀한 이해를 가져오기 때문이다. 스마트는 세계관 연구가 "감정과 관념을 탐구하고 사람들의 머릿속에 무엇이 들어있는지"[4]를 이해하기 위함이라고 강조하고 있다. 만약 이와 같은 정밀한 세계관 연구가 진행되지 않는다면, 인류는 좁혀지지 않는 오해와 반목 사이에 갈등과 충돌만 키워나갈 것이다. 따라서 세계관 연구는 인류의 공영과 평화를 위해서도 요긴하게 된다. 바야흐로 이웃을 제대로 이해하는 학

---

2) 세계관을 강조하고 있다는 점에서 스마트는 독일의 생의 철학자 딜타이의 영향을 적지 않게 받고 있다고 볼 수 있다. 딜타이 역시 인간의 정신활동은 이성의 법정에 소환되지 않으며, 따라서 그것에 대한 이해는 자연과학의 이해와는 달라져야 한다고 주장했다. 동시대 자연과학의 엄청난 도전에 제 갈 길 모르고 자신의 역할마저 혼란스러워하던 시대적 환경에서 딜타이는 정신과학에서 경험과 역사의 중요성을 강조했다. 대상을 화석화시켜 이해하는 자연과학과는 달리 인간의 정신활동은 삶, 즉 사회-역사-문화라는 긴밀한 관계 속에서 이루어진다. 따라서 이는 인간의 총체와 연결하여 관찰이 아닌 이해에 집중해야 하고, 이를 위해서 '추체험'(Nacherleben)이 무엇보다 강조된다. 딜타이 역시 현실에 대한 인간의 자세를 세계관이라는 용어로 요약했는데, 그의 정리에 의하면 3가지 유형의 세계관이 있다. 첫 번째는 유물론 내지 자연주의(데모크리토스로 대표됨)이고 두 번째는 객관적 관념론(스토아 철학, 헤겔 등), 세 번째는 자유의 관념론(플라톤, 칸트 등)이다.
3) 마르크스주의나 민족주의와 같은 세속 이념 운동들
4) 니니안 스마트, 『종교와 세계관』, 15-16쪽.

문으로 종교학을 자리매김하는 것이며, 이 점에서 그는 엘리아데와 많이 닮아 있다. 왜냐하면 엘리아데 역시 종교학은 고대인의 존재론을 일깨워 그 안에 충일한 영원에의 그리움과 자유로움 그리고 창조성을 회복하여 현대인에게 새로운 철학적 인간학의 문을 열어줄 수 있다고 보았기 때문이다. 이렇게 종교학을 순수 학문 활동만이 아니라 인간의 윤리적이고 실천적 차원으로까지 확장시키려 했다는 점에서 두 사람은 같은 선상에 있다 할 것이다.

그렇다면 이웃의 세계관을 어떻게 연구해야 할까? 스마트는 반델 레우가 차용한 철학적 현상학의 용어를 그대로 수용한다. 바로 '판단중지'(epoché)와 '감정이입'(empathy)이다. 판단중지란 연구대상을 객관적으로 기술하기 위해 그것에 대한 자신의 생각을 잠시 멈추는 것이다.[5] 스마트는 판단중지 못지않게 감정이입의 중요성도 강조하였다. 그는 "함께 걷기"(moccasin walking)로 유명한 북미 원주민의 격언[6]으로 자신의 의중을 드러내고 있다. 상대방의 심정이 되지 않고서는 그를 제대로 이해할 수 없다는 스미스의 지적은 감정이입의 강조로 읽힐 수 있다. 연구대상이 되는 이의 종교적 삶에 상상력을 통한 실존적 참여가 없이 이루어지는 세계관 분석은 공허할 뿐이다. 따라서 스마트의 종교학에서 감정이입은 필수적이다.

하지만 스마트가 지적한 감정이입은 단순 문학적 감수성만을 뜻하지는 않는다. 그것은 오히려 '정보에 근거한 감정이입'(informed

---

5) 니니안 스마트, 『종교와 세계관』, 16쪽.
6) "남의 나막신을 신고 십리쯤 걸어보기 전에는 그 사람에 관해 판단을 내리지 말라." 니니안 스마트(윤원철 옮김), 『세계의 종교: 동글 벽화에서 현대 다원주의까지』(예경, 2004), 16쪽.

empathy)과 '구조화된 감정이입'(structured empathy)에 가깝다. 연구 대상에 대한 충분한 관찰과 연구를 통해 적절한 정보와 지식을 쌓은 뒤 인간에 대한 이해에 근거하여 시도되는 감정이입이야말로 타인의 세계관 분석을 위해 필수불가결하다고 본 것이다.

　　스마트 종교학의 또 다른 특징은 역사에 대한 강조이며, 이것이 엘리아데와는 분명 달라지는 지점이다. 현상학적으로 종교를 연구해야 한다는 점에서 두 사람은 같은 입장에 있지만 역사적 맥락에 대한 강조에서 두 사람은 확연히 달라진다. 무엇보다 스마트는 다양하고 복잡하며 꾸준히 변화하는 종교의 속성에 집중하였고, 이 때문에 엘리아데의 원형 추구보다 역사를 훨씬 강조한다. 유형론적으로 종교를 비교할 때는 역사적 전개과정이 생략된다. 하지만 비교에는 유형론만 있는 것이 아니다. 역사의 변천과정에 대한 비교 역시 유형론 못지않게 중요하다. 따라서 스마트는 현상학적 연구에 비교역사적 방법을 보완하는 길을 택하였고, 이런 맥락에서 그의 종교학은 현상학과 역사학의 결합이라고 할 수 있겠다.[7] 계속해서 스마트는 균형 잡힌 종교이해를 위해 심리학, 인류학, 사회학, 정치학, 경제학 그리고 언어학 등 다양한 학문의 성과를 수용할 수 있어야 한다고 주장하는데, 이런 교차문화적 연구방법을 통해 스마트의 종교학은 인간의 삶을 이해하는 총체적 시각의 학문으로 자리 잡게 된다.

---

7) 김윤성, "니니안 스마트의 비교종교학", 『한신인문학연구』 6집, 한신대학교 출판부(2005), 233쪽.

차원으로 이해한 종교

스마트는 종교를 연구할 때 본질에 대한 물음보다는 그것의 구성요소에 대한 분석에서 시작할 것을 권장한다. 그래서 제안된 것이 7개의 '차원'(dimension)이다. 그의 대표적인 종교학 입문서인『종교와 세계관』에는 6개의 차원[8]이 제시되었는데, 후에 『세계의 종교』 서문에 물질적-예술적 차원(material-artistic dimension)을 추가하여 총 7개가 되었다. 스마트가 제시한 7개의 차원에 대해서는 앞서 언급한『종교와 세계관』[9]에 상술되어 있으므로 여기서는 간략하게 살펴보도록 하겠다.

① 경험적-감정적 차원(experiential-emotional dimension): 종교전통에서 매우 중요한 동기가 되는 요소이다. 창시자의 계시나 회심, 깨달음 등이 여기에 속한다. 옷토가 제시한 '누멘의 감정' 같은 것도 이 차원에 대한 기술이라 할 수 있다.

② 신화적-서사적 차원(mystic-narrative dimension): 종교경험은 이야기를 통해 계승되고 확산된다. 그러나 이때의 이야기는 단순히 옛날의 사건을 다루는 것이 아니라 성스러운 의미를 담고 있으며 '신화'라는 양식을 통해 드러난다.

③ 교리적-철학적 차원(doctrinal-philosophica dimensionl): 종교적

---

8) ① 경험적-감정적 차원 ② 신화적-서사적 차원 ③ 교리적-철학적 차원 ④ 윤리적-법적 차원 ⑤ 의례적-실천적 차원 ⑥ 사회적-조직적 차원

9) 이 책 3장에서 8장까지가 6개의 차원에 대한 설명이고, 7번째 물질적-예술적 차원은 『세계의 종교』, 28~29쪽에 설명되어 있다.

13. 이웃의 세계를 이해하기 위한 종교학 ; 니니안 스마트   **273**

서사를 체계화하여 신념화한 것이다. 주요 종교일수록 이 교리적-철학적 차원이 중시되고, 학자들도 이것을 중심으로 연구하고자 하나 이는 일종의 불균형이 될 수 있다. 왜냐하면 종교에서 교리적-철학적 차원이 중요하긴 하나, 그것은 지적 수준이 높은 종교 엘리트층에 국한된 이야기일 가능성이 높기 때문이다.

④ 윤리적-법적 차원(ethical-legal dimension): 신앙인은 특정한 규칙과 계율을 지켜야 하는데, 이것이 종교의 윤리적 차원이다.

⑤ 의례적-실천적 차원(ritual-pratical dimension): 의례 혹은 제의라고 불리는 각 종교마다 있는 고유한 형태의 행위를 말한다. 예배, 설교, 기도 같은 것이 여기에 속한다.

⑥ 사회적-조직적 차원(social-institutional dimension): 거의 대부분의 종교는 신앙인 공동체를 형성한다. 그리스도교의 교회, 불교의 승가, 이슬람의 움마(umma) 등이 여기에 속한다.

⑦ 물질적-예술적 차원(material-artistic dimension): 종교는 또한 물질적 형태로도 나타나는데, 종교건축물이나 예술작품 등이 여기에 속한다.

스마트는 이러한 7개의 차원이 필요한 이유를 다음과 같이 설명하고 있다.

"일곱 가지 측면은 인간의 정신에 활기를 주고 사회의 모습을 형성하는 데 기여한 종교의 여러 움직임을 균형 있게 서술하기 위해서 마련한 목록이다. 사상의 측면과 실행의 측면 그 어느 쪽도 간과하지 않기 위해서 말이다."[10]

즉, 7개의 차원은 종교를 균형 있고 입체적으로 서술하기 위한 도구적 구분이라고 할 수 있으며, 이런 유의 균형 잡힌 종교에 대한 방법론적 기술 태도는 종교의 본질에 대한 정의 논쟁으로부터 어느 정도 종교학자의 운신을 자유롭게 할 수 있을 것이다.

스마트 평가하기

현대 종교학계에서 스마트의 공헌은 무엇보다 이전 현상학자들에게 부족했던 역사연구 강조를 통해 이 분과학문을 좀 더 경험과학에 가깝게 만들고자 했던 것에 있다. 사실 종교학의 과학화는 일찍이 종교학의 독립을 선언했던 바흐에서부터 시작된 오래된 종교학의 이상이기도 했다. 스마트는 비교문화적 연구와 종교의 차원을 통해 자신의 과제를 수행하려 하였다. 그리고 종교를 입체적이고 균형 있게 기술하기 위해 다양한 학문을 과감히 수용한 그의 태도는 엘리아데로 대표되는 이전의 낭만주의적 현상학의 한계를 넘어서는데 적지 않은 공을 세웠다고 하겠다. 아울러 상대적으로 종교학 불모지에 가까웠던 영국에 특정 종교로부터 독립된 객관적인 종교학과를 대학에 설치하고 이른바 '교차문화적 종교현상학'을 자리 잡도록 한 것 역시 빼놓을 수 없는 그의 큰 공헌이다.

---

10) 니니안 스마트, 『세계의 종교』, 29쪽.

그러나 스마트 역시 몇 가지 관점에서 비판[11]의 대상이 되고 있다. 우선 반즈(L. Philip Barnes, 런던대 킹스 칼리지 교수)는 스마트의 종교현상학에는 옷토와 슐라이어마허로 이어지는 개신교 신학의 낭만주의가 흐르고 있음을 지적한다. 그리고 킹(Richard King, 영국 켄트 대학의 교수)은 스마트의 종교경험에 대한 과도한 강조의 이면에는 서구 중심적 시각이 있다고 비판하고 있다. 여러 종교의 이면에 그들의 역사 문화적 차이를 넘어서는 순수한 경험이 존재한다는 스마트의 관점이 정작 개별 종교의 특수성을 간과할 수 있다는 지적이다. 위브(Donald Wiebe, 캐나다 토론 대학 트리니티 칼리지의 신학부 교수)는 스마트가 객관적인 종교현상을 이해하는 것에 만족하지 못한다고 날카롭게 비판한다. 스마트는 종교의 배후에 신비한 힘과 그것에 대한 인간의 경험을 강조함으로써 종교학의 과학화를 스스로 제한해버렸고, 이런 점에서 그는 자신이 극복하길 원했던 엘리아데와 별반 다르지 않았다는 것이다.

이렇듯 스마트에 대한 평가는 여전히 진행형이다. 하지만 산타바바라학파를 이끌며 교차문화적 종교현상학으로 시카고학파의 현상학적 종교학과 하버드학파의 종교 대화적 비교종교학과 어깨를 나란히 했던 종교학자로서 그의 위상이 흔들린 것은 결코 아니다.

---

11) 니니안 스마트에 대한 학계의 평가에 관련해서는 다음 글을 참조바람. 김윤성, "니니안 스마트의 비교종교학", 238~242쪽.

- 니니안 스마트의 주요 저작 -

Reasons and Faiths: *An Investigation of Religious Discourse, Christian and non-Christian* London: Routledge, (1958)

World Religions: *A Dialogue*. Baltimore: Penguin, 1960.

The Yogi and the Devotee. London: Allen & Unwin, 1968.

The Religious Experience of Mankind. Englewood Cliffs, New Jersey: Prentice Hall, 1969

Philosophy of Religion. Oxford: Oxford University Press, 1970

Background to the Long Search. London: BBC, 1977

In Search of Christianity. New York: Harper & Row, 1979

The Phenomenon of Christianity. Collins, 1979

Beyond Ideology: *Religion and the Future of Western Civilization* (*Gifford lectures*). Harper & Row, 1981

Worldviews: *Crosscultural Explorations of Human Belief*. New Jersey: Prentice Hall, 1981 / 김윤성 옮김, 『종교와 세계관』, 이학사, 2000.

Religion and the Western Mind. State University of New York Press, 1987

The World's Religions: *Old Traditions and Modern Transformations*. Cambridge: Cambridge University Press, 1989 / 윤원철 옮김, 『세계의 종교』, 예경, 2004.

Buddhism and Christianity: Rivals and Allies. Honolulu: University of Hawaii Press, 1993

Religions of the West. Englewood Cliffs, New Jersey: Prentice Hall, 1993

Choosing a Faith. New York: Marion Boyars Publishers, 1995

Dimensions of the Sacred: An Anatomy of the World's Beliefs. Berkeley, CA: University of California Press, 1998

World Philosophies. New York: Routledge, 2000

14. 저항의 종교현상학

조너선 Z. 스미스(Jonathan Z. Smith, 1938~2017)

"사크라(sacra, 聖物)가 성스러운 것은 다만 그것이 성스러운
장소에서 사용되기 때문이다. 성스러운 그릇과 보통 그릇 사이
에 본래적 차이는 없다. 그것들은 성스러운 장소에서 사용됨으
로써 중요성을 지니게 되는 것이고, 도구로서의 유용성과 함께
의미의 주요 원천이 될 수 있는 것이다."

(『종교 상상하기』146쪽)

거인의 어깨 위에 올라선 난장이

　2017년 12월 30일. 우울한 소식을 접했다. 바로 조너선 스미스의 사망 소식이었다. 학자로서 한 시대를 풍미했고, 무엇보다 종교학이라는 분과학문을 엄밀하고 중립적이며 보다 날카롭게 다듬길 원했고 또 그렇게 해왔던 스미스의 죽음은 적지 않은 종교연구가에게 큰 아쉬움을 남겼으리라. 우선 매섭도록 서늘하고 재기 발랄한 그의 새로운 글을 더 이상 만날 수 없다는 것이 아쉬웠겠고, 그로 인해 전개되고 확장되던 종교학 방법론의 논의를 이제 누가 이끌 것인가에 대한 불안감도 그의 죽음에 대한 안타까움을 크게 했을 것이다. 아무튼 이제 제이지[1]는 우리 곁에 없고, 남은 것은 그의 저술뿐이다. 이제 그가 종교학계에 던진 메시지를 살피기 전 그의 생애와 학문의 길을 간략하게나마 살펴보도록 하자.[2]

　제이지는 1938년 11월 21일 미국의 중심지 뉴욕에서 출생했다. 어린 시절 그의 놀이터였던 뉴욕의 맨해튼에는 다양한 박물관이 가득했다. 그 덕분인지는 몰라도 어린 시절의 제이지는 자연과학에 푹 빠져 살았다. 특히 그는 식물에 관심이 많았고 이는 그가 최초로 펴낸 학술적인 글의 주제가 박주가리(milkweeds)라는 협죽도과에 속한 여러해살이 풀이었다는 것으로도 미루어 짐작할 수 있다.

---

1) 시카고대학의 학생들은 그의 이름을 줄여 "제이지"(J.Z.)라 불렀다고 한다. 이 장에서는 앞장에서 언급한 윌프레드 캔트웰 스미스와 구별하기 위해서 '제이지'라는 애칭으로 그를 지칭하도록 하겠다.

2) 제이지의 생애와 학문의 길에 대한 소상한 정보는 그 자신이 저술한 자전적 논문인 "When the chips are down"을 참조하라. 이 논문은 그의 책 "Relating Religion"의 1장에 실려 있다. Jonathan Z. Smith, *Relating Religion: Essays in the Study of Religion*, (University of Chicago Press, 2004), pp.1~60.

이런 전력(?) 때문인지 그의 대표작 중의 하나인『종교 상상하기』첫 번째 장 "담장과 이웃"에서 다원적 유대교 연구의 필요성을 짚어내기 위해 호두와 프랄린[3](praline)을 이용하는 솜씨는 무척 빼어나다. 그러니 이 시절 식물도감을 경전처럼 끼고 살았다는 제이지의 회고가 과장처럼 들리지가 않는다.

허나 그에게도 변화가 찾아왔다. 대학생이 된 제이지는 자연과학이 아닌 인문학의 꽃이라 할 수 있는 철학을 선택한다. 퀘이커[4](Quaker) 교도들이 설립한 해버퍼드대학(Haverford College)에서 그는 서구의 종교전통, 특히 그리스도교 신비주의에 큰 관심을 보였다. 그러나 제이지의 학문적 관심은 종교분야에만 국한되지 않았고, 마르크스와 칸트 그리고 프로이트 등 현대사상과 문명에 큰 족적을 남긴 이들에 대한 독서도 게을리 하지 않았다. 또한 이 시절 접하게 된 프랑스의 구조주의적 문화인류학자인 레비 스트로스(Claude Lévi-Strauss, 1908~2009)의 관점도 스미스에겐 적지 않은 영향이 되었다.

제이지는 해버퍼드대학을 마친 뒤 예일대학의 대학원으로 진학한다. 마침 예일대학의 종교학과는 신학부로부터 독립(1962년)한 상태였고, 제이지는 그곳에서 제임스 프레이저에 대한 논문[5]으로 1969년 박사학위를 취득한다. 그후 본격적인 교육자의 길에 나서

---

3) 땅콩 같은 견과류를 설탕시럽으로 조린 과자의 하나이다. 그 모양이 호두와 매우 닮아 있다.

4) 17세기 조지 폭스(George Fox, 1624~1691)가 만든 그리스도교의 한 교파이다. 퀘이커라는 말은 "신 앞에서 떤다"는 뜻을 가지고 있으며 〈종교친우회〉(Religious Society of Friends)라 불리기도 했다. 신 앞에 만인이 평등하다는 주장을 하였고, 그에 따라 조직 내 목사나 장로 등 어떤 직제도 두지 않았다. 우리나라에는 1955년 무렵 들어왔고 대표적인 한국인 퀘이커교도로는 함석헌을 꼽을 수 있다.

5) 그가 제출한 논문은 다음과 같다. *The Glory, Jest and Riddle: James George Frazer and The Golden* Bough,(PhD thesis, Yale University 1969)

게 되는데 다트머스대학(Dartmouth College)과 산타바바라 캘리포니아 주립대학(University of California, Santa Barbara)을 거쳐 1968년에는 시카고대학의 교수로 취임하게 되었다. 그리고 그곳에서 엘리아데라는 거인을 만나게 되며, 그때 그가 되뇐 말이 바로 "거인의 어깨 위에 올라선 난장이"[6]이다. 그 뒤로 제이지에게 엘리아데는 그를 종교학의 세계로 이끌어주는 안내자임과 동시에 반드시 넘어서야 할 벽이 되었다. 무엇보다 그의 눈에 엘리아데의 종교학은 이념적이었고 자료를 다루는 엄밀성에서 문제가 있었다. 오죽하면 그는 자신의 선생이 남긴 각주와 참고문헌 전체를 일일이 대조해가며 스승의 전거에 문제가 없었는가를 확인했을까. 무엇보다 분석적이고 과학적이었던 제이지의 학문적 태도에 고대인의 존재론과 종교학만의 고유한 학문적 역할을 강조하던 엘리아데의 모습은 탐탁지 않았을 것이다.

그런 갈등과 긴장이 이어지다 1987년 스승 엘리아데는 세상을 떠났고 제이지는 여전히 남아있게 되었다. 자신이 올라섰던 거인이 사라져 대신 자신의 어깨를 후학들에게 내줘야 할 위치에 서게 된 제이지는 형태론적이며 구조주의적인 종교연구에 역사적이며 인류학적 연구를 보완하고자 하는 그의 학문적 사명을 최선을 다해 이어나갔다. 무엇보다 그는 강의에 대한 열정이 남달랐다. 오죽하면 강의계획서 쓰는 것과 학문적 글쓰기를 달리 보지 말아야 한다고

---

6) 스승이자 동료 교수였던 엘리아데를 보고 제이지가 남긴 말이다. 젊은 제이지의 눈에 엘리아데는 그렇게 큰 거인이었다. 하나 세월이 흐르고 엘리아데가 떠난 종교학계에 어느덧 제이지가 선배의 뒤를 이어 거인의 역할을 맡고 있었다. 제이지의 엘리아데에 대한 소회는 다음 글을 참조하라. Jonathan Z. Smith, *Map is not Territory: Studies in the History of Religions*,(University of Chicago Press, 1975), p.90.

말했을 정도였을까. 이런 그의 자세와 관심은 교육관련 저술로도 정리되었다.[7]

제이지는 시카고대학에 1982년부터 '종신교수'[8]로 머물며 강의와 연구 활동을 하다 2013년에 은퇴했고, 2017년 12월 30일에 79세를 일기로 세상을 등졌다.

지도는 지형이 아니다!

엘리아데 못지않게 제이지 역시 남다른 글 솜씨를 자랑한다. 하지만 제이지의 표현은 엘리아데와는 사뭇 비교된다. 엘리아데의 글이 문학적이며 수려한 표현을 자랑한다면, 제이지의 것은 차갑고 서늘하게 읽는 이의 무던함을 무너뜨리는 날카로움이 도드라진다. 그런 점에서 스미스의 글쓰기는 상당히 '계도적'이고 '계몽적'이다. 그의 입장에선 오해하거나 뒤틀어진 생각을 깨기 위한 도구로 예의 그 날카로운 표현을 선호하는 것 같다. 이는 종교에 대한 그의 생각에서도 고스란히 드러난다. 그의 대표작 중 하나인『종교 상상하기』서론에서 그는 "종교는 없다!"고 고함을 지른다. 이것이 어찌 종교학자의 입에서 나올법한 소리인가! 종교를 연구대상으로 삼

---

7) 제이지의 교육과 강의에 대한 생각은 다음 책에 상술되어 있다. Christopher I. Lehrich(Ed.), *On Teaching Religion: Essays by Jonathan Z. Smith* (Oxford University Press, 2012)

8) Robert O. Anderson Distinguished Service Professor of the Humanities. 직역하자면 로버트 앤더슨의 기금으로 만들어진 인문학의 종신교수직이라고 하겠다. 이 직은 일반적으로 알려진 석좌교수(Endowed-Chair Professor)보다 더 명예로운 자리로 알려져 있다.

는 이가 종교가 없다니 도대체 무슨 말인가! 제이지의 전략은 성공적으로 수행된다. 적지 않은 사람이 그의 고함에 귀를 기울이고 집중하게 된다. 그리곤 그의 속내를 살피곤 고개를 끄덕이게 된다. 제이지가 말한 의미는 종교라는 범주는 실체적으로 독립하여 존재하지 않는다는 것이다. 즉, 연구의 대상이 되는 종교란 실체로서 존재하는 것이 아니라 단지 연구자의 개념 속에만 존재하는 것이 된다. 제이지의 일갈은 종교연구의 대상을 일순간에 흔들어 놓는다. 지금까지 우리는 종교라 불리는 것이 늘 외부에 실체로서 존재한다고 생각했는데, 사실은 그런 일원적 실체가 아니라 종교에 대한 학자의 상상이었다면, 종교학의 연구대상은 종교를 대하는 이들의 자세와 결과물에까지 확장될 수 있기 때문이다. 이런 일종의 메타적 연구방법을 제이지는 끊임없이 제기하고 있다. 그러니 그동안 종교학계에서는 꺼려하던 개별 종교의 경전에 대한 주석 작업에 대한 연구도 그는 두려워하지 않고 수용하게 된다. 물론 그가 말하는 연구대상이 되는 주석 작업은 해당 종교의 경전 자체에 대한 해석이 아니라 그것을 해석하는 이들의 자세와 의미 부여이긴 하다.

이러한 계도적 글쓰기는 종교의 형태를 구분하는 것에서도 어김없이 이어진다. 제이지는 종교적 세계관이나 우주론을 전혀 새로운 방식으로 설명하고 있다. 이를 위해 그는 과감히 '지도'란 메타포를 동원하고 있다. 그래서 나온 말이 "지도는 지형이 아니다!"이다. 지도는 땅의 모사로 끝나지 않는다. 되레 그것은 인간의 세계 이해를 담고 있는 보고가 된다. 제이지는 이런 관점으로 인간의 세계 이해를 세 개의 유형으로 요약하고 있다.

첫째, '방위설정의 지도'(locative map)이다. 어떤 이는 탁 트인 세계보다는 담장을 치고 벽을 만들어 안팎을 구분해야 편안함을 느 낀다. 바로 그런 이들의 세계관이 방위 설정의 지도이다. 구획이 없 는 세계는 무질서하다. 거기에 담과 벽이 세워지며 안과 밖이 나뉘 고 중심과 변두리가 정해지면 제대로 된 질서가 자리하게 된다. 바 로 이와 같이 조화와 일치를 통해 의미와 가치를 얻는 것이 방위 설정의 지도이다. 반면 담과 벽을 구속으로 이해하는 이들도 있게 된다. 그들은 질서의 속박이 주는 답답함으로부터 벗어나길 원한 다. 이런 이들이 만들어내는 지형적 세계관이 바로 '유토피아적 지 도'(utopian map)이다. 이는 앞서 살폈던 방위 설정의 지도가 구심적 인 것과는 달리 원심적이다. 이들은 질서의 속박으로부터 탈출하기 원한다. 질서의 세계에 안주해 있기보다는 세상을 바꾸고 변화하 여 유토피아의 세계를 만들기 원한다. 제이지는 제3의 지도로 '부조 화의 지도'(incongruous map)를 제시한다. 이는 앞서 살펴본 두 개의 지도와는 결을 달리한다. 이 지도의 사람들은 구심적 질서나 원심 적 이상향에 경도되지 않는다. 그들은 있는 그대로를 부정하지 않 으며, 되레 그러한 인정 가운데 부정합과 부조화를 인지하고 그를 통한 놀이와 농담을 통한 사고의 전환에 집중한다. 즉, 종교현상이 나 경험이라고 하는 것은 놀이나 농담과 유사한 구조를 지녔다는 것이다. 우리는 기대했던 것과는 전혀 다른 이질적 요소가 생겨나 거나 그러한 것을 인지했을 때 '생각'을 하게 된다. 한밤중 반복되 어 들어왔던 시계침 소리는 전혀 이질적이지 않다. 하지만 자정 넘 어 거실에서 들리는 유리잔 깨는 소리는 매우 이질적이다. 이는 전 형적인 부조화요 부정합적 사건이라 할 수 있다. 그때 우리는 '생 각'한다. 무슨 일이 일어났는지, 저 소리의 원인은 무엇인지에 대한 숨 가쁜 사유가 발생하는 것이다. 종교도 그와 같다는 것이다. 종교는 질서를 지향하거나 이상향을 기대하는 것이라기보다는 일상을 깨는 부정합적 사건에 대한 인간의 인지적 대응이라는 것이다.

종교를 어떻게 연구할 것인가?

이런 관점 하에 제이지는 종교연구에서 '차이'를 강조한다. 그러면서 지금까지 많은 종교연구가들이 '차이'보다는 '유사함'에 너무 많은 비중을 두었다고 비판한다. 물론 종교현상의 유사점을 찾는 것도 중요하긴 하다. 하지만 제이지는 유사함에 집중하여 그것을 구조화하려는 의지 때문에 무엇보다 사료 사용의 엄밀성이 한없이 추락했다고 본다. 그러니 자신에게 유리한 사료만 취사선택하게 된다. 제이지의 눈에 그건 사기일 뿐이고, 엄밀하고 정교한 학자의 자세일 수 없다. 왜 그가 꼼꼼히 선배와 동료의 각주의 출처를 살피고 검토했는지 짐작할 만한 대목이다. 그렇다면 그 차이를 제대로 읽어낼 수 있는 방법은 무엇일까? 제이지는 기존 종교를 연구하는 4개의 방법을 요약 정리해주고 있다.[9]

첫째 민족지적(ethnographic) 방법이다. 이 비교방법은 어색하고 낯선 것을 넘어서는 수단으로 사용된다. 제이지는 이를 여행자의 비유로 설명하고 있다. 여행자는 익숙지 않은 지역에 들어서게 되면

---

9) 제이지는 그의 책 『종교 상상하기』 2장 "비교에는 주술이 살고 있다"에서 이 4가지 방법을 설명하고 있다. 특히 다음 부분을 참조하라. 조너선 스미스(장석만 옮김), 『종교 상상하기』(청년사, 2013), 76~78쪽. 물론 비교방법에 대한 스미스의 비판적 검토는 이 글 이전에도 있었다. 이에 대해서는 다음을 참조하라. Jonathan Z. Smith, "Adde Parvum Parvo Magnus Acervus Erit", *Map is Not Territory*(Leiden: E.J.Brill, 1978), pp.240~264.

자신이 잘 알고 있는 고향의 것에 비추어 새로운 사물을 받아들이고 이해하려 든다. 이때의 비교는 우연적으로 이루어질 뿐이고, 주목하는 것도 낯설고 특이한 것에 집중될 뿐이다. 따라서 민족지적 비교방법은 제한적이고 체계적인 것이라 볼 수 없다.

두 번째는 백과사전적(encyclopedic) 전통이다. 이는 앞서 보았던 민족지적 방법보다는 역사적이고 체계적이다. 대상에 대한 이해가 어느 정도 갖춰진 상태이다. 하지만 이 비교 방법의 단점은 문헌 연구를 통해 획득한 정보가 대부분이며, 따라서 정교한 비교보다는 특정한 범주 하에 여러 정보들을 모아두는 것에 지나지 않을 때가 많다.

세 번째는 형태론적(morphological) 접근이다. 스미스는 이 형태론적 비교방법이 그나마 학문적 효용성을 지니고 있다고 평가한다. 이 비교방법은 우선 소수의 본래적 요소를 상정한다. 이는 일종의 원형 같은 것으로서 이후 개개의 항목을 여기에 비교하는 방식을 취한다. 그러다보니 개별적 요소들은 원형의 반복이나 재현으로 해석될 수 있다. 이렇게 형태론적 비교는 다양한 현상 속에서 유사함을 발견하여 그것을 목록화하여 배열하는 방법을 취한다. 이 과정에서 공간과 시간은 무시되고 논리와 형식이 전면에 나서게 된다.

마지막이 진화론적(evolutionary) 접근이다. 이 비교 방법은 특정한 환경에 적응하는 과정에서 나타난 변화와 지속의 역동성이 강조된다. 이 비교방법에서 중요한 것은 복잡성이다. 즉, 시간적 맥락보다 중요한 것이 단순한 것에서 복잡한 것으로의 진화이며 이에 대한 나열이다.

이 전통적인 비교방법 외에 스미스는 세 가지 새로운 유형에 대한 언급도 잊지 않았다.[10] 통계적 비교, 구조주의적 비교, 체계적 서술과 비교가 그것인데, 스미스는 이 역시도 앞서 살펴보았던 네 가지 비교 유형의 변형에 지나지 않는다고 보았다. 그나마 스미스가 효용성이 있다고 생각한 것은 앞서도 언급했던 형태론적 접근이며, 이마저도 역사적 관점을 보완해야 된다는 전제를 깔고 있다.

저항하는 종교현상학자

제이지의 종교학을 종종 '저항의 종교현상학'이라 부른다. 그만큼 그는 기존의 종교현상학적 연구에 염증을 느끼고 있었다. 무엇보다 그 이전의 많은 종교학자들이 종교를 고유한 그 무엇으로 보려는 태도를 그는 확실히 거부했다. 자류적이라 부르며 종교는 고유한 관점으로 해석해야 한다는 엘리아데 류의 창조적 해석학이 얼마나 위험한가를 그는 힘주어 지적하고 있다. 그는 『자리잡기』에서 성전의 의미를 우주의 중심이라는 이념적 잣대로 푸는 엘리아데의 오류를 꼼꼼히 지적하고 있다. 엘리아데는 고대인의 우주론적 사고 방식이 성전 건축의 주요한 기준이 된다고 보았지만, 제이지는 그렇지 않은 사례들이 적지 않음을 지적하며 엘리아데 류의 성급한 이념적 해석이 가지는 위험성을 고발하고 있다. 이런 그의 성향은 『종교 상상하기』에 실린 5장 "알려지지 않은 신"에서도 잘 드러난다. 그곳에서 제이지는 종종 원시유일신교의 증거로 애용되던

---

10) 이에 대한 상세한 논의는 다음을 참조하라. 조너선 스미스(장석만 옮김), 『종교 상상하기』(청년사, 2013), 81~82쪽.

마오리족의 우주 창생론을 새롭게 해석하고 있다. 꼼꼼하고 철저한 그의 문맥 찾기는 마오리족의 위대한 신 이오는 서구인에 의해 그리스도교의 야웨가 소개되고 그에 대한 정착 과정에 생긴 결과물인 것을 확인하기에 이른다. 즉, 마오리족의 창생신화는 애초부터 있었던 것이 아니라 서구 문화와의 교착과정에서 파생된 일종의 문화적 결과물에 지나지 않은 것이다. 따라서 마오리족의 신 이오 이야기는 새롭게 해석되어야 한다. 이런 점에서 제이지는 역사학자와 종교학자의 차이를 다음과 같이 지적한다.

> "역사가는 텍스트와 콘텍스트 사이에 다양하게 나타나는 연관성을 거론하는 사람이라면, 종교학자는 해석을 더 진전시키는 사람이 아니라 종교적 표현 형태와 텍스트 사이에 어떠한 연관성이 있는지 질문하고 주석하는 작업을 계속 이어나가는 사람이다."[11]

이런 맥락에서 제이지는 종교의 독특성에 대한 집착에서 벗어날 것을 훈계한다. 종교 역시 인간의 산물이며 누구나 이해할 수 있는 평범한 것이다. 그러니 종교학만이 종교를 연구할 수 있다는 배타적 자세는 이제 버려야 한다. 더 이상 그런 구호로 종교를 종교학자의 전유물로 만들 수 있는 시절은 지나갔다고 제이지는 보았다. 그런 이념적이고 규범적인 종교연구는 앞서 살펴보았던 것처럼 종교를 있는 그대로 보지도 못하고 연구자의 선입견에 따라 연구되는 대상의 의미가 곡해되고 왜곡될 뿐이다. 성전의 위치를 우주의

---

11) 조너선 스미스(장석만 옮김), 『종교 상상하기』, 214쪽.

중심으로 보는 한, 그렇지 않은 다양한 사연을 읽을 수 없게 되고, 마오리족의 이오를 그들만의 최고신이요 유일신의 흔적이라고 규범화하는 한, 그들의 창생신화의 원의와 역사적 맥락을 찾는 수고로움은 실종되고 만다는 것이다. 그런 점에서 엘리아데는 제이지의 가장 큰 적이 된다. 고대인의 존재론, 창조적 해석학이라는 이름으로 엘리아데가 수행한 많은 연구는 제이지가 저항해마지 않았던 이념적이고 규범적인 것이었기 때문이다.

종교를 인간의 일상적 현상으로 보려는 제이지의 관점은 그가 종종 인용했던 테렌티우스(Publius Terentius Afer, 기원전 195 또는 185~기원전 159)의 격언에 아주 잘 드러나고 있다.

> "인간에 대한 것 치고 내게 낯선 것이란 없다."[12]
>
> (homo sum, humani nil a me alienum puto)

그러니 제이지에게 이해 못할 종교현상이란 없다. 다만 그 맥락을 찾고 연관성에 대한 열쇠를 풀기까지 지난한 인내의 시간만이 필요할 뿐이다. 모든 관계의 비밀이 해소되고 역사적 의미가 드러날 때까지 종교연구가는 꼼꼼히 검토하고 분석해 나가야 한다. 이런 연장선 속에서 제이지는 미래의 종교학이 나가야 할 길은 법적이고 주석적인 담론이어야 한다고 주장한다.[13]

---

12) 이 말은 고대 로마시대의 작가 테렌티우스(Publius Terentius Afer, 기원전 195 또는 185~기원전 159)의 희곡 『고행자』(Heauton Timorumenos)에 나온다.
13) Jonathan Z. Smith, *Map is not Territory: Studies in the History of Religions*,(University of Chicago Press, 1975), p.300.

제이지의 비난은 종교학을 대하는 연구자의 태도에 대해서는 가차 없었다. 무엇보다 그는 현대 종교학의 배후에 깔려있는 '개신교 스러움'에 대해서도 비판의 칼을 거둬들이지 않았다. 흔히 '개신교 스러움' 혹은 개신교주의란 물질이나 객관적 대상보다는 사상과 추상적인 가치에 대한 집착을 뜻한다. 가톨릭의 전례를 타파하고 성서읽기를 통해 오직 믿음과 은총만으로 구원이 가능하다는 루터의 주장을 생각하면 금방 이해가 갈 것이다. 제이지는 현대 종교를 연구대상으로 삼는 분과학문의 많은 연구자들이 알게 모르게 개신교주의에 경도되어 눈에 보이는 대상보다는 배후의 사상과 본질 찾기에 너무 집중하고 있다고 지적한다.

이러한 제이지의 태도는 종교를 거대담론으로 해석하려는 기존 태도에 대한 학문적 저항이라 볼 수 있으며, 따라서 그의 종교학을 '저항의 종교현상학'이라 부르는 것은 타당하다. 이렇게 제이지는 평생을 두고 종교학을 과학적이고 검증적이게 하려는 노력을 게을리 하지 않았다.

제이지가 남긴 것들

무엇보다 제이지의 공은 종교학을 과학적 학문으로 재무장하려고 했다는 점에 있다. 그의 꼼꼼한 분석의 자세는 종교를 연구하는 이들의 이념적 자세에 대한 성찰을 불러왔다. 다만 그 역시 종교학의 과학화에 집중한 나머지 그의 선배들이 범했던 규범화의 오류를 다시 반복하는 것은 아닌가라는 의혹의 눈길은 여전히 가시질 않고 있다. 즉, 제이지가 선호하는 자연과학적 방법론이 종교연구의 또 다른 규범이요 기준으로 자리 잡지 않을까라는 우려 또한 엄연한 현실이다. 또한 제이지의 지나친 인간중심적 태도는 종교학이 누려왔던 낭만주의적 지위를 훼손하지 않을까 염려하는 이들도 있다. 제이지의 서늘한 분석은 종교학만의 신화적 세계가 설 자리를 모두 지워버릴 수 있다는 것이다.

그런 비판을 감안해도 제이지가 현대 종교학계에 남긴 족적은 거대하다. 오죽하면 "OTSO-JZS"(On the Shoulder of Jonathan Z. Smith)와 "NOTSO-JZS"(Not On the Shoulder of Jonathan Z. Smith)이라는 말까지 나왔겠는가.[14]

이제 제이지의 시대도 끝났다. 그렇다고 그가 꿈꿨던 과학적 종교학의 시도가 멈춘 것은 아니다. 무엇보다 종교학자의 자의식을 강조했던 스미스의 지적은 여전히 우리에게 유효한 가르침으로 남아있다. 종교학자는 무턱대고 외부의 사료와 자료에 빠져들어서는 안 된다. 그전에 먼저 해야 할 일이 있는데, 그것은 연구자 자신이 생각하는 종교가 무엇인지 제대로 이해하고 있어야 하는 것이다. 그가 선택하는 사료는 그것 자체가 종교적이어서가 아니라, 그것을 연구자가 종교적인 것이라 보고 있기 때문이다. 따라서 종교학자의 자의식은 단순 덕목이나 자세만이 아니라 가장 중요한 연구의 대상이 된다는 스미스의 지적은 긴 여운을 남긴다.

---

14) 이 말은 제이지가 엘리아데를 거인이라 표현했듯, 이제 동시대의 연구가들이 제이제를 기준으로 찬반이 나뉘어 있음을 빗댄 표현이다. 이 단어는 데이비드 화이트(David Gordon White)가 가장 먼저 사용했고, 이에 대해서는 다음 글을 참조 바람. 유요한, "거인 엘리아데의 어깨 위에서: 엘리아데 비판에 대한 엘리아데 관점의 답변" 『종교학연구』 30권, 서울대종교학연구회(2012), 7~72쪽.

"종교를 연구하는 사람이라면 누구나 바로 이런 이차적인 영역, 즉 성찰적 상상의 행위를 중심적인 관심사로 삼아야 한다. 바꿔 말한다면 이런저런 문화에서 여러 가지 기준으로 종교적이라고 여겨진 인간의 경험과 표현, 현상과 자료가 엄청나게 쌓여 있지만, 종교 그 자체에 해당하는 자료는 존재하지 않는다. 종교는 단지 학자들의 연구에서 만들어진 것일 뿐이다. 종교는 분석적 목적을 이루기 위해 학자가 비교와 일반화라는 상상적 행위를 하면서 창출된 것이다. 종교는 학문세계를 떠나 독자적으로 존재하지 못한다. 이런 이유로 종교연구자, 특히 종교학자는 가혹할 만큼 자기의식적이어야 한다. 사실 이러한 자의식은 종교학자의 일차적인 자질이며, 가장 주요한 연구대상이 되는 것이다."[15]

---

15) 조너선 스미스(장석만 옮김), 『종교 상상하기』, 22쪽.

- 조너선 Z. 스미스의 주요 저작 -

제이지의 주요 저작이라 할 수 있는 『종교 상상하기』와 『자리잡기』가 우리말로 번역된 것은 한국의 종교학도들에겐 크나큰 축복이다. 번역의 질도 우수해서 어려운 책임에도 이해하는 것이 불편하지 않다. 사실 제이지의 글은 읽어내기가 만만치 않다. 그가 엘리아데만큼 많은 저술을 남기진 않았지만, 대부분의 저술이 오래도록 공들인 논문의 묶음이고, 그 논문 하나하나가 매우 꼼꼼하고 정교한 방법론적 성찰의 여정을 담아내고 있기에 종교학 초보자가 감내하기란 간단치 않다. 그렇지만 용기를 내어 꾸준히 그의 글을 읽고 소화시켜 나간다면 종교와 문화를 대하는 색다른 관점이 어느새 독자에게 주어져 있음을 발견할 수 있게 될 것이다. 그만큼 제이지의 책을 읽는 즐거움은 솔쏠다.

The Glory, Jest and Riddle: James George Frazer and The Golden Bough, PhD thesis, Yale University 1969.

Map is not Territory: Studies in the History of Religions, University of Chicago Press, 1975

Imagining Religion: From Babylon to Jonestown, University of Chicago Press, 1982 / 장석만 옮김, 『종교 상상하기: 바빌론에서 존스타운까지』, 청년사, 2013.

To Take Place: Toward Theory in Ritual, University of Chicago Press, 1987 / 방원일 옮김, 『자리 잡기: 의례 내의 이론을 찾아서』, 이학사, 2009.

Drudgery Divine: On the Comparison of Early Christianities and the Religions of Late Antiquity, University of Chicago Press, 1990

Relating Religion: Essays in the Study of Religion, University of Chicago Press, 2004

15. 한국에서 종교학 하기

"하나의 이념, 하나의 가치관, 하나의 왕조에 오래도록 집중되고 노출되었던 우리의 에토스는 아직 제대로 된 개별적 자아의 가치를 인정하지 못하기에 이해담론 중심의 종교연구가 못내 불편하다. 종교하면 진리논쟁이 되어야 하고, 당연히 참된 종교에로 집중되어야 하는데 이해만을 목적으로 하는 연구라고 하는 것은 왠지 밋밋하고, 제대로 된 연구처럼 보이지가 않는다. 그래서 종교와 관련된 연구는 쉽게 진리 논쟁에 매몰되어 버리고, 3자적 관점의 탐구나 연구는 불필요하거나 혹은 크게 신경 쓸 필요 없는 학문적 사치가 되어 버린다. 이런 에토스적 환경에서 이해담론이 설 자리는 난망이다. 따라서 종교학자의 발언은 목적지를 잃고 방황한다. 해당 종교인들은 자신들에 대한 제대로 된 설명이 못된다고(진리담론이 아니기에) 외면하고, 인근 연구자들은 종교라고 하면 그냥 고리타분한 주제라 간단히 방치해 버린다. 이는 우리 사회가 여전히 제대로 된 계몽의 강을 넘어서지 못한 결과라 해석할 수 있다. 따라서 지금 한국사회의 종교학은 (서구의 경우처럼) 계몽의 수혜자가 아니라, 개척자가 되어야 하는 이중고를 겪고 있는 셈이다."

(이길용, 『종교로 읽는 한국사회』 74쪽)

종교학에 대한 몇 가지 여전한 오해들

한국에서 종교학자로 살기 위해서는 대략 두 가지 정도의 오해에 기초한 질문이나 이야기를 반복적으로 들어야만 하는 수고로움을 감내해야 한다. 우선 개별 종교에 속한 신앙인은 종교학이 자신들의 신앙이나 교리 전개에 위협적 요인이 될 수 있다고도 판단한다. 그래서 그들은 종교학에 속해 있는 이들에게 매우 비우호적인 눈빛을 보내곤 한다. 종교를 '변론'이나 '변호'를 목적하지 않고 중립적이고 객관적으로 하는 연구가 과연 가능하겠냐는 의심과 더불어 그들은 신앙하는 종교를 연구대상으로 삼고 있는 종교학자의 언사와 학문 작업에 무척 예민하게 반응하거나 아예 무관심으로 일관하곤 한다. 그런 이들에게 종교학은 무엇보다 종교인의 신앙을 이해하고자 할 뿐이며, 진리와 존재에 집중하는 학문은 아니라고 진지하게 손사래를 쳐대도 그들의 의혹어린 눈빛은 쉽게 거두어지지 않는다.

이러한 난감함은 종교학에 우호적인 이들을 만났을 때도 크게 달라지지 않는다. 이들은 종교학을 개별 종교의 진리를 아우르는 '절대 진리' 내지 '슈퍼(?) 진리'를 추적하고 결국에는 그것을 잡아채는 일종의 도통한 분야와도 같은 것으로 생각한다. 일반 대학 내에 설치된 종교학과에는 보통 이런 부류의 학생이 몇 명씩은 끼어있기 마련이다. 따라서 이들은 처음 종교학이란 과목의 개론 수업을 들을 때부터 적잖은 혼란에 빠진다. 다양한 종교의 교리나 진리 추구 방법을 일목요연하게 정리하여 새롭고도 총체적인 깨달음의 길을 열어줄 수 있을 것이라 생각했던 종교학이 초장부터 그 같은 형이상학적 환상을 무참히 깨어버리기 때문이다. 이처럼 진리를 찾는 도구로 종교학을 선택했던 이들의 눈에 종교학이라는 학문은 밋밋하고 맛이 없기 짝이 없다. 과감하게 진리에 대해 발언하지도 못하고 검증적 학문이라는 자기 정체성을 유지하며 아슬아슬 진리에의 문제를 교묘히 피해가는(?) 종교학이라는 학문이 때로는 이들의 성깔에 맞지 않을 뿐만 아니라, 경우에 따라서는 심지어 얄밉게 느껴지기까지 할 것이다.

종교학이란 학문은 대관절 무엇이기에 이처럼 상이한 평가를 한 몸에 받고 있는가? 한 쪽에서는 자신들의 진리체계를 위협하는 것으로, 또 다른 한편에서는 도저히 진리에 이르는 길이나 도구가 될 수 없으며, 오히려 진리에의 갈증을 더욱 유발케 하는 것으로 여겨지는 이 종교학이라는 학문의 정체는 도대체 무엇이란 말인가? 종교학에 대한 오해는 끝이 없다. 때론 종교학에 대하여 어느 정도 오리엔테이션이 되어있으며 심지어 자신들도 종교학적 연구를 한다고 자임하는 이들에게서도 이러한 오해는 여전히 살아있다. 이는 특히 '종교 간의 대화'에 큰 의미를 부여하는 종교신학자들에게서 종종 발견된다. 사실 종교 간의 대화는 학문적 과제라기보다는 '윤리 문제'에 더 가깝다. 종교 간의 대화에 몰두하는 이들은 '대화'야말로 종교 간의 평화와 그들이 속해 있는 공동체의 화해와 조정을 위해 반드시 필요한 것이라 생각한다. 종교신학자의 눈에는 다양한 종교를 연구한다면서도 종교 간의 대화에 미적거리는 종교학자의 나태함(?)이 좀체 납득되지 않을 것이다. 도대체 종교 간의 대화를 위해 투신하지도 않을 거면서 종교학이란 학문은 왜 하는지 모르겠다는 그들의 푸념과 비아냥거림은 나름대로 절제된 형식으로 계속 제기되고 있다.

하지만 아쉽게도 종교학자들은 종교 간의 대화에 스스로를 투신해야만 한다는 어떠한 학문적 당위성도 가지고 있지 않다. 대화라고 하는 것은 철저히 당사자의 문제이며, 또 그것은 학문적 관심이라기보다는 '도덕적' 혹은 '행정적' 요청에 의한 것일 뿐이다.

종교학자는 개별 종교에 속해있건 아니건 간에 종교학이라는 도구적 학문을 통하여 종교의 진리를 탐구하지 않는다. 오히려 종교학은 각 종교전통에서 진리를 탐구하고자 하는 종교인의 태도와 그 부산물로 생산된 다양한 표현양식을 역사 – 구조적으로 탐구하고 기술하는 것에 더 관심을 둔다. 다시 말해 종교학이 지향하고 바는 '종교적 진리'가 아니라, 진리를 추종하고 있는 '종교인들'과 그들이 역사 속에 유전시키고 있는 다양한 '문화적 유산들'이다. 이처럼 종교학과 종교신학은 출발점뿐만 아니라 이후 지향하는 방향도 다르다. 따라서 종교신학자는 종교학자의 연구결과를 수용 혹은 이용하여 대화사업의 유용한 도구로 사용할 수 있겠지만, 종교학자로 하여금 종교 간의 대화를 위한 '윤리적 과업'에 직접 투신하라고 강요할 수는 없다.

그렇다면 도대체 종교학이라는 분과학문은 왜 필요한 것인가? 이미 기존하는 신학적 종교연구가 있는데 왜 '검증'이라는 딱지가 붙은 또 다른 종교연구가 필요한 것인가? 이미 이 물음의 답은 지금까지 논의를 통하여 충분히 제시되었을 거라 생각한다. 다만 지금 거칠게나마 종교학의 역할이나 기능을 원론적으로 다시 한 번 짚어보고자 한다.

우선 종교학은 다양한 종교문화를 그 연구대상으로 한다. 그리고 그들을 연구할 때 변증 – 변론적 방법을 사용하지 않는다. 종교학자는 특정 종교를 설명하거나 그것의 교리를 타인에게 설득하기 위해 연구하지는 않는다. 그보다 종교의 역사적이고 구조적인 그리고 현상적인 문제를 가급적 중립적 입장에서 '이해'하고자 할 뿐이다. 그렇게 함으로써 특정 종교에 관심있는 이들에게 자세하고도 객관적인 정보를 전달하려고 한다. 그것뿐이다. 그것 이상을 넘어서는 학문적 욕심을 종교학자는 괄호 안에 넣는다. 경우에 따라 종교학적 연구 결과물이 매우 밋밋할 때가 있다. 그 이상을 요구하며 '존재', '진리', '절대' 등등 엄청난 단어들에 지고의 가치를 부여하는 이들에게 종교학이란 학문은 종종 '비겁'해 보일 수 있다. 정언적 선언이 필요한 지점에서 급히 짐을 싸 자리를 옮겨버리는, 즉 진리의 문제에 적은 책임감이다. 그래서 얄미운 분과학문이 바로 종교학이라 생각할 것이다. 하지만 종교학 본래의 성격에 눈을 뜨게 되면 그 정도 도피는 그렇게 이해 못 할 바도 아니다.

'다름'과 '차이'

반복되는 이야기지만 종교학은 종교라는 문화 현상을 가급적 검증적으로 이해하기 위해 태어난 근대 학문이다. 종교학의 태동 배경을 꼼꼼히 살피면, 계몽주의와 낭만주의가 묘하게 동거하는 모양새이다. 종교학의 시작은 계몽주의라는 시대사조에 적잖은 빚을 지고 있다. 물론 종교학은 또한 반(反)계몽주의 전선에 서 있기도 하다. 이성 중심의 건조한 계몽주의적 세계이해에 반기를 들고 정서적, 체험적, 경험적 요소의 가치에 좀 더 많은 비중을 두고 있는 것이 종교학이다. 종교는 속성상 이성적이고 합리적이라기보다는 '감성적'이요 '비합리적'이라는 것이 종교학자의 시각이다. 따라서 이

성주의적 접근보다는 신비주의를 용납하는 생철학적 시각으로 접근해야 종교를 제대로 이해할 수 있다고 초기 종교학자들은 주장하였다. 하지만 신앙적 가치에 절대성을 부여하고 그로부터 종교적 가치를 연역하려 했던 근대 이전의 종교연구와는 달리 도구적 인식이성에 기초해서 종교란 현상을 '이해'하려고 했다는 점에서 여전히 이 분과학문은 계몽주의에 빚지고 있다.

여기서 잠시 계몽주의 사조와 그 이후 사상 전개에 대하여 조금 더 언급해보자. 사실 계몽주의는 인식이성의 발견을 통하여 인간이 지닌 '세계이해의 세속화'를 꽃피운 시대정신이다. 계몽주의 이전의 인간은 신적 존재 혹은 궁극적 실재에 기반을 둔 일종의 신앙적 판단에 의거하여 세계를 이해했다. 즉, 존재론적 세계 이해가 주류였던 것이다. 계몽주의가 등장함으로 궁극적 실재는 인식이성에게 왕좌를 내어주었고, 바야흐로 사상계는 존재론이 아니라 인식론을 중심으로 편제를 다시 꾸미게 되었다. 즉, 인식이성의 시대가 시작된 것이다. 아퀴나스의 명제처럼 계몽주의시대에는 "인식이성과 그 대상인 사물이 일치할 때 그것이 진리"(veritas est adaequatio intellectus rei)였다.

이후 계몽주의 사조는 코페르니쿠스, 다윈, 마르크스, 프로이트 등 패러다임의 전환을 요청하는 사상가의 등장에 힘입어 근대의 굳건한 대표 정신으로 자리를 잡았다. 이제 더 이상 지구는 우주의 중심일 수 없다! 오히려 지구는 광활한 우주에 비춰본다면 먼지 같은 작디작은 혹성에 지나지 않을 뿐이다. 자연과학과 천문학의 발달은 점차 인류로 하여금 지구 중심적 사고를 지양하고 더 넓고 광활한 우주로 눈을 돌리게 만들었다. 거기에 다윈의 연구는 인간과 동물의 구별을 애매하게 만들었다. 신과 인간의 차이만큼 분명하다고 여기던 인간과 동물의 차이가 다윈과 그의 제자들에 의해 허물어져 갔다. 진화론의 관점에 인간 역시 동물에 지나지 않는다! 근본적으로 인간 역시 동물의 속성을 지닌 유기적 존재일 뿐이다. 마르크스의 등장은 역사 가운데 신의 의미를 찾고자 했던 이전의 시간관에 심대한 변화를 가져 왔다. 이제 역사 역시 과학적 방법에 의해 분석 가능하고 예측 가능한 대상이 되었다. 물론 마르크스의 역사관은 묵시론적인 유대-그리스도교의 시간관에 기대있다고 할 수 있다. 하지만 그가 역사를 과학적 토대로 재구성하려 했다는 점에서 이전의 역사관과는 분명히 구별된다. 신적 존재가 개입하는 마당으로서의 역사, 그리고 그런 신적 간섭 때문에 의미를 부여받던 역사가 마르크스에 이르러 과학적 동인에 의해 흘러가는 기계적 대상으로 인식되기에 이른다. 직선적 특징은 그대로 유지되지만, 그 안에 신적 존재는 제거되고 이른바 과학적 방법을 적용시켰다는 점에서 마르크스의 역사 이해는 이전의 유대-그리스도교적 시간관과는 분명 차별된다. 또한 프로이트의 정신분석학은 인간의 심리를 양화(量化)시켜 이해할 수 있는 길을 열어놓았다. '영혼', '정신', '심령' 등등 이전에는 수치로 판단하거나 평가할 수 없던 심리의 세계를 이제 눈에 잡히는 수치와 통계로 연구하고 언급할 수 있게 되었다. 그렇게 프로이트는 심리세계의 형이상학적 포장을 과감히 벗겨 버렸다.

계몽주의의 출현은 종교와 신앙을 취급하던 분야로서는 심대한 도전이었고 또한 위협이었다. 특히 그리스도교계가 더욱 그러했다. 그도 그럴 것이 주로 계몽주의적 도전은 서구에만 국한된 것이었고, 서구의 세력이 세계화되기 이전의 동아시아에서는 전혀 다른 지성적 환경이 펼쳐지고 있었기에 그리스도교 이외의 종교가 계몽주의적 충격을 받게 된 것은 한참 후의 일이다. 또 동아시아의 그것은 제국주의 세력과의 연합 속에서 이루어졌기에 서구의 계몽주의 경험과는 성격이 다르다. 계몽주의 사조를 온몸으로 맞이한 서구사회, 특히 종교계는 이후 다양한 모습으로 계몽의 충격파를 흡수하기 시작했다. 계몽주의적 사조와 과학적 방법론을 신학에도 적극적으로 적용코자 했던 트뢸치가 주도한 자유주의 신학을 먼저 언급하지 않을 수 없다. 트뢸치는 이러한 '신학의 과학화'라는 구도하에 '그리스도교의 상대화'도 마다하지 않았다. 하지만 그렇다고 트뢸치가 그리스도교를 부정한 것은 아니다. 다만 계몽주의적 기획하에 그는 그리스도교뿐만 아니라 모든 종교를 아우르는 새로운 신학 방법을 모색하려고 했을 뿐이다. 그리고 보수주의 진영에서는 계몽주의의 강을 건너 그들이 소유한 신앙은 인식이성을 넘어선 곳에 있음을 선언하고, 또 그것을 이성적 방법을 통해 변증법적 설명에 담아내려 한 바르트 류의 신정통주의와, 계몽주의를 피해 그때까지 그들을 안온케 해주었던 검증되지 않은 존재의 그림자로 피해버린 근본주의를 꼽을 수 있다. 그리고 이러한 종교연구계의 지각변동 속에서 종교학, 종교사회학, 종교인류학 등의 새로운 근대 학문들 역시 고개를 든다. 더 이상 신앙적 사조에 의존해서 종교를 읽지 않는, '있는 그대로'의 종교를 기술하고자 하는 새로운 종교연구가 시작되고 있었던 것이다.

여하튼 이렇게 제기된 새로운 방향의 종교연구는 종교에 대한 전통적 탐구에 지대한 변화를 가져왔다. 사실 이전까지 종교연구는 해당하는 종교의 특정한 문화 역사전통에 따라 특수한 용어로 한정된 존재론적 연구가 대부분이었다. 그런 전통에 속한 연구자들은 지속적으로 '신'이나 '절대자', 때로는 '궁극적 가치'를 언급하며, 그것을 기술하고, 묘사하고, 정리하고, 변증하고, 또 설명하려 애썼다. 하지만 불행하게도 본질을 논리의 그릇에 담으려는 시도는 매번 어려움을 만나게 되었고, 나름대로 찾은 타협점은 도그마라는 상자에 공동체의 합의된 내용을 담아내던지, 아니면 본질직관을 우선시하는 신비주의 전통에 몰두하는 것 정도였다. 기실 이는 다른 사상계도 별반 다르지 않았다. 플라톤이 가변적 현상계의 선험적 근거로서 이데아의 세계를 제시한 후, 사람들은 끊임없이 동굴 밖 세계에 대한 궁금증과 관심을 가지고 살아야 했다. 그리고 이곳의 가치보다 저 세계의 '본질', '존재', '절대', '진리', '참', '실재' 등 거대한 가치에 더 큰 의미를 부여했으며, 그것으로 가는 여정이 무엇보다도 본질적인 것이고 중차대함을 설파하고 또 강조했다. 존재론적으로 종교를 바라보는 이들의 시선은 궁극적 실재에 대한 궁금증으로 치닫기 마련이다. 그래서 때로는 유일신, 다신론, 단일신론, 경우에 따라 내재적 절대 진리 등 다양한 모습과 명칭으로 그것을 지칭하며 끝없는 혼란의 늪에서 빠져나올 줄 몰랐다. 사정이 이러니 도리어 진리 자체로 곧장 진입해 들어가는 신비주의자의 노력이 더 그럴듯해 보이기까지 한다. 여하튼 종교라 함은 곧바로 진리를 지칭하는 것이요, 진리라 함은 궁극적 존재를 지칭한다고 '신앙'하며, 사람들은 끊임없이 본질적 존재에 대해 묻고 또 물었다.

하지만 어느 순간 그러한 물음이 또 다른 의미의 신앙적 토대 위에서 이루어지는 행위인 것이 자각되기 시작했다. 계몽주의가 인식이성을 전면에 배치하고 그것의 막강한 능력으로 보편이라는 환상을 심어주고, 그로 인해 '동일성'과 '일원성'이라는 시대정신을 배태시켰다면, 니체(Friedrich Wilhelm Nietzsche, 1844~1900)와 하이데거(Martin Heidegger, 1889~1976)의 근대성 비판으로 야기된 탈근대적 논의는 전혀 새로운 길을 인류에게 열어주었다. 그와 같은 근대의 구호는 신념의 차원에 머무는 것이며, 또 마땅히 그렇게 해석해야 한다는 논의가 터져 나오기 시작한 것이다. 즉, 포스트모던 논쟁이 시작된 것이다. 이후 인류는 보편이라는 환상으로부터 탈출하여 '다름'과 '차이'를 주요한 철학적 주제로 인식하게 되었다. 이렇게 보편과 일원(一元)이 아닌, 다름과 차이를 주장하게 된 시대에 종교연구는 어떤 모습을 해야 할까?

바로 여기에 종교학의 출발점이 도드라진다. 물론 종교학 역시 초창기에는 존재론적 논의에서 완전히 자유롭지는 않았다. 이는 진화론적 논의와 더불어 세계의 종교를 미개한 것으로부터 고등한 것까지 줄 세움으로써 검증적이고 편견 없는 종교연구의 길이 여전히 쉽지 않음을 보여주었다. 하지만 곧 정신을 차린 종교연구가들은 인간을 종교적이게 하는 과정을 주도면밀하게 관찰하게 된다. 그래서 그들은 적어도 지금껏 주류를 이루었던 한 가지 방법은 피할 수 있었다. 즉, 신, 본질, 존재, 진리, 궁극 같은 것에 대한 학문적 추구를 포기한 것이다. 아니, 포기했다기보다는 인간 차원에서 이루어지는 종교경험을 관심의 대상으로 삼게 되었다. 그런 본질과 진리에 대한 논의는 뫼비우스의 함정에 빠지는 일이며, 결국 남는 것은 지금 여기 그러한 본질을 경험한 인간 자신뿐인 것을 알게 된 것이다. 존재론적으로 그것을 기술하고 잡아내는 것은 곤란한 일이라 하더라도, 지금 이 자리에서 그러한 경험을 하고 그것이 밖으로 표출된, 즉 문화적 표현은 분명히 객관적 연구대상이 될 수 있었다. 눈에 보이는 연구, 바로 거기에 종교학적 연구가 자리하고 있다. 이런 점에서 종교학적 연구의 초점은 이전의 '존재론'보다는 '수양론'에 있다고 할 수 있다.

대부분의 경우 본질을 논리에 담아내려는 존재론적 종교연구는 해당하는 신조의 이해를 폐쇄적으로 만든다. 즉, 특정 종교 공동체에 귀의했거나 그 안에 있으면서 그와 동일하거나 유사한 경험을 공유하지 않은 이에게 존재론적 명제는 무척 낯설고 어려울 따름이다. 그래서 그리스도교는 그리스도인만을 위한, 불교는 불자만을 위한 용어를 양산할 뿐 서로의 소통과 이해를 위한 접촉점은 점점 그 간극을 넓혀갈 뿐이다. 바로 이 점에서 종교에 대한 세속적 연구의 필요성이 다시금 요청된다. 서로 이해 가능한, 그리고 어떠한 종교에도 초대받지 못한 이들에게 각 종교에 대한 객관적인 자료를 제공하기 위해 해당 종교에 대한 전문적인 신학연구 외에 완충지역으로 기능하는 종교학적 연구는 충분한 역할을 할 수 있게 된다. 누구든지 관심이 가는 종교의 정보를 획득할 권리가 있으며, 그것은 종교학적 연구를 통하여 충분히 충족될 수 있기 때문이다.

다종교 사회인 한국에서의 종교학 그리고 그것의 미래

종교학은 지금까지 각 개별 종교전통의 신학분야와 밀접한 연관 속에 있었다. 그래서 서구의 경우 대학 내 종교학 전공은 신학부와 밀접한 연관 하에 공동 작업을 하는 경우가 많았다. 하지만 90년대 이후 서구에서는 종교학이 점차 신학의 그늘로부터 벗어나고 있다. 신학적 종교연구를 위한 보조적 위치가 아니라 이제 종교학이 관심의 영역을 독립적으로 펼치기 시작했다는 것이다. 그리고 거기에는 '문화'라는 레테르가 붙어있다. 종교학 스스로가 전통적으로 종교라 통칭되던 문화 영역에만 스스로를 제한하는 것이 아니라 전통종교를 포함한 문화 전반으로 관심의 폭을 넓혀 나갔고, 그렇게 함으로써 취급할 수 있는 방대한 대상을 만나게 된 것이다. 이에 따라 종교학은 자신의 연구대상을 규정하는 작업을 병행하게 되었다. 때로 그것은 세계관[1](Worldviews)이기도 하며, 상징체계, 문화체계[2]라 설명되기도 한다. 연구자 자신이 서있는 철학-사회학적 위치에 따라 다양한 방법론을 사용해가며 종교학자들은 이제 전통종교 이외의 문화현상에 대하여서도 다양한 연구 활동을 전개하고 있다. 이제 종교학의 영역은 교회나 성당, 사찰, 사원뿐만 아니라 세속적 현대 문화로까지 확장되었다. 예를 들어 광고, 팝뮤직, 요가학원, 태극기공, 컴퓨터 게임[3], 연극과 영화를 위시한 문화예술계, 인터넷, 정치계 등등 관심의 대상이 점점 넓어지고 있다. 더 나아가 그동안 종교학이 축적해둔 창의적 해석 전통은 다양한 문화 콘텐츠 개발에도 혁혁한 공을 세울 수 있을 것이다.

　이렇게 연구의 대상을 세계관, 상징, 문화체계로 넓혀가며 점차 종교학은 이전부터 줄기차게 요구해오던 신학으로부터 완전한 독립을 획득하고 있으며, 이는 구체적으로 학과, 학부의 독립으로 나

---

1) 대표적으로 니니안 스마트(Ninian Smart)가 이 경우에 속한다. 그의 책 *Worldviews: Crosscultural Explorations of Human Beliefs*을 참조 바람. 이 책은 김윤성에 의해 번역되었다. 『종교와 세계관』(서울: 이학사, 2000)

2) 종교를 문화체계로 조망한 학자로 기어츠(Clifford Geertz)를 꼽을 수 있다. 그의 대표 저서인 *Interpretation of Cultures*은 문옥표에 의해 우리말로 번역되었다. 『문화의 해석』(서울: 까치, 1998).

3) 최근 들어 컴퓨터 게임과 종교의 상관성에 관심을 두고 연구하는 이들이 늘어나고 있다. Oliver Steffen, *Religion in Games : eine Methode für die religionswissen-schaftliche Digitalspielforschung*, (Reimer Dietrich Verlag, 2017), Heidi A. Campbell, *Playing with Religion in Digital Games*, (Indiana University Press, 2014), Liel Leibovitz, *God in the Machine : Video Games as spiritual pursuit*, (Templeton Press, 2014).

타났다. 전통적으로 신학부나 인문학부의 한 전공으로 자리를 잡고 있던 종교학이 이제 인류학, 민속학 등과 더불어 문화학부로 자리를 옮겨가고 있는 중이다.

한국은 특정 종교가 과반 세력을 점유하지 못하고 다양한 종교들이 큰 갈등 없이 공존하고 있다. 이런 점에서 한국은 그야말로 종교학이 꽃 피울 수 있는 최적의 조건을 지니고 있다. 다른 나라에 비해 상대적으로 오래된 문화전통을 가지고 있으며, 또 한반도를 거쳐 간 다양한 문화 사상들은 이미 상당한 정도의 수준을 유지하고 있지 않은가! 그리고 종교인의 구성도 특정종교가 다수를 점하지 못하고 있는 다종교사회의 전형적 모습을 보이는 곳이 바로 한국사회이다. 대표적인 다종교 사회인 미국의 경우도 주류는 개신교가 차지하고 있지만, 한국의 경우 종교 간의 구성비는 그런 주류종교를 인정하기 어려울 정도로 상호 균등적이다. 통계청이 발표한 2015년도 인구조사 결과를 따르면 한국의 종교인 비율은 43.9%이고 무종교인은 56.1%이다. 이는 그동안 조사에서 꾸준히 종교인의 수가 늘어나고 있었던 것에 반해 무종교인의 비율이 종교인을 추월한 결과가 나왔다.[4] 개별종교의 분포도를 보자면 가장 신도수가 많은 종교는 개신교가 19.7%, 불교가 15.5% 그리고 가톨릭이 7.9%를 기록했다. 3대 주요 종교가 어느 정도 의미 있는 비율을 유지하고 있지만, 어느 종단도 독립적으로는 과반수에 미치지 못하고 있다. 거기에 과반을 넘어서는 무종교인까지 한국은 말 그

---

4) 인구조사 결과 무종교인의 비율은 1995년 49.6%에서 2005년 47.1%로 줄어들고 있다가 갑자기 2015년에 9%정도 치솟았다.

대로 종교 간 균형을 유지하고 있는 다원화된 사회임을 한눈에 알 수 있다. 이런 구도하에 지역별로 종교별 차지하는 비중이 어느 정도 차이가 있고[5] 계층별로도 상이한 분포도를 보이고 있어 한국사회의 종교적 지형도는 무척 다채롭다 하겠다.

이런 구도라면 사실 각 종교와 전통 사이의 소통과 상호 이해를 위해 종교학이 자리 잡기 무척 용이한 환경이다. 다문화 사회가 된 미국을 비롯한 서구가 이런 판단을 강하게 지지해준다. 현재 미국에 있는 대학 내 종교학 관련 학과는 천여 개에 이르고, 유럽에서도 역시 대학마다 종교학 관련 학과가 설치되어 있다. 하지만 한국의 경우는 다르다. 세계 어느 나라보다 활발한 종교학적 연구가 꽃피울 수 있는 환경을 지녔지만, 현실은 그렇지 못한 이상한 모양새이다. 개별 종교전통의 신학적 연구는 오히려 더 견고해지고 있는 반면, 한국에서 보다 유용하게 활용될 수 있는 종교학적 연구는 아직도 걸음마 수준에 머물러있든지, 개별 종교에 속한 이들의 반향을 얻지 못하는 종교학자만을 위한 잔치로 제한되고 있다. 왜 이런 일이 일어난 것일까? 왜 한국사회는 다원화된 종교 환경이라는 현실을 직시하지 못하는 것일까? 이대로 가게 되면 종국은 상호 간 끝없는 갈등으로 오히려 파국으로 치달을 수도 있을 터인데, 왜 한국의 종교계는 서로의 입장만 끝없이 되뇌고 있는 것일까?

혹시 한국인들이 가지고 있는 교조적 특징에 있는 것은 아닐까?

---

5) 통계에 의하면 그리스도교 계열은 수도권과 대도시 그리고 충청과 호남권에, 불교는 상대적으로 농촌 지역과 영남지역에 주로 밀집되어 있다.

경험적 요소가 강한 종교의 영역조차 도덕적 엄숙주의[6]를 가지고 교조적으로 접근하는 현 한국사회의 종교 주류인이 가지는 특성 때문은 아닐까? 종파를 막론하고 자신이 믿고 있는 바를 철두철미하게 '암기'하는 것을 신앙이라 생각하는 독특한 한국적 신앙관은 믿음마저 삶 속에 녹아들게 하기보다는 자꾸 특정한 도그마의 수호에만 목매게 하는 것은 아닌지. 그러한 교조적 편협주의는 결국 신앙의 생명력과 생동감을 소실케 하고, 교조만이 남아 중세시절 이름 높던 마녀재판과도 같이 이념적 심판행위에만 몰두하고 있는

---

[6] 한국인의 교조적인 특징은 한국 유교의 전래와 전통화 과정에서도 어느 정도 노출된다. 동경대 쿠로즈미 교수는 한국의 유교를 도덕적 이상주의로 명명한다. 일본과는 달리 한국에 들어온 유교는 원리적이고 이상주의화되었다는 것이다. 여기 잠시 그의 말을 인용해 본다. "일본의 경우 조선과는 달리, 과거제도와 유교적 관료제를 지니지 않았으며 또 유교적 제사도 거의 정착되질 못했다. 다시 말하여 일본의 유교란 그 사상의 사회적, 정신적 핵심을 결여한 겉틀만을 수용한 것이다. 일본의 유교라고 하는 것은 주자학의 원리주의를 혐오하고, 아주 비근한 실용주의로 달려갔으며, 그 지식은 주로 귀납주의적 경험지, 기술지로서 받아들여진 것이다. 그러기 때문에 주자학과 다른 연역적 이론체계인 서양의 학문을 접했을 때도 아무런 저항 없이 받아들였다. 이에 비해 조선의 경우는 사회제도적으로, 또 종교 제사적으로 유교정신을 중국보다도 더 현저하게 구현한 케이스에 속한다. 조선유교는 지극히 원리주의적이며, 그것은 지적으로는 연역주의로, 실천적으로는 강렬한 도의를 부르짖는 이상주의(Moral Rigorism)로 달려가는 성향이 있다. 이러한 본질적 성격 때문에 서양의 사상체계와의 사이에는 오히려 강한 반발심리가 작용하여 일본처럼 서양문화가 수월하게 침투되는 것이 불가능했다. 일본의 사상형은 이른바 생활 실용적, 기술적 타입이다. 이러한 타입은 사상을 수용하는 방식에 갈등구조가 없으며 유연하고 신속하지만, 타면으로는 원리적인 것에 대한 심각한 질문을 결여하게 된다. 이러한 경향은 윤리적 차원에서 보자면 거대한 도의성의 결여로 나타난다. 이에 반해 한국형 사상형은 고매하고 원대한 사태에 대하여 다이내믹한 관심을 쏟는 원리적 타입이다. 『理』에 대한 추구가 깊은 만큼 갈등도 많다. 때로는 관념이나 이념에 사로잡혀 비근한 현실을 은폐해버리고, 관념과 현실의 분열에 찢겨버릴 수도 있다. 그러나 그러한 분열, 갈등은 보다 큰 종합의 가능성을 지니는 것이다. 한국인은 그 도의성이나 이상주의를 정말 거대한 보편성에의 지향으로 결합시킬 수 있으며, 또 그렇게 될 때 한국인은 그들의 고뇌를 지양한 지고한 도를 가르칠 수 있으리라고 나는 생각한다."(쿠로즈미 마코토, 동경대교수, 윤리학, "한국의 통일에너지는 동아시아의 희망" 『신동아』 1991년 9월호, 435~436쪽). 최근 이와 비슷한 관점을 가진 일본학자의 글이 번역되었다. 오구라 기조 교토대 교수는 한국사회는 리(理) 중심적이어서 도덕적 엄숙주의가 강하다고 진단 내린다. 이런 성향은 한국사회에서는 능력보다는 도덕성이 인물이나 가치를 평가하는 중요한 기준이 된다고 보았다. 이에 대해서는 다음 책을 참조하라. 오구라 기조(조성환 옮김), 『한국은 하나의 철학이다』. (모시는 사람들, 2017).

것은 아닌지! 그리고 그렇게 교조 중심의 신앙생활은 오히려 도그마를 지키고 사수하기만 하면 될 뿐, 그에 응당 하는 도덕-윤리적 삶은 느슨한 긴장을 갖게 하는 것은 아닌지! 대다수 종교를 갖지 않는 이들이 지극히 세속적 종교인의 비종교적인 삶의 모습에 실망하고 점점 더 반종교화 되어가는 경향을 볼 때 지금 한국사회 종교인의 신앙행태는 세밀한 반성이 필요한 시점은 아닐는지. 지극히 이념적이고 교조적인, 때로는 정치적인 종교행태가 오히려 다양한 종교현상을 객관적으로 이해하고자 하는 과학도의 시선을 가로막고 방해하는 요인이 되고 있는 것은 아닌지 생각해 볼 문제이다. 언제까지 한국의 종교인은 자신만을 위한 세계에서 '보고 싶은 것'만을 보고 있을지! 그리고 언제나 그 교조적 신앙의 울타리에서 벗어나 올지 우려와 기대가 동시에 쏟아진다.

한국에서 종교학의 부진과 지체를 꼭 외부에서만 찾을 필요는 없을 것이다. 종교학자들도 어느 정도 전통종교인에게 종교학적 결과물을 제시하는데 미온적인 것 역시 사실이다. 아니, 때로는 되레 연구대상으로 삼고 있는 종교전통에 속한 이에게조차 종교학자는 냉소적일 때가 있다. 때론 전지적 작가 시점에서 연구대상이 되는 종교에 속한 신앙인을 가르치려고만 드는 고압적 자세가 노출되기도 한다. 이런 멀어진 간극을 조금씩 좁혀간다면 한국의 종교학은 기존 종교인과 밀접한 관계 속에 서서히 뿌리를 내릴 수 있지 않을까 …

- 읽으면 도움이 될 만한 책 -

길희성, 『포스트모던 사회와 열린 종교』, 민음사, 1994.

김성례 외, 『한국 종교문화 연구 100년』, 청년사, 1999.

브루스 링컨(김윤성 옮김), 『거룩한 테러』, 돌베개, 2005.

서울대학교 종교문제연구소 편, 『한국사회와 종교학』, 서울대학교출판문
    화원, 2017.

신승환, 『포스트모더니즘에 대한 성찰』, 살림, 2003.

오구라 기조(조성환 옮김), 『한국은 하나의 철학이다』, 모시는 사람들,
    2017.

이길용, 『종교로 읽는 한국사회』, 꽃자리, 2016.

한국종교연구회 편, 『종교 다시 읽기』, 청년사, 1999.

최준식, 『종교, 그 지독한 오해와 편견에 대해』, 주류성, 2017.

윤승용, 『현대 한국종교문화의 이해』, 한울아카데미, 1997.

색 인

ㅊ

이야기 종교학

초판 1쇄 인쇄 2018년 3월 7일 | 초판 출간 2018년 3월 15일 | 지은이 이길용 | 펴낸이 임용호 | 펴낸곳 도서출판 종문화사 | 기획·편집 곽인철 | 영업 이동호 | 편집·디자인 디자인오감 | 인쇄·제본 한영문화사 | 출판등록 1997년 4월 1일 제22-392 | 주소 서울시 은평구 연서로34길2 3층 | 전화 (02)735-6891 팩스 (02)735-6892 | E-mail jongmhs@hanmail.net | 값 15,000원 | ⓒ 2018, Jong Munhwasa printed in Korea | ISBN 979-11-87141-36-5 93200 | 잘못된 책은 바꾸어 드립니다.